重溫先聲

費孝通的政治經濟學與類型學

黃志輝 著

崧燁文化

重溫先聲：費孝通的政治經濟學與類型學
目錄

目錄

代序

前言

《江村經濟》與《祿村農田》——民族志的政治經濟學
　　一、引言 23
　　二、土地經濟的文化維度與政治經濟學的書寫框架：雙重視野下的微觀經濟 25
　　三、土地經濟研究的宏觀視野 34
　　四、民族志的政治經濟學：文化價值學說的立場與未來的展望 38

托尼的鄉土中國重建方案與青年費孝通的三次系統回應
　　一、卜凱與托尼的中國土地研究：費先生的選擇 43
　　二、托尼的遺產：「成熟文明」視野下的鄉土建設方案 48
　　三、費孝通對托尼的三次系統回應與發展 55
　　四、結語 64

「新戰國世紀」與「新聖賢」——費孝通先生晚年的世界秩序觀
　　一、新世紀聖賢觀的提出 67
　　二、費先生晚年的三個焦慮 69
　　三、王道對霸道：拒絕政治與經濟的單向度 73
　　四、「新聖賢」的位育：未完成的世紀方案 76

重返「土」範疇——費孝通先生的學術遺產
　　一、中國人類學研究：從土範疇開始 81
　　二、費先生的三個土方案：從鄉土重建到21世紀新聖賢 84
　　三、兩種「誤讀」與土範疇的幾個內涵 95
　　四、重返土範疇與文化自覺 101

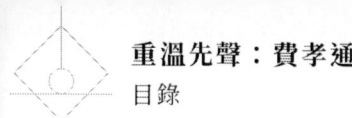

理解費孝通的研究單位——中國作為「個案」

一、分析單位的方法論旨趣與理解「個案」的兩種可能 ········· 105

二、利奇之惑與其他學者對費孝通的方法論誤讀 ················ 108

三、費先生的終極關懷：向「中國」收斂的三條分析進路 ······ 111

四、結論：費先生個案體系中的連接性與擴展性 ················ 117

費孝通先生的城鎮類型觀——兼論小城鎮與城鄉協同發展中的區域道義

一、引言：從中國多元的城市類型到多元的城鄉關係 ············ 121

二、費孝通的早期城觀與文明觀、社會變遷論 ··················· 126

三、城鄉關係的相成論與相剋論 ································· 130

四、都・城・市・鎮：更加細分的類型學 ······················· 133

五、改革開放以來小城鎮發展方案的內發理路與區域倫理 ······ 137

漫談費孝通先生在中觀層次上的一些類型學概念

一、引言：對類型學的偏好 ····································· 141

二、權力類型說：理解費孝通的政治社會觀 ····················· 142

三、經濟類型 ·· 148

四、家庭類型：費先生在半個世紀中對家庭結構的認識變遷 ···· 155

五、知識與知識分子的類型 ····································· 159

六、社會動力學與社會靜態學：從「社會進化觀」「社會平衡觀」再到費氏四項法 ·· 163

附錄 工業民族志的魁閣學統及其對全球化的回應

一、引言：工業民族志與全球工業化語境中的他者 ··············· 169

二、費孝通與工業民族志的「魁閣學統」························ 171

三、世界體系與西方工業民族志傳統 ····························· 175

四、改革開放以來中國工業民族志的實踐與對全球化的回應 ····· 179

五、獲得全球性：批判性工業民族志的價值立場與文化追求 ····· 182

從「不在地主」到「不在農民」——百年中國鄉村困局與嵌入式的鄉村振興
　　一、「不在地主」與中國鄉村的發展困局⋯⋯⋯⋯⋯⋯⋯⋯⋯187
　　二、「不在農民」與當代鄉村的「脫嵌」困局⋯⋯⋯⋯⋯⋯⋯191
　　三、推動嵌入式鄉村振興的幾條建議⋯⋯⋯⋯⋯⋯⋯⋯⋯⋯194

參考文獻
　　一、中文專著⋯⋯⋯⋯⋯⋯⋯⋯⋯⋯⋯⋯⋯⋯⋯⋯⋯⋯⋯199
　　二、中文期刊⋯⋯⋯⋯⋯⋯⋯⋯⋯⋯⋯⋯⋯⋯⋯⋯⋯⋯⋯201
　　三、譯著⋯⋯⋯⋯⋯⋯⋯⋯⋯⋯⋯⋯⋯⋯⋯⋯⋯⋯⋯⋯205
　　四、英文文獻⋯⋯⋯⋯⋯⋯⋯⋯⋯⋯⋯⋯⋯⋯⋯⋯⋯⋯⋯208
　　五、《費孝通文集》（群言出版社，1999—2004年）中的文獻⋯211

重溫先聲：費孝通的政治經濟學與類型學

目錄

　　黃志輝，1984年生，人類學博士講師、副教授，研究方向為社會人類學，尤為關注當代工業民族志以及人類學的政治經濟學研究。目前，正展開民族地區的土地與社會研究，繼續倡導「民族志的政治經濟學」，以兼具政治經濟學與文化人類學的視野，理解並解釋各種土地經濟形態、城鄉社群分合過程和文化變遷議題。

代序

麻國慶

恩師費孝通先生發表「中華民族多元一體格局的形成和發展」一文距今剛好 30 週年。就在幾天前，中國社會科學院民族學人類學研究所主辦了這一紀念會議。在會上我提到，費孝通先生留給學界的遺產是一座豐富而又多維的知識寶庫，我們理解費先生的思想也可以從多維的角度展開。從經驗的層面要從小社區擴展到大世界，從思想層面要關注先生如何理解中國文明的進程、中國思想體系的內部構造，以及在中西文化交流、世界文明間對話的框架下，去理解費先生的思想判斷。所以，對費先生「中華民族多元一體格局」的討論，更離不開這一多維的框架，不應僅就民族而談民族。

記得我第一次陪同費師到武陵山區調研，在車上他就說他一生寫了兩篇文章，一篇是關於漢族農民的文章，一篇是關於少數民族的文章。2005 年，費師離開我們後，《開放時代》雜誌約我寫一篇紀念性的文章，於是我寫了《費先生第三篇文章：全球化與地方化》。因此，費先生的三篇大文章涉及了漢族社會、少數民族以及全球化這三個重要的領域。在這個總的領域中，費先生提出了很多問題，包括中國農村、中國工業向何處去？如何透過對民族地區的調查，來認識多民族中國社會的整體形態？在具體的社區研究中，如何處理全球化和地方性的關係？如何處理城鄉協調發展以及區域發展的問題？中國思想文化中的優秀傳統，怎樣透過文化自覺的轉化，成為認識當下中國社會知識構成的重要來源？中國文明如何貢獻於 21 世紀「和而不同」的全球社會？等。他對這一系列問題的提出與回答，已經構成了一種具有人文關懷的精神、邁向人民的具體實踐、全球和諧共生的理念等特徵的總體性理論與實踐。我在很多場合說過，費先生的學術和應用，已經構成了總體性「費孝通問題」。

費先生的這三篇文章並不是孤立的，而是互為有機地聯繫為一個整體，其中的實證研究、方法論思考以及理論昇華，呈現了開放而又立體的問題意識和知識體系。背後是費先生對於人文價值、人文發展、現代性與美美與共

重溫先聲：費孝通的政治經濟學與類型學
代序

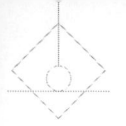

的未來的思考。而且，先生的為人、為學，均十分謙和、包容。我在北京大學跟隨先生讀博士期間，以及留學歸來並任職北京大學之後，先生和我講了很多具有啟發性的話，並一再強調只能為我們後學破題引路，但開風氣不為師。

對這個總體性「費孝通問題」的思考和發掘，一直是我們幾代學人努力的事情。我們知道，早在二十世紀三四十年代的「燕京學派」時期，費孝通先生身邊的諸多傑出青年，就有透過共同調查和實踐，去認識中國社會的理念，因此產生出了中國社會學、人類學在1949年前的「黃金時期」——「魁閣學派」。這一傳統一直影響著今天的中國社會研究。

坦率地說，「魁閣學派」以及同時代的學人，與費先生的時空距離比較接近，費先生和他們一起討論、研究，逐漸形成了一個真正的學術共同體。到我們這一代，正是中國改革開放政策開始實行的時期，很多現實研究問題擺在我們面前。如計劃與市場、城鄉二元體制、東部與西部的發展格差等。在此背景下，費先生的關懷更多的是面對中國社會的現實問題。我在北大讀博士的研究方向就是「城鄉社會學」，博士生入學考題之一就是「如何理解中國的城鄉二元結構」。我們當時就是在這樣的時代背景下討論、思考中國的發展問題。但我們的研究各有側重，整體上沒有形成一個「魁閣」式的學術共同體。不過，費先生早年的學術遺產一直在影響著我們的學術之路。

因此，我們這代人的研究，包括對費先生學術思想的討論，是和我們自身的學科訓練與研究旨趣聯繫在一起的。但是由於知識體系在不斷變革，要求我們從不同的視角來認識、理解費先生思想的整體性。近年來，我看到一些青年學者出版了數部研究費先生的著作，分別從社會治理、知識譜系、思想史、心態史等角度出發，提供了諸多鮮活的視角。如果說阿古什和我們這一代人中的很多學者，在認識費孝通的總體性命題時，習慣於將他與時代背景緊密相連，那麼青年學者們從某個主題的角度出發展開的追問與思考，反而讓讀者有獨出機杼、熱情洋溢之感。如果費孝通的思想與實踐能與當下的社會文化議題相契合，那麼說明他本來就超越了他自身那個時代的侷限。況且，在各種訊息大繁榮的今天，青年學者擁有了更多的訊息渠道，去理解費

孝通以及他在20世紀各階段的學術進路。所以，幾代學人各有貢獻，幾代學人之間應該是一種互相聆聽而非單向繼承的關係。

　　本書的作者黃志輝是青年一代對費先生思想的發掘者之一。志輝曾在中山大學人類學系跟隨我碩博連讀，他於2011年6月畢業後，就來到中央民族大學任教。2016年4月，我也因為各種機緣調入中央民族大學工作，我們目前是在同一個學院工作的同事。這些年來，我比較熟悉他的一些學術考慮。在中山大學馬丁堂的課上課下，他經常會和我討論費先生的研究議題、師承脈絡；在華南農村研究中心，我放了一套群言出版社的《費孝通文集》在那裡，他和幾位同門師兄弟經常人手一本，不斷翻閱、討論。志輝的博士論文主要研究的是珠三角世界工廠中的底層農業工人──代耕農群體，所以他非常關注費先生有關人口、土地、社會及變遷的論述。2013年，由我主編的「民族與社會叢書」在社會科學文獻出版社正式出版，其中就收錄了他的《無相支配──代耕農及其底層世界》一書。該書對「離鄉不離土」的代耕農的研究，接續了費先生的相關經驗研究，而且具有理論深度。到中央民族大學工作後的七八年間，他雖然還有其他的研究計劃，但對費先生的關注一直沒有中斷過。

　　在與黃志輝討論有關費先生的著述時，我逐漸知道他的幾個有特點的立場，值得在這裡指出。例如，他認為青年讀者在閱讀費孝通時，不應只是關注「文化自覺」「多元一體」等「大型」概念，還應考慮其對於現實發展問題的具體實踐方略和政治經濟學維度。志輝認為，關注社會重建與政治經濟學，是同等重要的學術思想表達，因為重建的實踐議題與政治經濟學的批判取向要在民族志的田野調查中實現，就必須倚仗文化功能學與解釋學。同時，要在田野中發現當地人的思想與文化邏輯。但如果過度地將費孝通的研究引向文化歸納學或社會哲學，就有可能與其本意有所出入。

　　再如，對於《鄉土中國》與《鄉土重建》二書，志輝不止一次地跟我說，他更青睞於後者，理由是《鄉土中國》固然很重要，書中集結了天才般的靈感，但它最初畢竟是作為教材面世的，書中的每個章節幾乎都可獨立，卻較為零散；但《鄉土重建》不同，它是一以貫之的專著，對鄉村工業化和合作

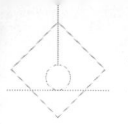

重溫先聲：費孝通的政治經濟學與類型學
代序

組織的建設方案、鄉紳地主的出路以及鄉村政治治理的具體路徑，都有系統、連貫而獨到的分析。因此，志輝認為僅僅拿著《鄉土中國》中的「差序格局」「無訟社會」「禮治秩序」等概念，來比照當下中國的城鄉現實問題，是遠遠不夠的，至少還應該系統地關注《鄉土重建》《中國紳士》等著作中蘊含的豐富的鄉村振興思想。基於自己的學術興趣，志輝將費孝通的著作進行了如下的排序：《祿村農田》《鄉土重建》《江村經濟》《生育制度》《花籃瑤社會組織》《鄉土中國》等。顯然，他對民族志的優先趣味，影響了他對這些著作的排序。不過我同意的是，對於將要邁入實證科學研究的青年學者來說，與其花很多時間來討論費先生提出的幾個抽象概念，不如先從現實問題入手進行討論，再回到抽象概念的思考路徑，反而更有利於發展實證取向的研究。

本書的書名中有「先聲」二字，音同「先生」。如果今天去江蘇吳江開弦弓村，我們還能聽到那裡的老人一談起「費先生」，就會眉飛色舞。但若是回溯至80多年前，開弦弓村人口中的「費先生」，可不是指費孝通，而是指費孝通的姐姐費達生。當年，費達生傾其家產，為開弦弓村的人設立現代的繅絲合作工廠，意圖改善村內農民的生活，贏得了開弦弓人的信任，被尊稱為「費先生」。對於農民和底層勞動者來說，那些最切實際、最接地氣的知識分子，才容易被真心地喚作「先生」。而費孝通也將姐姐的公心實踐稱之為「復興絲業的先聲」，可謂「能指」與「所指」的合拍。20世紀30年代，費孝通被開弦弓村人稱為「小先生」，還是沾了姐姐的光。只是到了1949年以後，才成了「大先生」。

費孝通被民間尊為「先生」，主要是因為他也關注富民實踐，體察社會疾苦。他的早期文字中充滿了苦難的重量，而在晚年文字中則洋溢著追求幸福的喜悅。誠如本書所論述的那樣，中國以及中國的相關問題、發展方向，既是他的研究單位，也是他的問題域；既是他的出發點，也是落腳點。他習慣於在中國文明的內發視野中，去研究與同時代政治經濟體系適合的實棧道路。他對開弦弓村、祿村、西南工廠以及改革開放後的小城鎮道路、各民族區域發展方向都給予了重點關注。總之，費孝通的各種「先聲」實踐，是他從老百姓中獲得尊重的根源。

在本書中，志輝將費先生的經濟實踐稱之為文化人類學的政治經濟實踐，而將早期的幾本經典民族志稱之為「民族志的政治經濟學」。志輝看到了費孝通早期書寫的慣習，並非只是受吳文藻、派克、馬林諾夫斯基、布朗等人的功能理論、社區理論、結構功能論的影響，雷蒙德·弗斯以及 R.H. 托尼的經濟人類學理論，也極大影響了費孝通的文脈走向。因此，他將費先生的方法論總結為「文化價值論和政治經濟學的雙重視角」。誠然，不論是在江村還是在祿村，我們確實都能看到費先生對「土地與地租」「勞力與收入」「資本與工資」等議題展開的細緻分析，而這些都是古典政治經濟學大師們必不可少的分析要素。不過志輝總是提醒讀者，費孝通對土地、勞力、資本的價值計算，從來都存在多種計算方法的來源。地方性的或中國文明內在的知識體系會提供一套價值觀，世界資本體系會提供另一套價值觀。只是當後者以霸權姿態和強勢話語出現，前者就會受到擠壓乃至毀滅。

本書不斷提及的費先生的「政治經濟學」，不僅是微觀社區的經濟人類學研究指南，也是宏觀世界的觀察棱鏡。志輝在開篇中這樣說：「政治經濟學不是一種『庸俗』的權力學說和簡單的平等召喚，它的價值論立場和對勞動力、商品、土地以及資本的分析性關照，可以與民族志對『人』與『物』的深描結合，並且對各個區域中出現的民族政策實踐、資本運作以及社會關係提出批判與反思。此外，民族志的文化視野可以矯正普遍的政治經濟學分析框架，在地方與國家、地方與全球之間尋求一條適合的文化自覺道路。」在這樣的表述中，我非常同意青年學人去追尋類似的「民族志的政治經濟學」，透過政治經濟學的技術分析去判斷社會的公平與正義，又透過民族志的文化解釋路徑，將技術分析拉回到中國自身的社會文化基調中來，豐富當下中國民族志的新人文時代。

此外，本書還總結了費孝通的類型學。對於《費孝通文集》中出現的「城市」「權力」「家庭」「經濟」「知識分子」等類型，志輝都一一加以整理。將費先生各種零散的類型學系統表述出來，這是非常有益的工作。尤其是《費孝通先生的城鎮類型觀——兼論小城鎮與城鄉協同發展中的區域道義》一文，不僅呈現了費先生豐富的「城觀」，還在以往關於農村社區、民族走廊、地方區域等幾種常見的類型學表述外，增加了重要的新維度。而費先生有關城

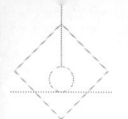
重溫先聲：費孝通的政治經濟學與類型學
代序

鎮的主類型、次類型分析，也被志輝前後連貫地表述了出來。此外，志輝透過對比分析各種類型觀，烘托出「區域內與區域間的發展倫理」這一重要學術判斷，為當代的城鎮發展提供總體性的參照。

  總而言之，我比較同意志輝的判斷，費先生有關民族志的政治經濟學以及各種類型學的表述，也是前述有關總體性「費孝通問題」的重要組成部分。在我看來，本書是入道不久的青年學人對經典思想的追索，志輝希望站在費孝通的知識基礎上，看得更遠一些。雖然，本書中有些篇章的討論還稍顯不夠深入、延展還不夠充分，但是讀者能從字裡行間看出作者的努力、激情和對學術真諦的孜孜追求。實際上，我們現在看到的青年學人對本土經典的解讀還是太少了，希望這樣的作品越來越多，越來越豐富。

麻國慶

前言

潘光旦先生曾將天下學問的變化視為一個類似於「梭子形的公式」：起初籠統單一，中段分化複雜，末了又歸於新的籠統或綜合。[1] 不同時代的學問如水一般，或化分為「派」，溝壑縱橫；或綜合為「匯」，江河聚海。在為費孝通《生育制度》一書所作的序言《派與匯》中，潘光旦對費孝通不吝美言，但時刻提醒費孝通，不要因為保持「派」的立場而忘了「匯」的綜合。功能主義的學問有其磅礴之處，但大庭院也可能有小氣象。潘光旦先生不斷告誡，在學派林立的時代，無論是社會思想研究者還是社會理想主義者，應該結合各家短長，共工合作，融為新「匯」，開新人文精神風氣研究之先河。要祛除天下思想派系分流之弊，「關鍵均在一個匯字，治標的路莫忘舊匯，治本的路是尋求新匯」。[2] 沒有對往屆舊宗的真正尊重，就難以有鋒利的新銳遠見；沒有對新時代進行綜合的勇氣，就難以呈現總體性的社會文化知識。關鍵的是，理論與思想的分歧即使再多，只要在產生分歧的同時，不忘合作，既發展自身又顧全別人的努力與觀點，就有可能匯合一個新的人文時代。潘先生作為費先生的老師，將對學生的批評隱於期盼之中，這種師情友誼，可謂真兮切兮。而費孝通先生也未負潘望，他一生保持學術豐產的同時，時刻秉持潘光旦所追求的中和位育以及新人文思想，筚路藍縷，在尋求富民道路的同時開啟了文化自覺的時代。只要翻翻二十世紀八九十年代中國社會學界、民族學界的學位論文和期刊著作，就可以清楚地看到費先生的學問已成為時代之匯了。哪個研究者不在自己的文獻回顧部分引用幾句費孝通的話呢？

費孝通先生去世之後，中國學術界對他的態度似乎又在驗證潘光旦有關天下學問的規律性總結：分久必合，合久必分。「分」的趨勢體現於兩個大的方面。一方面，對費先生的讚美與繼承以各種形式湧現。各個分支學科的研究者繼續引據費先生的概念與思想，但有不少形式主義的文獻回顧者將費先生置於腳註或參考文獻裡，而不顧其內在的邏輯理路；幾乎每年都會出現與費先生有關的論壇，這些論壇就像年度祭祀儀式一樣跟隨主流聲音的節奏，不斷抬出費先生來巡遊，當然其中不乏洞見；還有一些文本闡釋者與實踐方案的繼承者更多的是在學術舞臺的背後耕耘，敬惜費先生留下來的字紙，尋

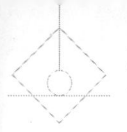

重溫先聲：費孝通的政治經濟學與類型學
前言

求新的理論突破與實踐路徑；此外，希望與這位學科先賢對話的青年學者越來越多，費先生的文本不斷被搬演，但閱讀的態度不盡相同。另一方面，費先生去世之後，各種唯我至上的解釋路徑不斷地對費先生的學術體系進行「靶向」批判，「費孝通為什麼不關注這個問題」「費孝通沒有注意到那個理論概念」「費孝通忽視了不該忽視的問題」……透過張揚費先生的「缺漏」和自我的光環，俘獲身處歷史迷障中的觀眾。

對費先生的批評或反對的聲音一直存在，但他的去世似乎構成了一個分水嶺。1949 年以前，費先生就曾圍繞鄉村建設與民族國家問題，與一系列學者有過直接的論爭。此後，埃德蒙·利奇與莫里斯·弗裡德曼在方法論上的評價構成了全球學界關注的學術事件。到了 20 世紀 90 年代，當東亞社會學界對費先生一片叫好聲時，日本學者橫山廣子就直接對話費先生，過度的鄉土意識不是一種現代性自覺，應該「離開土範疇」去尋找適合中國發展的現代化方案。[3] 在費先生晚年尚屬思維敏捷的時候，這樣的對話聲音很稀缺。新的世紀開啟後，我還在大學裡讀社會學本科專業，清楚記得費先生是課堂上、文字中、會議裡不斷被搬演的學術神話，雖然彼時費孝通尚在人間。但自 2005 年之後，中國社會學界才開始「積極」地與費先生對話，一系列有關「新鄉土中國」「後鄉土中國」「告別鄉土」「走出鄉土」的研究不斷登場，但很遺憾費先生已經去世，回聲有限。但為什麼在費先生去世之後，我們的對話者、批評者才如雨後春筍般湧現呢？

「讚美」與「批評」的聲音重新在歷史中分流，像筆者這樣的學生娃或年輕學者，就在這些分流之聲中聆聽、呼應、喝彩、批判，卻經常缺少對費先生總體文本的系統閱讀與反思。對於我們這些年輕後生來說，缺乏與這位隔代大師的直接互動，也沒有各種鮮活的記憶敘事，除了聆聽「50 後」「60 後」的老師們說費先生過去的故事之外，理解費孝通的最好工具只能首選閱讀他寫作的以及與他有關的文字。雖說羅蘭·巴特、米歇爾·福柯宣稱「作者已死」，從而「慫恿」讀者去構建後現代時代的主體性。但是，如若忘了「舊匯」，沒有對傳統與現代的認識基礎，建構從何構起？

業師麻國慶教授經常告誡學生，要從整體的視角看待費先生一生的學問。麻老師將費先生總的文字綜合為三篇文章，分別是從漢人社會、民族地區以及全球化三個角度出發，去理解中國社會與新的時代。[4] 這種思路與王銘銘教授的「三圈說」有異曲同工之處。麻老師有關「三篇文章」的說法直觀地體現了費先生的整體研究歷程，以及漢人社會、民族地區和全球社會的跨區域互動體系。我在關注珠三角這座世界工廠中的「代耕農」群體時，麻老師就不斷提醒我要去注意費先生的村莊土地研究是如何兼顧文明的內發視野與全球化政治經濟體系的接榫過程。這讓我在面對快速流通的工業商品、流動的勞力以及不斷流變的地權問題時，能夠同時堅持文化價值論以及全球化時代的政治經濟學，去解釋流動與跨界的現象。

在工作的這幾年，我經常聽到的先賢名字之一便是「費孝通」。一是作為這裡具有深厚學統的象徵出現，二是費先生有關中華民族多元一體的思想及其承擔的民族識別工作，不斷被關心國家秩序的學者提及。這些當然都極為重要，而且契合這裡的學術關懷，但對費先生有關中國總體性問題的關注，由於過於堅持固守「少數民族」與「邊疆」的領域而被削弱了。費先生有關東部地區的城市與鄉村研究、有關全球社會與中國文明之間關係的思考，以及各種現代化的發展方案，要麼被擱置了，要麼被簡化了。那種提倡將「三篇文章」的交叉視野同時放置在海內外各個民族研究區域中去的觀點，一直沒有得到很好的踐行。我初來民大工作的幾年，每次去民族邊疆地區進行調查，都覺得很惶惑。因為按照中央民大最近二十年的知識生產慣例，我原有的知識儲備生產出來的知識，就會與這裡的「場域」顯得格格不入。因此，除了去學習其他民族研究「標準」之外，我一遍又一遍地追問《費孝通文集》，希望能得到一些答案。追問的結果就是這本著作，並得出這樣的判斷：從費孝通總體思路中考慮出的大多數問題，可以突破「少數民族」名相的研究限制，面對客觀而複雜的綜合性現實以及民族學應邁向總體性社會科學或人文研究的需求，提醒我們要擺脫過去的那種侷促性研究視野。

關於費先生的各種研究已經浩如煙海了，阿古什、張冠生、楊清媚等人均可謂從費先生總體的人生實踐與敘事文本出發，生產了諸多有繼承和開拓意義的知識，並各有側重。費先生的那些學生們（均是我輩的老師）以及真

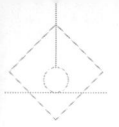

重溫先聲：費孝通的政治經濟學與類型學
前言

正關心費先生總體文本的研究者，至今仍在不斷地總結、發掘、補充完善「匯」的時代。我極為尊重這些不急於告別「匯」、不急於匆匆開啟派系的前輩、同仁。誠懇地說，我個人能力有限，無法與這些研究一一系統對話，只能下一些笨功夫，立足於費先生留下來的文本以及自己關心的內容，闡釋一些以往還不夠充分重視的議題。本書中每個章節的內容，雖然並不都是新發現，但至少均是尊重費先生總體文本的不懈努力，而不是透過大刀闊斧的肢解文本，以達到毀宗破匯、另立新說的目的。

「政治經濟學」並非新說。費孝通在倫敦政治經濟學院的兩位老師——雷蒙德·弗斯和 R.H. 托尼為他種下了文化價值理論的種子，並在其以後的幾本民族志中生根發芽。強調費先生民族志中的政治經濟學問題，一方面是為了糾正學科教育傳統中過度賦予的「功能主義」形象，另一方面是要提醒自己及同仁，未來中國的民族志知識生產，還要在很長時間裡繼續持有文化價值論與政治經濟學的雙重視角，這是兼顧歷史與現實的民族學、人類學研究的題中應有之義。費先生的研究雖然與馬克思主義的政治經濟學分析之間有很大區別，但對社會平等與繁盛的追求是相同的。而且，費先生早期的民族志以及後來幾乎所有的實踐記錄，所關懷的切入點與政治經濟學分析的路徑是一樣的：從土地與地租、勞力與收入、資本與工資以及轉型時代的商品流動等角度出發，去探求全面的富民實踐與協調的城鄉發展方案。關鍵的是，費先生的政治經濟學不僅與文化價值理論相併列敘述，而且是以中國文明的內發視野為前提的。所以，其一生追求的平等富強，最終要透過重返土範疇的自我審視、以文化自覺的新人文思想來引導。

「類型學」就更是費孝通自己及相關研究中的老生常談了。費先生一生貫通了從微觀至宏觀的各種分析單位，所以有各種各樣的分類。強調其類型學的多樣性，也是希望補充學界不斷複述的村莊社區、區域模式以及民族走廊等幾個有限的類型學形態。實際上，費先生對「城市」「權力」「家庭」「經濟」「知識分子」，甚至於「社會變遷分析視角」等方面，都有過系統的類型表述。關鍵的是，他不僅闡釋了類型的內涵和類型間的關係，還進一步展開了關係的類型分析，從而在方法論上打通了各分析單位的聯結邏輯。與韋

伯不同的是，費先生的類型學立足於直接的經驗觀察，而不是停留在理論的雲霄之上。

　　在過去幾年時間裡，中山大學的譚同學教授、雲南民族大學的高朋老師、雲南大學的張亮老師和我幾個人，一致認為研究中國轉型期的社會形態的民族志應該具有跨學科的學術視野。而政治經濟學本身就帶有對國家與地方政治、資本與生產體系、消費與社會生活等方面的綜合觀察視角，它關心現實和發展問題，可以作為民族志的切入點。譚同學教授在 2010 年就專門發表過文章，強調轉型期的中國研究需要重視政治經濟學與人類學的交叉。[5] 政治經濟學不是一種「庸俗」的權力學說和簡單的平等召喚，它的價值論立場和對勞動力、商品、土地以及資本的分析性關照，可以與民族志對「人」與「物」的深描結合，並且對各個區域中出現的民族政策實踐、資本運作以及社會關係提出批判與反思。此外，民族志的文化視野可以矯正普遍的政治經濟學分析框架，在地方與國家、地方與全球之間尋求一條適合的文化自覺道路。在 21 世紀，中國將繼續轉型，面對過去、現在與未來持續出現的「不平衡」問題，作為文化批評的人類學應該延續使用批判性的政治經濟學分析框架。在費先生總匯的文本中，這是他對轉型社會的研究觀察未完成的部分。如果說「民族志的政治經濟學」是一個值得堅持的研究路徑，那也得益於「匯」的綜合。

　　本書開篇《〈江村經濟〉與〈祿村農田〉──民族志的政治經濟學》一文，就是對發展議題以及研究方法的一個呼應。費先生在這兩本書中兼顧了文化功能論與政治經濟學的分析路徑，但該路徑既不是純粹功能論地寫文化邏輯，也不願意抱持武斷的階級立場，而是將其社會文化視野與宏觀、微觀的經濟行為分析同時結合起來。兩書均拒絕了形式主義取向的經濟社會學或人類學，也未完全走向相對主義的文化解釋路徑，而是在人類學、社會學追求平等與繁榮的知識目的下，對社會文化實體中的經濟生產行動展開探索的實質主義研究範式。兩書對全球資本體系以及微觀社區內土地、勞力、商品的深描，開創了中國民族志的政治經濟學。雖然筆者認為費先生提出的合作式工業發展方案有些模糊，敘事也缺少一種馬克思主義式的張力，但兩書作為中國邁向民族志的政治經濟學的先聲典範，是毋庸置疑的。

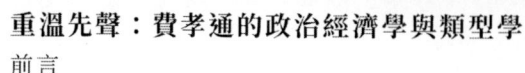

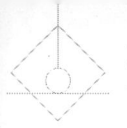

重溫先聲：費孝通的政治經濟學與類型學
前言

　　《托尼的鄉土中國重建方案與青年費孝通的三次系統回應》一文，指出了在吳文藻、史祿國、馬林諾夫斯基、潘光旦、派克等先師之外，R.H. 托尼教授如何對費先生產生巨大的學術影響。托尼在《中國的土地勞動》一書中，細緻診斷了中國文明的特徵，指出了農業和農民問題的癥結是技術停滯、組織鬆散、政治無能以及知識分子的形式主義。並且，托尼發現了中國城市中不斷湧現的「不在地主」現象，並以此判斷中國的城鄉關係是一種金融關係。上述問題與觀點，在費先生那裡得到了最好的繼承與修正。二者的學承關係不應該僅僅是從宗教倫理角度出發去理解的，他們還共享了同樣的文明觀以及社會史、政治經濟學的方法論。此外，費先生還在《江村經濟》《祿村農田》《鄉土重建》三本著作中，逐漸修正了托尼的觀點，他對鄉土工業的實踐道路、城鄉關係的具體判斷、「不在地主」現象的本質以及對知識分子的使命等方面的內容，作了更為系統的回答。在這篇文章中，我還引述了費先生對卜凱的批評，目的是指出：如果沒有民族志作為先鋒，定量經濟學的類型學方法非常容易出現缺陷。

　　2015 年，《「新戰國世紀」與「新聖賢」——費孝通先生晚年的世界秩序觀》一文寫完之後，我才注意到王銘銘教授已在《超越新戰國》一書中注意到了費先生的「新戰國」理論（但尚未提及「新聖賢」之說）。即便如此，我仍然認為「新世紀聖賢論」是被學術界忽視的重要思想遺產，這是費孝通先生在世紀之交留給後世的一個偉大的世紀方案。這一方案由「新戰國世紀論」與「新聖賢論」共同構成。如果說「新戰國世紀論」是費先生對 21 世紀的時代判斷，那麼「新聖賢論」就是費先生在文化層面對 21 世紀的世界秩序展開的設計；「文化自覺」「和而不同」等概念，則是「新聖賢論」中的具體內容和體現。「新戰國世紀」與「新聖賢」，構成了費先生晚年的世界秩序觀，該世界秩序觀是一系列重要思想的經緯背景，它與其他重要思想互為表述。不瞭解這一世界秩序觀，我們就無法領悟費先生在拒絕以西方為中心的世界秩序時，倡導建立何種大同一體的世界；更無法通透理解費先生晚年的美好社會說與王道霸道之爭，遑論其文化自覺論和人文心態觀。更為重要的是，面對當今世界格局與中國圖景中呈現出來的問題，我們很可能會錯過一次從費先生的學術遺產中提取寶貴經驗的機會。

《重返土範疇——費孝通先生的學術遺產》一文是筆者於2014年底寫就的一篇較為幼稚的文字。這篇文字是結合自己的土地研究取向，從《費孝通文集》的總體閱讀中提取的。雖然有些內容的敘事邏輯不夠嚴謹，但它試圖說明，作為中國社會文化傳統有機體的土範疇，是度衡當代中國各種現代化方案是否合理的一種內在視野。費孝通先生窮盡一生設計的鄉土重建方案、小城鎮方案以及21世紀「新聖賢」方案，都是紮根於中國土範疇這一內在視野的基礎上的。近20年來出現的對土範疇的各種誤讀，都是因為沒有弄清土範疇本身的複合性與多樣性、歷史性與包容性、社會性與觀念性等內在特徵，以及其內在的正義、平等與自主原則。要重新認識中國，我輩應激活費孝通等前輩的學術遺產，實現文化自覺，重返土範疇。

　　《理解費孝通的研究單位——中國作為「個案」》一文的內容涉及費先生的方法論整理。在個案研究領域中，研究者的分析單位與最終探討的研究單位有時相同，有時不同。費孝通先生一生的研究幾乎涉獵從微觀至宏觀的所有分析單位，並且分別沿著三條進路最終向「中國」這個終極關懷靠攏。（三條研究進路分別是：「個案本身的研究」「個案之中的個案歸納」「收斂性的個案研究」。）在該文中，我還要試圖說明的是，利奇、弗里德曼以及諸多當代關注個案研究的學者，簡化了費孝通的方法論框架，忽略了其個案體系內部的複雜性、連接性與擴展性。

　　《費孝通先生的城鎮類型觀——兼論小城鎮與城鄉協同發展中的區域道義》一文，比較系統地整理了費先生的城鎮類型觀。費孝通先生自20世紀30年代起，便展開了有關中國城市的類型學分析。他基於現實的關懷與文明的視野，區分出了中國的都會、城池、城鎮、集市四個大類的差異，而且在每個類別中還進一步區分出了次類型。基於城市類型的差異，我們能看到各種城鄉關係的差異。在該文中，筆者進一步指出，費孝通的城鎮類型觀不僅能夠回應馬克斯·韋伯關於「東方城市類型」的單調說，而且給威廉·施堅雅的區域市場關係理論增加了一個維度：在城鄉區域間的市場聯繫之外，還存在道義聯繫；區域秩序的關鍵並非一定是各級城鎮市場，鄉村社會與經濟的順暢運轉才是維持城鄉關係均衡的關鍵。

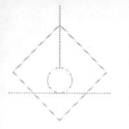

重溫先聲：費孝通的政治經濟學與類型學
前言

除了分析單位與城市觀之外，為了系統呈現費先生的類型學，筆者還用了最後一章的篇幅，漫談了費孝通先生在中觀層次上的其他類型學概念。例如，費先生的權力類型說與經濟類型說，都是當今學界尚未深掘的遺產；再如，費先生在三篇重要的文字中系統闡述了其家庭類型的變遷觀（麻國慶教授在《家與中國社會結構》一書中系統繼承了費先生的家庭研究）；最後，費先生關於知識類型與社會變遷方法體系的劃分，是知識社會學以及社會變遷研究都需注意的內容。雖然該文引用《費孝通文集》的段落較多，而自身的學理闡述較少，但筆者認為這樣的文字整理仍然具有意義。

在本書的附錄部分收錄了兩篇文章，第一篇是《工業民族志的魁閣學統及其對全球化的回應》。文字的內容是我和學生出於興趣合作寫出的一些想法。我們認為，民族志的方法和理念也可以用於重點關注身邊的人類學和現代社會，尤其是用於觀察轉型時代的中國工業勞動現場。並且，對「工場」與「工業」的理解應該是多樣的，現代都市工業、城鎮工業體系與傳統鄉村工業，都可以作為民族志的研究內容。西敏司、沃爾夫、納什等人，曾從政治經濟學與文化人類學雙重角度出發，深描了資本主義工業體系及勞工的生存境況，不過，費先生領導的魁閣學派所生產的工業民族志，要遠遠早於西敏司、沃爾夫等人。費先生對鄉土工業的研究、史國衡的《昆廠勞工》與田汝康的《內地女工》，就是這種開拓性的嘗試。

附錄第二篇是《從「不在地主」到「不在農民」——百年中國鄉村困局與嵌入式的鄉村振興》，該文仍與費先生密切相關。兩個危機的第一個是「不在地主」的危機：雲集在城鎮的地主集團不斷加強了對鄉村地權的控制，並透過工商業摧毀了傳統手工業。頻發的土地投機行為使得小農更為直接地暴露在資本面前，成為資本漁獵利息的對象。另一個是改革開放之後出現並延續至今的「不在農民」危機。這是由於中青年農民工離土離鄉，導致村莊社會內部出現了「無主體」狀態。這種「無主體」狀態伴生了社會整合程度下降、經濟分化程度上升與較低的政治治理效率等問題，並導致很多鄉村振興方案難以實現。因此，筆者認為要同時復原鄉土精英與農民主體的雙重在場，將「不在地主」與「不在農民」雙雙轉化為在地精英、在地小農，重建一個充盈的鄉村社會結構，推動嵌入式的鄉村振興。結合費孝通先生有關「分散的

鄉土工業」的重建方案，我們可以在經濟層面倡導「分散的鄉土商業」。此外，國家與基層政府也應該調整好自身在資本、項目引進過程中的角色，並給資本規劃好行動框架，確定村莊地方的主體性位置。最後，筆者在該文中再次強調，需要恢復城鄉之間有機的道義聯繫與人物的均衡流動，在區域整體中推動嵌入式發展。

　　總之，本書所收錄的文章都是近幾年在中央民族大學工作期間的閱讀產物。每篇的寫作都需要極為愚笨地看一遍《費孝通文集》以及相關的一些文獻，才能整理出思路。沒有閱讀，就無從整理，無法動筆。因此，筆者自認這些文章的創新性有限，前輩、同仁的文字啟發是本書的基石，筆者在本書中彰顯的主體性確實極為微茫。如果讀者能夠耐心閱讀，筆者將非常感激。。

　　最後，筆者想把本書獻給兩歲的女兒黃霄，她與書中的很多文字內容同歲。

　　黃志輝

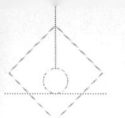

重溫先聲：費孝通的政治經濟學與類型學
《江村經濟》與《祿村農田》——民族志的政治經濟學 [6]

《江村經濟》與《祿村農田》——民族志的政治經濟學 [6]

一、引言

　　將《江村經濟》《祿村農田》視為兩本與政治經濟學密切相關的著作，可能會引起讀者的詫異。自80多年前費先生開始從事江村調查以來，《江村經濟》一書都是被視為社會學、人類學「中國學派」的扛鼎之作，而《祿村農田》則因其被置於《雲南三村》之中，被視為社區功能研究的類型學典型。埃德蒙德·利奇的方法論評價以及之後湧向《江村經濟》的各種書評，關注點都是江村調查的實證方法，或者是其社會合作和鄉村工業的發展方案；《祿村農田》的真正議題就更是被當代的學術喧囂所掩蓋了，其中關於農業經濟研究的社會文化視野及其與農業經濟之間的內在辯證議題，沒有得到當代學界的真正重視。不過，熟悉兩書的讀者應該清楚，無論是對文化功能還是對社會關係的分析，除了我們默會的江南、西南鄉村背景之外，兩本書均沒有系統呈現村莊的社會組織與文化形態，而其對社會文化要素與經濟議題的呈現是交替而行的。即使在祿村研究中，費先生將農業經濟生產、生計消費等行動與世俗生存倫理聯繫起來討論，卻也沒有系統呈現功能論所偏好的文化系統。但是，當我們讀完兩本書的時候，仍然能夠感到其系統與流暢。為什麼？在筆者看來，除了存在作者自己表述的文化功能與社會變遷分析框架之外，還存在一個較為完整的政治經濟學分析框架。

　　筆者無意將《江村經濟》與《祿村農田》牽強附會為用政治經濟學方法促就的社會人類學著作，不過，我們不該忽略兩本書各自是在怎樣的政治環境下書寫其經濟主題的。作者在倫敦政治經濟學院畢業前後寫作了這兩本書，它們均是在國難時刻，為尋找現實出路而展開的民族志。（我們應該看到，在《祿村農田》之後，費先生就再未寫作系統的社區民族志了。）關鍵的是，我們可以看到兩書中的各個章節是怎樣按照政治經濟學的分析要素展開的。亞當·斯密、大衛·李嘉圖以及馬克思等人的政治經濟學，是圍繞著土地、勞力、

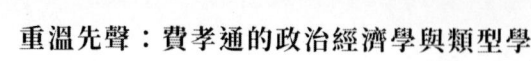

重溫先聲：費孝通的政治經濟學與類型學
《江村經濟》與《祿村農田》——民族志的政治經濟學 [6]

資本以及相應的地租、工資收入、利潤等要素的理論分析建構起來的，「經濟系統如何運轉」以及「勞動者如何得以生存或延續」等問題是這些理論分析的終極關懷。而《江村經濟》《祿村農田》正是在生產、分配、交換和消費的框架下論述以上經濟要素的；兩書中關於農業、貿易、信貸、金融的敘述也是立足於政治經濟學的，而非完全是文化人類學的框架（但文化或文明的視野卻構成了對純粹政治經濟學研究的超越）。重要的是，兩本著作均是具體的實證研究，而非抽象的理論分析，二者同時閃現了文化功能論和政治經濟學。

甘陽曾建議從學科自覺的角度去看待《江村經濟》，因為《江村經濟》一書意味著本土的現實問題在學科上的折射。[7] 夏學鑾透過考察費先生數十次的「重訪江村」，認為「改革開放後的江村研究，成為開拓中國城市化道路的一種理論和實踐努力，帶有鮮明的咨政色彩」。[8] 王俊敏從生態社區的研究角度，重新整理了江村的土地、勞力與生態問題（但較少分析價值分配的文化規範）。[9] 劉豪興將費先生及其後的「江村」調查成果集合為一門「江村學」，但目標仍是推動「社會學的中國學派」。[10] 劉能看到了《江村經濟》與《雲南三村》中對政治經濟學的細節描述，不過他的目的是希望透過重述費先生的民族志內容，來開啟新時代的「空間社會學」研究。[11] 此外，諸多學界同仁均從不同角度解讀過《江村經濟》或《雲南三村》，但很少有人以審慎的民族志態度同時解釋為何兩本書中交叉了政治經濟學與文化人類學的視野。

如果否認《江村經濟》《祿村農田》自帶的政治經濟學脈絡，很可能會因此錯過開闢新的方法論。麻國慶教授認為費先生很早就有「全球化」的意識，[12] 這種全球化是在文化視野下同時涵蓋政治與經濟議題的。不過我們也要同時注意到，如果「文化」視野的過度強調導致覆蓋了政治經濟學的方法細節，就可能讓文化主義替代政治經濟議題的素描，反而無助於呈現文化的基本底色。我們有必要在文化功能論與社區類型學之外，獲得理解兩書的其他角度，以及面對當今「江村」「祿村」現代化過程的另一研究切入點。在尊重文本的前提下，筆者希望理清兩書中或明或暗的政治經濟學線索，並呈現這些線索所暗含的理論突破力。與此同時，還應該進一步追問兩書中的文

化功能論與政治經濟學線索存在怎樣的聯繫與斷裂,這對中國當下及未來的民族志研究走向具有重要的提醒意義。

▍二、土地經濟的文化維度與政治經濟學的書寫框架:雙重視野下的微觀經濟

指導費孝通展開江村與祿村調查研究的思想來源,除了馬林諾夫斯基,還有兩位同樣來自倫敦政治經濟學院的教授:一位是研究經濟人類學的雷蒙德弗斯,另一位就是研究農業經濟史的托尼。如果說弗斯和馬林諾夫斯基啟發了費先生如何從文化視野出發去解決經濟問題,那麼托尼直接給了他一個亟待解決的現實問題。托尼在《中國的土地與勞動》一書中提出的農民生存出路問題和「不在地主」問題,成為費孝通在江村與祿村研究中最為關注的核心議題。托尼認為,「一戰」後的世界政治經濟體系大轉變,導致中國城市湧入了大量工商業資本,這些資本透過投資城郊土地,生成了一大批「不在地主」,中國的城鄉關係由此進入了一個金融時代。[13]這個判斷直接影響了費先生此後的民族志寫作進路。此外,托尼關於中國農村人地比例失衡、農業組織渙散以及工業變革的出路問題,也悉數被費孝通收入兩本民族志的書寫範疇之中。費先生展開的思路與托尼看到的中國城鄉大轉變直接關聯,他曾毫不諱言自己的兩部作品就是為了回應托尼。

結合托尼與馬林諾夫斯基的社會變遷分析框架,費先生看到了資本運轉的趨向,一旦資本變成了軸心,以往的城鄉關係與社會結構必然發生變動。江村的調查數據表明,該村的地主有三分之二在蘇州、上海,形成了都市中的「不在地主」集團。以往社區內穩定的租佃關係,被城鄉間更為抽象的金融關係所替代。但是費先生調查的雲南祿村,臨近城市,卻幾乎沒有「不在地主」,可是這並不影響城市工業即將侵入農村的現實,鄉村內部對傳統工業製品的消費需求將被現代工業製品所替代。由此,費先生在托尼的城鄉金融關係命題裡,引入了工業變革與消費需求兩個解釋性的路徑:鄉村內部對現代工業製品的文化需求程度以及城市工商業的繁榮性,將是造成中國鄉村「竭蹶」的關鍵因素。

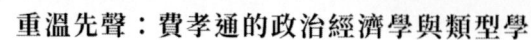

重溫先聲:費孝通的政治經濟學與類型學
《江村經濟》與《祿村農田》——民族誌的政治經濟學 [6]

小農的文化韌性、「不在地主」的金融渴望、土地租佃關係與經濟形態,此外還有關於鄉村合作組織、復原鄉賢的功能以及工業變革出路的探討,均成為兩本民族誌的基本關懷。關鍵在於,費先生沒有像當今的三農問題研究專家那樣,立足預設的立場展開理論上的交鋒,或基於農業統計的數據,或基於個體農戶的孤立案例,去陳述所謂的「事實」。他的調查仍是在具體的城鄉關係和系統的社區研究之中展開的,尤其對土地經濟的要素分析,同時展現了文化人類學與政治經濟學的雙重關懷。我們可以分別從兩本書的敘事框架和分析邏輯中,尤其是從費先生對微觀經濟要素的深描中,來看看他是怎樣從事民族誌的政治經濟學研究的。

(一)《江村經濟》的政治經濟學敘述框架與實踐方案

為了回應政治環境與世界資本對江村人民的勞動、生存的影響,費先生不僅關注政治經濟體系的價格調控方式,而且在微觀層面對江村的土地經濟要素展開了細緻分析。在《江村經濟》前七章中,我們可以看到功能學派所關注的文化要素,但自第八章以後,分析的主要對象便滑向土地、勞力、工業與資本了。

費先生在開篇即交代了研究對象的地理範圍以及江村所處的自然特性,這相當於提供了政治經濟學三大分析要素之「自然力」的基本背景(第一章、第二章)。他強調家庭而非抽象的個體勞動力是經濟生產的基本單位,這與古典政治經濟學將勞動力的抽象分析化約為「原子論」個體的角度有所不同,從而為社會文化分析開闢了更大的空間。家庭這一基本單位不僅是物質生產的目的,而且是勞動力自身與社會再生產的重要載體,如實現「香火延續」或社會文化的連接(第三章、第四章)。由家庭組建的社會文化體系還是制約消費的基本框架:「為了滿足人們的需要,文化提供了各種手段來獲得消費物資,但同時也規定並限制了人們的要求。它承認在一定範圍的要求是適當的和必要的,超出這個範圍的要求是浪費和奢侈。因此便建立起來一個標準,對消費的數量和類型進行控制。」[14](第七章)。圍繞家庭這一基本單位建立起來的姻親議題、擴展式的親屬關係結構以及「村政府」,又是限定各種物權的基本社會框架(第五章、第六章)。從該書的前半部分來看,江

二、土地經濟的文化維度與政治經濟學的書寫框架：雙重視野下的微觀經濟

村的親屬關係體系本身就是一種產權結構，這是文化功能論的體現；但在該書的後半部分，費先生指出由於政治經濟體系宏觀情境以及具體生產方式的轉變，反過來對親屬關係系統產生了巨大影響。

在村莊分工體系方面，費孝通雖然沒有對不同勞動或職業、商品的相對價值展開敘述，卻提供了一個村莊社會文化分工體系的範例（第八章），從民族志角度回應了政治經濟學的議題。對「勞作日程」（第九章）和「農業」（第十章）的分析，是一個文化視野下的經典勞動過程研究框架，我們可以清晰地看到一個農業社區之中的勞動力如何安排自身的勞動過程；對農業勞動內容的描述，能夠向讀者傳達農業勞動的價值如何分配的邏輯。馬克思在《資本論》第一卷中對勞動日的分析，就與費先生的價值理論有些相似，但費先生並沒有去借鑑馬克思。但有意思的是，費先生在對生產內容與勞作結果的評估中，可以窺見農業勞動的相對價值有限，並且認為僅僅從事農業，無法完全支撐農民全部的鄉村生活。這就讓費先生引出了從事鄉村工業的可能性這一重要的重建方案。

該書自第十一章之後展開了對土地、勞動、資本、貿易的描述以及對價值分配理論的深度分析，這是民族志政治經濟學的重點。費先生關於田底權、田面權以及「不在地主制」的分析，具象地呈現了土地及地租理論的社會複雜性，他所加入的文化與情感維度，使得政治經濟學的價值分析框架具有了立體感。例如，費先生描述了田面權如何在江村流轉，其中存在的「二次轉租」現象，甚至可以修正政治經濟學極差地租理論的解釋框架——使用權與所有權不是簡單的二元結構，單獨一個產權概念（如使用權）所指向的也是幾個群體，而非單獨一個階層。「所有這些人都對土地產品有一定的權利，田底所有者可以要求佃戶交地租，田面所有者可以要求承租人交租，雇工可以從僱主那裡取得工錢作為勞動的報酬。無論土地的實際收成如何，不在地主、出租者以及雇工分別取得固定的地租和工錢」。[15]

文化功能論、社會制度分析視角以及文化價值理論，被費先生一同收納進了民族志書寫中。在展開傳統的文化分配法則和社會制度分析之後，費先生指出了現代的城市金融資本的抽象運作規則將替換以往的分配製度。在大

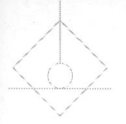

重溫先聲：費孝通的政治經濟學與類型學
《江村經濟》與《祿村農田》——民族志的政治經濟學 [6]

轉變潮流中，土地價值的來源已經發生了變化。土地價值並不是僅由勞動者的生產效率以及自然因素來決定，城市「不在地主」的資本以及金融體系也進入了農村的土地經濟系統。政治經濟學的三要素——勞動力、自然力、資金力一同呈現在費先生的地權分析框架之中。

在土地經濟分析的部分，費先生有意識地展開了文化功能式的討論，他仍然強調現實中的社會文化因素如何影響土地價值（古典政治經濟學家與馬克思只是不斷強調抽象的社會必要勞動時間如何影響土地價值）：「儘管土地的生產率只能部分地受人控制，但這部分控製作用提供了衡量人們手藝高低的實際標準。名譽、抱負、熱忱、社會上的讚揚，就這樣全部和土地聯繫了起來。村民根據個人是否在土地上辛勤勞動來判斷他的好壞。」[16] 在特定社會中，土地具有人格，這種土地人格也將成為判斷土地相對價值的標準。土地與人的安全感程度聯繫起來，「占有土地的動機與這種安全感有直接關係」，安全感程度越高，土地價值越大。這種理論顯然是被馬克思與李嘉圖所忽視的（他們認為勞動或資本才是價值的來源）。此外，費先生還指出村莊倫理是指導地主收租行動或佃戶繳租行動的重要價值參考，因此斯科特所說的「農民道義經濟學」，[17] 費先生在江村經濟中早就論述了，但結論顯然不同（費先生對文化慣性的強調不會輕易被現代農業革命所沖垮）。費先生從人類學的文化維度展開政治經濟學分析，是中國民族志道路的一種開創。

在第十二章中，費先生對蠶絲工業的描述是在其社會變革分析框架下展開的。在這個框架中，生絲原料及價格、勞動力及其工資、改革者及利潤分配、技術與工廠、政府角色、內部分工以及外部貿易等要素均被考慮進來，以證明辦理合作社工廠的複雜性與可能性。透過江村的價值分配案例，費先生提出並總結了合作社辦工廠的初步方案：[18]

第一，由農民組成合作社，所有權屬於這個合作社的社員，他們對工廠的責任限於他們所貢獻的股份。凡願遵守義務者便可被吸收為社員。社員的義務是在工廠裡有一份股金，每年供給工廠一定數量的蠶繭原料。第二，設立規章，工廠的最高權力機構是社員全體大會。第三，原料由社員供應、勞力來自社員，但是技師由蠶業學校提供，司庫由當地銀行推薦，啟動資金是

二、土地經濟的文化維度與政治經濟學的書寫框架：雙重視野下的微觀經濟

由費先生的姐姐費達生提供，機器則由蠶業學校提供。因此，除了勞動力與原料，其他可變資本與不變資本並不在社員手中。不過，費先生並沒有引用「不變資本與可變資本」這對分析範疇，很遺憾讀者也因此無法看到蠶絲工廠中與價值理論相關、更為細緻的民族志敘述。

上述具有合作理想的村莊社會主義方案，帶有濃重的政治經濟學分析色彩。此外，費先生不僅分析了蠶絲工業對經濟結構的影響，還特地闢出一節來分析工業變革「對親屬關係的影響」。他系統分析了工業女性的經濟地位的提升將顯著改變婚姻親屬關係結構。費先生的這一微觀關照，顯然是政治經濟學與文化人類學的雙重結合導致的。馬林諾夫斯基讚揚說：「我個人認為或許有關蠶絲業的這一章是本書最成功的一章。它向我們介紹了家庭企業如何有計劃地變革成為合作工廠，以適應現代形勢的需要。它證明，社會學研究需要研究社會工程的有關實際問題。」[19]

（二）《祿村農田》：地方性知識中的文化價值與消遣經濟

費先生在1938年上半年剛寫完《江村經濟》，下半年就輾轉到了雲南祿村展開民族志調查。不過，如果說在江村研究中，費先生還特意用了很大的篇幅來獨立敘述村莊的社會文化系統，然後才展開土地經濟研究，那麼，在《祿村農田》裡我們可以看到，費先生如何單刀直入土地問題了。在分析了農田經營方式之後，費先生就切入了地權流動的分析，他得出的結論是：在勞力充斥與資本分散的內地農村，再加上地方性的分家制度與文化消費規則，導致地權不易集結，農業資本難以積累。在這條分析進路中，我們要重點關注費先生在分析微觀經濟時的雙重敘事邏輯。

費先生對經濟行動的剖析，不僅要考慮經濟行動本身所承載的純粹物質生產、消費功能及其在社區系統中的文化意義，還要考慮先前的文化賦予經濟生產以怎樣的行動慣性。如果單單剝離勞力、成本、消費的分析，不僅在具體的行動描述上不完整，而且對該行動的前因後果的分析亦不完整。不同於李嘉圖、馬克思的政治經濟學以及卜凱的農業統計學，費孝通的政治經濟學重點考慮了社會文化要素。在《江村經濟》中，我們可以看到費先生的如下經濟學描述：

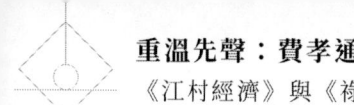

重溫先聲：費孝通的政治經濟學與類型學
《江村經濟》與《祿村農田》——民族志的政治經濟學 [6]

平均一戶擁有土地約 10 畝，在正常年景每畝每年可生產約 6 蒲式耳的稻米。對擁有平均土地量的農戶來說，總生產量是 60.36 蒲式耳。平均一家 4 口，直接消費需米 33 蒲式耳，所以有 27.36 蒲式耳餘糧。新米上市後，每蒲式耳米價約 2.5 元，如把餘糧出賣約可得 68.4 元。但一個家目前的開支需要至少 200 元。顯然，單靠農業不能維持生活。每年家庭虧空約為 131.6 元。佃農情況更為悲慘，而村中大多數是佃農。佃農按平均土地擁有量，必須向地主交付相當於總生產量的 40%，即 24 蒲式耳米作為地租。剩餘 36 蒲式耳僅僅夠一戶使用。因此，很明顯，為維持正常生活的需要，包括日常必需品、禮節性費用、稅和地租以及再生產所需的資金，輔助企業是必不可少的。繅絲工業興旺時，生產生絲可使一般農戶收入約 300 元，除去生產費用，可盈餘 250 元。在這種情況下，生活水平要比上述預期最低生活水平高得多。這樣，農民便有了一些錢可以開展各種文娛和禮節性活動。這種活動已停止了 10 餘年。[20]

而在《祿村農田》之中，上述系統的微觀經濟分析被更加細微地分化至每個章節之中。不同階層、性別、宗教等社會集團的生產、消費情況，在該書的每個章節中幾乎都有無微不至的展現，對經濟行動的考察完全嵌入社會文化系統之中。例如該書第八章對 5 個家庭的生活支出列出了一張長達 4 頁的清單表格，詳細描述了數十項消費內容。該書共有幾十張複雜的數據表格，其中的數據分類立體而系統，同時兼顧社會、文化、經濟以及政治等多個維度。篇幅所限，我們僅引用其中一個總括的小型表格，簡要看一看費先生是如何展開他的消費經濟分析的。

表 1　各項生活費用百分比

單位：%

二、土地經濟的文化維度與政治經濟學的書寫框架：雙重視野下的微觀經濟

消費項目	甲	乙	丙	丁	戊
食	30.5	53.0	70.9	70.0	56.6
衣	9.8	14.4	10.1	2.8	2.5
住	12.5	11.1	10.4	17.7	27.0
娛樂	2.8	5.5	0.6	-	-
饋贈	3.8	6.7	1.8	-	-
宗教	0.9	2.5	0.1	-	0.3
醫藥	1.5	2.5	0.5	-	-
學費	35.2	-	-	-	-
捐稅	3.0	4.2	5.6	9.5	13.6

資料來源：費孝通著：《祿村農田》，《費孝通文集》第 2 卷，第 330 頁。
註：此類表格全書共計 28 張。

表 1 的每一個大類支出中，在該書中還有數項甚至數十項亞類型支出的具體明細。如果沒有系統的民族志支撐，是無法展示如此豐富的數據的。費先生不僅論證了各項支出的相互關係，關鍵在於這種細緻的經濟分析背後還有系統的制度研究、社會分層和傳統文化分析視野。立足於對經濟行為的民族志考察，費先生將微觀經濟學與社會組織學、文化人類學以及宏觀政治經濟體系聯繫起來。例如，在研究消費支出一項時他強調：「要瞭解家庭支出如何分配，不但要顧到他們經濟的一般地位，而且還要看他們所處社會所維持的風尚。」[21]

在二十世紀二三十年代，卜凱的農業經濟學大行其道，他基於大量的問卷調查而展開的數據分析受到全世界的追捧，但是費先生對這種經濟學並不買帳。費先生認為，這種純粹的數據經濟學並沒有考慮社會文化背景。費先生在分析祿村的土地經濟時，使用了一個十分本土化的單位——「工」。費先生用這個概念跟卜凱的數據進行了對話。「工」是中國農村地區普遍出現的用以計量勞力乃至農田面積的單位。在費先生調查時期的雲南祿村，人們用「工」來丈量農田。「祿村的單位是『工』。當地人給我的解釋是『一工田，一個人工』。可是，我們已知道各節農作活動中所需勞力不同，各人的工作效率又不同，所謂一個人工是什麼意思呢……每丘農田的工數是傳統定下的，農民們可以指著一丘田說這裡有幾工田。他們並不是因人因地，隨時規定，好像一個工作效率高的人可以少說幾工，一個工作效率低的人可以多

重溫先聲：費孝通的政治經濟學與類型學
《江村經濟》與《祿村農田》——民族志的政治經濟學 [6]

說幾工」。[22] 同樣，勞動力的單位也是「工」。「祿村人民若向你說，哪種工作中，哪塊農田上要費多少人工，他的意思不是指需要幾個人在一天內盡力工作，而常是指要雇多少人來工作而已。一個人工並不是指一個人在一天內可以供給的勞力，而是指一天內普遍認為應該供給的勞力」。[23]

在祿村調查時，費先生充分考慮了「工」這一經濟學單位的技術、文化與社會限制，以及年齡、性別、工具效率的差異。雖然「工」的計量具有伸縮性，但是在社區內，人力與土地的計算是擁有共識的。在僱傭勞力或轉讓農田時，人們都是圍繞地方性共識來展開估算的，只要價格是在可接受的範圍內振動，都沒有太多問題，充其量接受一些道德的讚美或指責。有關「工」的知識，是每一個祿村人在成為農業主力後必須掌握的。「勞力估計是雇工自營的人們所必有的知識」。[24] 透過儘可能充分的計算，「總結來說，在祿村，一工種豆並種稻的兩熟田上，一年在農作活動中，一共需要女工 103 個人工，女或男工 15 個人工，男工 85 個人工，一共是 203 個人工」。[25]

在這種富含地方性知識的價值分析過程中，費先生不忘指出他對卜凱數據的懷疑。「我的估計和 L.Buck 的估計相比較，有相當的差異」。[26] 卜凱的勞力單位，是指每一普通工人在每天 10 小時內所能成就的工作量。卜凱將農民完全設置成了理性經紀人，完全剔除了一個農業勞動力在日常勞作中閒聊、休息以及對「工」的彈性工作機制。在該書中，費先生基於一工「兩熟田」，與卜凱數據展開了比較，發現相差甚大。

表 2　祿村勞力使用單位與卜凱數據的比較

單位：工

	Buck(1930)	Buck(1938)	祿村（1939）
稻（普通）	1.67	3.38	4.40
蠶豆	0.90	1.26	1.24

資料來源：費孝通著：《祿村農田》，《費孝通文集》第 2 卷，第 244 頁。
註：「工」是費孝通自創的勞力單位。

二、土地經濟的文化維度與政治經濟學的書寫框架：雙重視野下的微觀經濟

以地方性的文化知識為參照，費先生發現自己的文化經濟學與卜凱的統計經濟學得出的結論背道而馳。很顯然，費先生認為用卜凱式純粹量化的數據來做研究，是無法概括具體的經濟文化類型的，因為卜凱式的研究是基於普遍主義的研究框架來展開的，很難具備文化人類學的相對主義視野。

相反，基於自己的文化民族志的視野，結合微觀的經濟學分析，費先生得出了「消遣經濟」的理論概念。這是費先生基於對農民的日常生活消費的觀察而得來的一種文化經濟類型。在祿村調查期間，費先生發現祿村人普遍具有「寧願少得，不願勞動」的心態。很顯然，這與韋伯筆下入世基督徒的節慾觀念截然相反。在費先生看來，中國農民過日子的觀念不是節慾主義的，而是具備選擇動機的。為了讓自己能夠儘可能地減少勞動，可以選擇某種消遣的生活方式。

獨具慧眼的 W.Sombart，Max Weber，以及 R.H.Tawney 等同聲地說，西洋現代資本主義的基礎是深深地築在中世紀傳下的宗教精神上。那種把利潤作為經濟機構的樞紐，作為企業的目的，作為人生的意義，本是充滿著宗教色彩的，是忘卻了人本的結果。靠了這種宗教的信仰，他們在塵世之外，另設天堂，把痛苦和快樂兩端用肉身的死亡來作分界。今生是苦，來世是樂。於是今生只要從事於生產，再生產，消費不成了目的，只是成了刺激生產的作用。有上帝來保證，天國裡有永久的最上的無窮樂土，一個只有消費，沒有生產的經濟。[27]

費先生將上述西方經濟觀稱作「迂腐」：「生產是增加物品滿足人們慾望的能力，這種能力一定要和消費者發生關係之後，才能出現，所以生產本身是以消費為不可或缺的完成條件，效用並不一定是物的內在性，而是和消費者所具有的關係。」[28] 祿村人民的勞動，不是獨立的生產；農民產下的穀子，不會憑空消失，而是會進入人的肚子。西方經濟觀是非人本主義的，其目的奔向利潤而非享受。用祿村的地方性表述來說，那種只會勞動而不會享受的人，是「憨包」的體現。

費孝通認為，農民削減慾望以減少生活重擔的想法，是「用較少的痛苦避免較大的痛苦」。如果說勞動之痛大於忍受慾望之痛，那麼大可不必勞

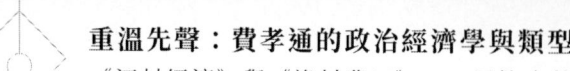

動；反之，忍受了慾望的痛苦大於勞動的不幸，那麼人們就應該勞動。但是，這並不代表農民會無限地減少勞動，從而退至寺廟道觀中去。對於「消遣經濟」，費先生的態度是較為辯證的。農民有其勞動與不勞動的基本底線，至於底線是什麼，這很可能就需要透過觀察文化、政治與社會結構中的具體限制，才能發現。這一底線經濟的水平在減少勞動和消費的同時也發生了閒暇，確實產生了中國農民的閒暇社會。但這實際上是個悖論。「有閒而抽煙，抽煙而更不想勞動，不勞動而更有閒——這是一個起訖相銜的循環。這循環給那輩雇工自營的地主以一個典型的生活方式」。[29] 悖論如何解決？費先生認為應該改良農民的組織形態、倡導分散的鄉土工業。透過展開積極的鄉土重建方案，重新組織農民建設合作工業，從而以一種合作式的社會文化經濟來替代「消遣經濟」。

《祿村農田》一書，完全可以視為民族志的經濟學範本。難能可貴的是，費先生在寫作時完全拋掉了在寫作《江村經濟》一書時的套路，但在直抒胸臆之時，又沒有忘記他從馬林諾夫斯基那裡學來的功能論精髓。他對文化視野下經濟行動的呈現是雙維度的，既在社區內的文化系統中觀察土地經濟，又完全兼顧到了諸如古典政治經濟學那般對微觀行動的具體描述。作者並沒有落入對「理性人」批判的窠臼，而是將其視為根本不需要深入討論的問題；對社會文化系統中的「理性」行動進行民族志的深描，才是實證研究者所要真正關心的內容。

三、土地經濟研究的宏觀視野

在費孝通之後的三四十年，沃勒斯坦才開始提醒社會科學研究者，任何民族志唯有將自己放在較大的世界政治經濟歷史框架中，才能獲得被理解的可能與現實的意義。按照馬庫斯與費徹爾的說法，費孝通早就將開弦弓村（即江村）設定為一個「大體系裡的可知社區」，[30] 即在宏觀背景下去理解當時的江村、祿村為何會存在諸多生存難題。拋卻將《江村研究》《祿村農田》視為一個微型社區研究的陳詞濫調，我們會明顯看到費孝通著重關注了其研究對象與其所在的鎮、縣、區域、世界體系之間的商貿、金融關係。這種開

放性的敘事不僅能夠讓讀者順利理解世界體系中的鄉村經濟，而且可以將作為外部力量的世界經濟體系環境轉化成某種內部視野。例如，《江村經濟》第十二章中提供了一個社會變遷分析框架，表面上看，其中的「變革力量」來自社區外部，但透過與保守力量的接觸、角逐後，就轉換成了一種可以指導社區變遷方向的內部視野；《祿村農田》對土地、勞力範圍的觀察也跳出了一個微型社區，而在廣闊的區域範圍內進行評估。這樣一來，作者不僅可以展開其文化功能理論下的社區民族志實驗，而且順理成章地將其同時代的宏大政治經濟關懷納入這兩本民族志中來。因此，這兩篇論文所要追索的知識，不是簡單地限於研究對象本身，即江村、祿村有何種社會文化面貌、土地經濟形態，而將其擴展到更大範圍，在區域系統裡去追問政治經濟學的問題。也就是說，民族志應該同時超越了那種所謂滿足微型社區需求的文化功能研究，以及那種抽象的純粹經濟數據分析。在《江村經濟》的開篇，費孝通明確說明了其知識追求的真正目的：

　　如果要組織有效果的行動並達到預期的目的，必須對社會制度的功能進行細緻的分析，而且要同它們意欲滿足的需要結合起來分析，也要同它們的運轉所依賴的其他制度聯繫起來分析，以達到對情況的適當闡述。這就是社會科學者的工作。所以社會科學應該在指導文化變遷中起重要的作用。中國越來越迫切地需要這種知識，因為這個國家再也承擔不起因失誤而損耗任何財富和能量。我們的根本目的是明確的，這就是滿足每個中國人共同的基本需要。[31]

　　很顯然，這裡的需求主體不只是滿足於對兩個村莊的理解，而是整個中國；研究者不僅應是知識的呈獻者，而且更應該是指導者。其導師馬林諾夫斯基在為該書所作的序言中也引用了這段話，並加了一句補註：「我們必須認識到，即使在機械工程中，只有傻子或瘋子才會不顧科學的物理和數學而作出規劃、設計或計算，故在政治行動中同樣需要充分發揮理智和經驗的作用。」[32] 馬林諾夫斯基的補註，清楚地呈現一個可能的邏輯：功能主義的方法可以服務於政治或經濟行動的實踐。不過，馬林諾夫斯基認為自己只是用功能主義書寫了一些民族志，很少參與干預或評價政治經濟體系本身。他說：

重溫先聲：費孝通的政治經濟學與類型學
《江村經濟》與《祿村農田》——民族誌的政治經濟學 [6]

他書中所表露的很多箴言和原則，也是我過去在相當一段時間裡所主張和宣揚的，但可惜我自己卻沒有機會去實踐它們。我們中間絕大多數向前看的人類學者，對我們自己的工作感到不耐煩，我們厭煩它的好古、獵奇和不切實際……我說過：「人類學，至少對我來說是對我們過分標準化的文化的一種羅曼蒂克式的逃避。」[33]

與馬林諾夫斯基不同，費先生不是停留在社會文化結構的剖面分析上，而是提出了更為具體的方案。

費先生清楚地看到了他在從事研究之時的政治經濟學情境。他很遺憾那時的中國不存在一個以人民為中心的善治政府，政治在某種程度上是脫嵌的。在《江村經濟》書末，他勇於評判道：

中國的土地問題面臨的另一個困境是，國民黨政府在紙上寫下了種種諾言和政策，但事實上，它把絕大部分收入都耗費於反共運動，所以它不可能採取任何實際行動和措施來進行改革，而共產黨運動的實質，正如我所指出的，是由於農民對土地制不滿而引起的一種反抗，儘管各方提出各種理由，但有一件事是清楚的，農民的境況是越來越糟糕了。自從政府重占紅色區域以來到目前為止，中國沒有任何一個地區完成了永久性的土地改革。[34]

對於費先生對政治行動的這一評價，馬林諾夫斯基大加褒揚，說這是「一種公開批評政府不當行為的社會學工作」。

最近局勢正在發生變化。鄉村地區的經濟蕭條已使得地租成為貧農的沉重負擔；對地主來說，從地租得到的收入極易受到責難。農民對有關土地制度的一些新思想比較容易接受。「耕者有其田」是已故孫中山先生提出的原則，至少在理論上已被現政府接受。在共產黨人和其他左派團體中，正傳播著一種更加極端的觀點。所有這些思想都已對上述的制裁措施發生了影響。交不起租的貧農現在感到不交租是正當的，那些交得起租的人則先觀望是否要強迫他們交租。在地主方面，他們必須採取措施來維護自己的特權，他們也不再把可用的資本放在農田上了。結果是佃戶與地主間的衝突加劇，鄉村經濟發生金融危機……這個局勢在中國具有普遍性……但在我們研究的開弦

弓村，問題尚未如此尖銳。較好的天然條件以及鄉村工業改造的部分成功，起了緩衝作用。有利於交租的那種約束力仍然在起作用。[35]

透過將江村視為一個開放性的社區，費先生輕易地就能將政治經濟學的宏觀批判視野納入民族志中來，並提出一個具有實踐性的鄉村工業變革方案。因此，兩個社區研究為的都是追索一種能夠應對整個中國問題的實踐知識。兩本書的高潮部分，費先生均提出了一個社會變遷分析框架，尤其是對其中的變革力量進行了重點分析。這些變革力量包括城市資本、上層政府改革、工業技術發展等。費先生對這些變革要素進行了宏觀上的政治經濟學評價：

變革力量的性質如何是重要的，因為它決定變革的計劃，它制定應付形勢的措施並組織行動，它對形勢的理解是行動的前提。但變革力量受其社會環境影響，對形勢所作的闡述往往不能代表現實的全貌。再回過頭來說這個村莊，生絲價格下跌的原因是多方面的。世界經濟的資本主義結構，帝國主義國家之間的鬥爭，被壓迫國家的政治地位以及摩登女郎最近獲得的赤腳審美觀等，這一切都可能直接或間接成為中國農村生產的生絲價格下跌的原因，但變革力量不會把這些都考慮進去。[36]

在《祿村農田》中，費先生基於實證調查與西方學者的對話，主要目的是為了引出宏觀層面的經濟文化類型。「消遣經濟」的概念，並不是為了概括一個社區，而是有其延伸性的意義。費先生後來一再提出的鄉土復原、鄉土工業等重建方案，都是建立在消遣經濟的總體判斷之上的。《祿村農田》的微觀經濟研究，從頭至尾都是在費先生隱而不彰的宏觀抱負之下完成的。

總之，不論是《江村經濟》還是《祿村農田》，其精彩的微觀經濟分析都與作者立足於宏觀政治經濟體系的判斷有關。我們既不能僅將兩書視為結構功能主義的民族志，也不能將其視為瑣碎的微觀農業經濟研究。費先生抗拒純粹的城市大工業道路、召喚有德行的國家政治實踐、提倡在宏觀政治經濟體系中展開微型研究，是一種系統而立體的研究視野。這也應該是民族志的政治經濟學需要繼續提倡的研究路徑。

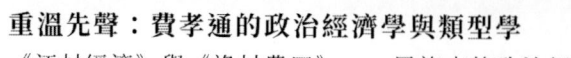

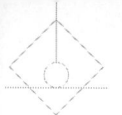

四、民族誌的政治經濟學：文化價值學說的立場與未來的展望

當今中國農村的耕地，已經成為三農研究與農業經濟研究的學術格鬥場了。圍繞國家角色的問題、外來大型農企資本的操控問題、農場規模的適宜程度問題以及農業合作組織還要不要搞的問題等，爭得不可開交。但不論怎樣爭論，從人類學者的視角來看，很難看到社區的整體圖像及其內部行動者與廣泛世界之間的內外關係。費孝通在從事江村與祿村的民族誌研究時，基本上沒有理會太多甚囂塵上的主義、方案，而是直截了當地切入社區。不談社區內外的社會文化格局，就去研究與社區本身有千絲萬縷聯繫的土地經濟和改革道路，在他看來是無法想像的。

在費先生所著的這兩本書中，古典政治經濟學家以及馬克思所設置的經典議題基本上都囊括了：其一，關於土地及地租問題；其二，勞動價值及勞動者的生存問題；其三，資本與政治體系的運轉造成的社會情境議題。不僅如此，經典政治經濟學中「人」的抽象關係被費先生用社會文化民族誌的書寫方式復原為具象的社區關係以及城鄉關係，並且完全沒有被形式主義的或某種粗暴的「階級」立場所綁架。同時兼顧文化人類學與政治經濟學的寫作風格，讓費先生提出的方案顯得具有紮根鄉土文化深度的色彩，當然也因為這個原因，使他的方案更偏向「改良」的色彩。

需要指出的是，兩書中的政治經濟學脈絡只是費先生用以回應其富民志向或中國鄉村何處去的方法之一，他使用了政治經濟學的框架，但捨棄了政治經濟學的立場與進一步追問的可能。以下兩點需要讀者重點關註：第一，與馬克思站在無產勞動者立場上的批判性或李嘉圖站在維護市場資本立場上的批判性不同，費先生似乎希望同時維護地主、小農或雇工的利益以及農工結合的生產方式。第二，費先生設計的發展方案沒有將生產關係或社會關係視為分析性概念，其內部視野中的社會張力是否會影響其方案的實踐？這一問題並沒有在兩書中展現出來。實際上，文化功能論所要求的整體性敘事技巧，使得費先生一開始就放棄了具體論述江村、祿村社會內部的階層或階級關係的論題。但透過政治經濟學的框架，費先生將勞方與資方的關係引向兩

個維度進行轉置，一是鄉村與城市資本，二是合作工廠的設置。由於與土地產權有關的各階層之間、勞資之間的總體性社會關係被費先生模糊化處理之後，使得他提出的鄉村工業改造方案也是模糊的。費先生雖然倡導所謂的內部視野，但這種內部視野實際上又是一種沒有分化的一體性視野。由於無法從社會內部視野尋找到實踐知識的突破點，費先生不僅難以窺見，乃至忽視了分配過程中的「社會斷裂」，從而導致他的方案和民族志仍是整體描述式的。一旦結論沒有社會針對性，就會變成具有跳躍性特徵的宣言式歸納。

因此，政治經濟學立體的階級或分層的分析方式並沒有在兩書中呈現。例如，人地關係的描述只是平面地展開，不論是在地地主還是不在地地主，對他們與農民之間的經濟關係都只是進行概化的處理。再如，對於江村合作工廠的組織結構，費先生既沒有對所有社員的身份、社會關係等進行描述，也沒有對勞方與資方的社會聯結維度進行具體論述。而且我們看到，資本、技術、機器都是來自城市與外來資本的。當合作工廠第一年運轉時，社員與資方僱傭的高級代理人一同獲利，但是當合作工廠失敗之後，資方僱傭的高級代理人會有什麼樣的經濟後果卻不得而知。在雇工、承租者、租戶、不在地主或完全所有者等不同階層中，費先生做了產權以及地租分析，但他沒有明確不同階層的不同土地態度，而階層之間又具有怎樣的張力關係。更沒有說明要實現不同階層的合作，需要減少哪些社會摩擦係數？這些問題在兩本書乃至費先生的整個學術生涯中，都鮮少提及。

費先生在兩本書中雖然談了很多土地、勞力的價值問題，但由於沒有系統接受過「價值」學說，只能從文化角度談鄉村知識體系內部的價值設定方式。在祿村的土地研究中，費先生雖然對「工」有非常本土化的價值敘事，但他沒有交代這種本土「工」價與外來的現代「工」價之間是如何具體對撞、變遷、轉化的。因此，我們無法看到江村、祿村在整個中國，乃至世界分工體系中所花費的勞動力及其獲得的商品、與「整個社會必要勞動時間」對應的「價值」之間的差額，這樣也就無法真正追問導致勞力生存問題的根源。

對有關貿易交換與金融資金的內容，費先生也似乎退回到了社會文化分析的模糊整體論立場，基本捨棄了一切先驗立場和判斷。正是這種放棄，使

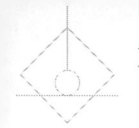

重溫先聲：費孝通的政治經濟學與類型學
《江村經濟》與《祿村農田》——民族志的政治經濟學 [6]

讀者無法看到某種具有激進性的方案設計，這與共產黨的土地改革是很不一樣的。在筆者看來，費先生的改良立場使得政治經濟學的敘事脈絡與文化功能論的理論追求之間存在一個缺口，也就是說政治經濟學的具象分析難以完全銜接文化功能論的整體追求。用政治經濟學的眼光來看，費先生的「價值」來源仍然強烈地依靠內部文化來定義，這就減弱了他之前將政治經濟環境轉化為內部接觸力量時的看法，且使得打通內外之間的轉化視野不充分。一個憑藉外銷手工業來補償農業不足的社區，土地上生產的商品的「相對價值」是無法憑藉內部力量定義的，因為微型社會內部無法樹立一種物的「絕對價值」。這是費先生的鄉村工業方案至今仍無法完全實踐的根本原因。換言之，費先生的內部視野仍然距離文化功能論太近，距離激進的政治經濟學較遠。或者說，他沒有徹底將城鄉體系乃至整個世界資本體系視為一個內部問題，所以在邊界上出現瞭解釋困境。筆者在此強調的是，規避階級或階層的立場，確實讓兩本民族志的內容更為豐富，但徹底規避乃至拋棄，又會失卻對腐敗力量的銳利批判和底層大眾的直接關懷。如果不能直陳權力與資本對農業、工業具有全面壟斷的風險，費先生的文化經濟很難吸收兩種經濟制度的長處：「整合市場經濟的生產效率與管理模式，並繼承計劃經濟的公平分配與社會參與。」[37]

不過，用這種偏左翼的學術立場來要求費先生實在是過於嚴苛了。我們應該看到，費先生很早就開闢了中國民族志的政治經濟學的可能性。他在敘述勞動、土地、資本等要素時，增添了政治經濟學的社會文化維度，而不是在抽象層面探討理論模型對應的現實狀況——從根本上說，他已經從社會學與人類學的角度改造了政治經濟學的分析框架。如前所述，費先生擴充了價值來源的文化維度，文化本身限制了生產與消費的方式，商品的價值屬性受地方性的社會文化制約。在生產、分配、占有物品的方式上，不是按照個體為單位的，而是以社會組織或地方文化制度為基本框架的。只有改變相應的組織形態，如重新激活起一種合作式的內部分工方式，才能更加順利地展開生產與分配行動。他對中國鄉村土地與手工作坊中人與物的關懷，仍然是從農民集體的基本生存問題出發，這一點是文化功能論與馬克思主義政治經濟學的共同關懷。

四、民族志的政治經濟學：文化價值學說的立場與未來的展望

　　總之，我們完全可以將《江村經濟》《祿村農田》視為在宏觀政治經濟背景下展開的微觀研究。費先生開創的不是政治經濟學的民族志，而是民族志的政治經濟學。兩本書中對文化功能論與政治經濟學的雙重使用，是對社會實體的政治形式與生產方式之間的嵌套關係進行探索的實質主義研究範式。它既不是形式主義取向的經濟社會學或人類學，也不走向相對主義的文化解釋範疇，而是在人類學、社會學追求平等與繁榮的知識目的下，展開的民族志的政治經濟研究。

　　馬庫斯與費徹爾認為：「近來學界對將政治和經濟過程割裂的現實理解持懷疑態度，實際過程比表面上似乎能夠表述事實的主導範式要複雜得多，因而它要求政治經濟學去完成一個新任務，即自下而上地重建對宏觀體系的理解。其最為激進的形式是，新政治經濟學被推向精確的、解釋的和文化的政治經濟學，並最終被推向民族志的政治經濟學。」[38] 費先生將其與文化功能論結合起來，是自下而上與自上而下的雙重努力，是追求實踐知識過程中導致的民族志的必然結果，是倡導學術介入社會的一種體現。未來觀察後江村研究的民族志，只要是有明確政治經濟學關懷的研究，就會產生這種學術結果，並且尚存在很大的努力空間。

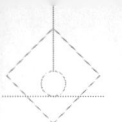

重溫先聲：費孝通的政治經濟學與類型學
托尼的鄉土中國重建方案與青年費孝通的三次系統回應 [39]

托尼的鄉土中國重建方案與青年費孝通的三次系統回應 [39]

一、卜凱與托尼的中國土地研究：費先生的選擇

費孝通先生的學術進路，受眾多先賢所影響。他在晚年展開學術反思時說：

我的思想哪兒來的呢？應該說是從我的老師那兒來的。我的幾個老師中，第一個影響我的是吳文藻先生，第二個是潘光旦先生，然後是三個外國人，一個是 Park，二是 Shirokogorov，三是 Malinnwski。[40]

此外，梁漱溟、陳寅恪、顧頡剛、弗斯、布朗等學術前輩也在其晚年不斷提及的思想譜系之內。不過，對青年時期的費孝通影響至深的英國學者理查德·亨利·托尼教授，卻沒有在費先生晚年所列的老師名單上出現。但我們在閱讀《江村經濟》《祿村農田》《鄉土重建》等一系列經典專著時，托尼簡直如影隨形。[41] 後者所著的《中國的土地與勞動》一書，曾經頻繁出現在青年費孝通的一些專著之中，且引用頻率超出上述老師中的任何一位。費先生在三本著作中多次聲明，自己的土地研究以及對鄉土重建路徑的探討，都是為了回應托尼所設計的中國復興方案。

王銘銘教授就看到了費孝通先生與托尼之間的學術關聯。他和張瑞在整理費先生佚稿《新教教義與資本主義精神之關係》時，就清楚地發現托尼所著的《宗教與資本主義的興起》一書影響了費先生有關宗教倫理與世俗社會之間的關係的論斷。[42] 不過，王銘銘教授在 2006 年發表的《從江村到祿村：青年費孝通的「心史」》一文中，卻沒有提及青年費孝通的心靈是否受到過托尼觀點的激盪。[43] 彼時，王銘銘教授希望從費孝通本人的社會身份角度，而非從費孝通對政治經濟問題的直接關懷角度，去探尋其思想的淵源。或許是因為土地經濟、勞動、城鄉關係之類的議題，與從「心史」「士紳」「文明圈」出發討論的議題有一定的距離，而沒有進入王銘銘教授的視野。楊清

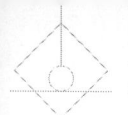

重溫先聲：費孝通的政治經濟學與類型學
托尼的鄉土中國重建方案與青年費孝通的三次系統回應 [39]

媚受到王銘銘教授的影響，所以在其博士論文《在紳士與知識分子之間》中談到費孝通時，沒有談及托尼。[44] 不過，近來楊清媚同樣從宗教與社會理論角度出發，看到了托尼與韋伯等人對費孝通的宗教倫理觀的影響。[45] 不僅如此，楊清媚還進一步發現了托尼對費孝通較為獨立的影響。她初步整理了托尼的土地與勞動研究與費孝通的幾本民族志之間的關係，也就是說托尼與費孝通的關係終於不再被打包在韋伯、桑巴特等有關宗教社會學、宗教倫理經濟學的研究序列之中。[46] 但是，楊清媚的知識社會學進路仍然沒有給有關土地與社會研究的政治經濟學角度留下多少空間。王君柏老師是目前唯一一位系統敘述過托尼與費孝通之間的學承關係的學者，[47] 但遺憾的是，他並未系統整理過費先生是如何在自己的民族志中回應托尼的觀點的。本文希望稍稍離開宗教與社會的角度，從政治經濟議題和具體的社會關懷出發，獨立整理《中國的土地與勞動》一書對青年費孝通的幾本民族志的影響。[48]

眾所周知，托尼是倫敦政治經濟學院的教授。其所著的《中國的土地與勞動》一書，出版於 1932 年。該書是托尼基於兩個多月的實地考察以及同時代的卜凱、戴樂仁、陳翰笙、方顯廷等學者的實證調查數據，寫出的一本全面診斷中國問題的書。小巴林頓·摩爾盛讚此書是觀察中國的最好棱鏡；[49] 亞當·塞利格曼則稱該書仍是農業問題研究者可以「持續開採的富礦」。[50] 費孝通先生於 1936—1938 年間在倫敦經濟學院求學時，曾細讀過此書，並將此書當作其博士論文《江村經濟》的重要思想來源。在寫作《祿村農田》與組織雲南「魁閣團隊」的調查研究時，托尼的問題意識被列為至為重要的回應對象。1947 年 1 月 0 日，托尼為正因「李、聞事件」而在倫敦經濟學院避難的費孝通主持了一場國際學術論壇。[51] 費孝通在學術論壇上發表了精彩的演講，並在演講過程中三度回應托尼。但他的回應並非僅僅指向著名的《宗教與資本主義的興起》論題，還是與《中國的土地與勞動》一書的延續性對話。《鄉土重建》一書的長篇自序，就是費先生此次會議的講稿。

20 世紀 30 年代，中國農業經濟研究方興未艾。尤其是卜凱 (John Lossing Buck，費先生翻譯為「巴克」) 的中國農業經濟調查，當時已經在世界範圍內聲名鵲起。卜凱所著的《中國農家經濟》《中國土地利用》兩書，全面進入了青年費孝通的閱讀範圍。但為何費孝通在研究中國農村經濟與土

一、卜凱與托尼的中國土地研究：費先生的選擇

地問題時，在問題的設定與解決方向上，卻更偏向於托尼呢？這一點並非無關宏旨，它既是方法論的問題，也是理解費先生如何組建其鄉土重建方案的前提。在全面論述托尼的中國重建方案之前，我想基於費先生自身的表述，指出他為何選擇托尼而不是卜凱的原因。

在整個 20 世紀，作為一個經濟史家，托尼在中國農業經濟研究領域所受到的對待讓人愕然。其關於英國中世紀結束前後的土地與農民研究，幾乎沒有進入中國經濟學界的視野。《中國的土地與勞動》也被經濟學家看作是一本文化泛談的書籍。例如，憑藉對該書的簡單判斷，張五常教授就在他的租佃研究中說「此公對農業一無所知，經濟也是門外漢」。[52]經濟學家們推崇的是卜凱，緣由是後者組織了大量調查員，用問卷的形式收集了海量的資料。這對於青睞數字模型的經濟學研究來說，自然是十分親近的。當然，卜凱在 20 世紀早期的中國農業經濟研究領域的重要性，怎麼描述都不為過，他的著作幾乎是該領域最高引的文獻。然而，費孝通似乎對卜凱的研究並不買帳。與張五常完全相反，費先生在研究中國土地問題時高舉托尼的旗幟，而對卜凱報以冷靜的尊重。

卜凱著重使用類型學方法展開調查。在《中國的土地利用》一書中，他在土地所有者、半所有者和佃農的分類基礎上，得出了中美兩國國內的租佃關係大致相當的結論。[53]這讓費先生難以接受。即使在當下，許多研究中國土地的學者也仍然認為中美之間的農場存在根本差異。卜凱為了追問不同類型下的經濟效率，實際上並不太關心社會制度與關係，對於土地之上的複雜社會網絡也相對忽略，而歷史文化與經濟間的內在關係就更加不在其討論範圍之內了。「因此，他自己明顯不感興趣的土地所有權和租佃關係，被看作是一個次要問題」。[54]但這並不促成費先生對卜凱的根本性不滿。費先生公正地認為，不能因此去批評卜凱，卜凱先生自己本就沒有打算去研究租佃關係。「因為這並不是他的研究目的，儘管有時候他的確針對『所謂的土地占有狀況』中存在的政治、經濟和社會問題發表過看法」。[55]

然而，在費先生看來，中國的土地問題是一片茫茫的叢林，過度地揮砍叢林中相互蔓延的枝蔓荊棘之後，呈現的精巧結論頂多給讀者以虛無的震撼。

45

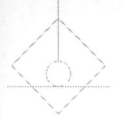

重溫先聲：費孝通的政治經濟學與類型學
托尼的鄉土中國重建方案與青年費孝通的三次系統回應 [39]

立志從社會學與人類學角度考察中國的青年費孝通，怎會棄社會制度與古舊文化於不顧？「我們應該問一問，不考慮農村問題的制度化背景，我們的研究到底可以走多遠？我想純粹從方法論的角度出發來談談這個問題」。[56] 於是，費先生質疑卜凱：

> 很明顯，當他得出這些結論的時候，他不僅假定了在中國和美國，租佃關係具有同樣的意義，而且把租佃關係這一問題同其他擁有豐富資料的根本性事實，比如農田規模、租率、生活標準、營養狀況，等，分離開來。這例證了社會調查所帶有的忽視單個事項之間的相互關係，也即制度性背景的危險。[57]

在費先生看來，關於土地制度的社會人類學與關於土地效率的經濟學決然不可分割。尤其是在中國，各種土地類型之間沒有涇渭分明的邊界。一個名義上被定義的自耕農，可能同時租佃了少量土地，亦即也是一名佃農；在農忙季節的不同時段，還可能是他人地塊上的雇工；為補充日常生活的短缺，農民還要想方設法變現自己的勞力。各種交叉的社會關係，而非小農園內的方寸土地，構成了農民總體而又多元的生活源泉，任何一個環節出現問題，都可能導致家庭的維繫和勞動力自身的再生產出現問題。因此，如果不首先解決文化認識論的問題，經濟學的效率研究就是偽問題。在這一點上，費先生與托尼將達成最大的默契。

但更為根本的問題是，費先生認為卜凱不懂中國農村的土地社會學與文化人類學也就罷了，關鍵是其資料也漏洞百出。由於卜凱的分類學過於武斷，使得他的問卷設計也出現了諸多裂縫。費先生明確指出：

> 在這一調查中，按照美國的慣例，村民們被分成地主、半地主、佃農和無地僱農，以及不從事農作的村民這幾類。在各個不同省份的研究中都使用了這同一種分類方法，並且假定所獲數據具有可比性，然而，遺憾的是，在雲南，正如我們將要看到的，集體所有者，比如家族佃農的社會和經濟地位，同那些私人所有者的佃農的社會經濟地位具有本質的差別。但是，由於顯然是由那些不瞭解雲南情況的人準備的問卷表中並沒有列出單獨的類別，這兩種不同類型的佃農被劃入了同一種類別。當雲南佃農的數據同江蘇佃農的數

據作比較時,出現了一些更不可靠的結論,因為雲南的集體所有者的佃農的處境與江蘇的向不在地地主租種土地的佃農的處境是完全不能比較的。[58]

在卜凱的數據中,這樣的研究設計問題並不是孤例。此外,費先生發現,卜凱的問卷數據收集者都是「不能勝任」的外行。許多調查者在詢問村民時,遭到了善意的嘲弄。「巴克書中關於雲南農村大米的產量是如此之高,以至於我們只能懷疑調查員把未脫殼的稻穀當成去殼的大米計算了。只要基礎數據是由對調查工作不感興趣並對研究結果不分擔責任的學生們收集的,要想避免這些誤差是很困難的」。[59]而且這種誤差是因為根本性的研究設計缺陷,以致無法在「平均」之後得出一個接近真實的數據。

當卜凱沾沾自喜地認為自己的數據還可以為其他學者所用時,費先生卻用了極少見的嘲諷語氣。有意思的是,這絲嘲諷之中還把托尼帶了出來:「看看在何種程度上以這種未經訓練的人按孤立的方式收集的數據資料能夠被其他專家,甚或像托尼教授這樣的高級學者值得信賴的使用,將是十分有趣的。」[60]

托尼在描述中國的土地經濟與勞力狀況時,多次使用了卜凱的數據。但托尼使用的前提是他對中國社會文化複雜性的認識,將那些純粹的農業經濟統計學數據,緊緊嵌入在社會文化的判斷之中。在托尼那裡,關於土地的政治經濟學,與土地之上的社會人類學發生了重要的交匯。托尼同樣委婉地批評了卜凱:「如果不瞭解各個地方的風俗習慣,僅僅把農民劃分成自耕農和佃農,有時候非但不能揭示出事實,反而會掩蓋真相。」[61]

在托尼那裡,青年費孝通認為自己找到了一個更為全面、辯證的通道,他說:「托尼教授並沒有把自己看作一個農業專家。從他的智慧和經驗出發,他完全認識到中國的土地和勞動力問題應該在一個比『土地利用類型』更為廣泛的基礎上加以限定。」[62]與托尼一樣,費孝通在進入土地研究的叢林之前,謹慎、立體地環顧了一下四周,並將總體性的判斷帶入了叢林之中。因為一旦進入叢林,就容易忘記林中所見的風景只是一個局部。在閱讀了托尼的中國研究之後,《江村經濟》的書寫脈絡明顯同時交替著托尼的箴言和

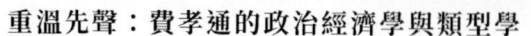

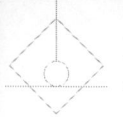

重溫先聲：費孝通的政治經濟學與類型學
托尼的鄉土中國重建方案與青年費孝通的三次系統回應 [39]

其導師馬林諾夫斯基的教誨，並持續地貫穿在青年費孝通的文字之中。而在 Earthbound China（《雲南三村》英文版）的導言中，費孝通直言不諱：

在我們看來，這一研究領域最好的一本書，是托尼教授的《中國的土地和勞動》。這是在當時所能得到數據的基礎上，對 1931 年以前中國的經濟形勢所作的一個總結。所有的數據都來自其他調查者的工作。托尼的結論的價值並不僅僅在於它所提供的事實材料，而且還因為它是在中國所發生的總體經濟變遷——一個可以和發生在工業革命時代歐洲的變遷相媲美的變動——的背景中來解釋數據資料的。[63]

需要強調的是，青年費孝通的中國土地研究以及鄉土中國向何處去的問題，同樣受到了來自當時形形色色的鄉建理論家或鄉建實踐者的影響，我們也可以在整個《費孝通文集》中多處看到他對梁漱溟、張東蓀、晏陽初、吳景超、董時進等學者有關問題的回應。但是，在對中國文明的判斷、發展問題的癥結和實踐路徑等層面，我們實難看到在托尼之外，青年費孝通還會對誰有如此系統的回應和重視。因此，全面整理《中國的土地與勞動》一書對青年費孝通的影響，再結合以往學者從宗教倫理觀出發探討的二者之間的學承關係，我們就能看到托尼與費孝通之間的立體聯繫。

二、托尼的遺產：「成熟文明」視野下的鄉土建設方案

（一）托尼的「成熟文明觀」

二十世紀二三十年代，為中國尋找救世出路的學者眾多，但不帶預設面對中國歷史與現實境況的設計師卻鳳毛麟角。作為英國費邊社的思想領袖，托尼系統討論了西方資本主義的宗教與社會起源，並與馬克斯·韋伯的理想型分析進路保持了一定的距離。此外，他立足豐富史料探討了 16 世紀英國三農問題的結構性癥結，並詳細追問英國農民如何轉變為工人，傳統農業又依循何種路徑走向了資本主義農業。《16 世紀的農村問題》一書，是他在英國經濟社會史研究領域的集大成之作。[64] 在面對中國類似的問題時，這位老練的知識獵人卻告誡讀者，以往的知識探求航路並不適用於錨定東方港灣。

二、托尼的遺產:「成熟文明」視野下的鄉土建設方案

小巴林頓·摩爾在評價托尼的研究時說:「托尼充分意識到中國的農村問題不只是歐洲農村問題的重複。托尼拒絕將中國與中世紀的歐洲作簡單類比,他提出,20世紀的中國問題實際上是具有經濟文明特定階段屬性特徵的一種問題。」[65] 托尼自己也明確說:「中國,正是在她自身,在她自身的歷史文化中,我們才能根據她的現代化需要,作出重新發現和重新解釋。」[66] 因此,沒有對中國文明的認識作為前提,任何問題診斷與發展方案,都是一種孤陋偏頗的「現在中心主義」。托尼能夠自覺阻斷輕車熟路的研究路徑,卻沒忘記中英問題的出發點是一樣的,即怎樣在尋求經濟出路之前,基於事實觀察來定位古舊文明的性質,這是進一步提出濟世方案的北之星。

中國農業文明的最大特點是什麼?托尼在《中國的土地與勞動》一書的導論中有這麼一段話:

中國農民用鐵製工具耕地的時候,歐洲人還在使用木犁;繼而,在歐洲人開始使用鋼製工具時,中國農民仍在使用鐵製農具。

中國所具有的經濟制度和社會組織形式已經達到了很高的水平,中國人從未覺得有必要對這種制度和組織進行改良,或使用其他制度替代自己的制度。[67]

因此,技術停滯是托尼對中國農業問題的重要診斷,但他的診斷不是要在吵鬧的「體用之爭」中作出選擇。導致農技的裹足不前是農業文明的慣性使然,它折射出文明內在的動力不足以及社會組織發育不良的弊端。

在20世紀初期,這種被認為是內卷的文明形態,遭遇了西方工業的衝擊。社會的解組、變革與革命,都擠在不足一代人的時空中發生了。巨變洪流中所裹挾的元素形形色色,但托尼既未以保守的姿態去守護傳統,也未曾像激進的革命者那樣摒棄以往的一切,而是以冷靜的姿態觀察巨變中產生的混雜組合。五四運動、民族主義、軍閥混戰、革命主義、工業興起、宗族崩散,托尼看到了這些力量在相互作用,拒絕以其中的任何一個立場作出判斷。這種系統論觀點,與他的文明判斷是一致的:「產生動盪的熔爐是一種成熟的文明,有著豐富的成熟經驗以及嚴謹的品行準則,並結合了對西方實際成

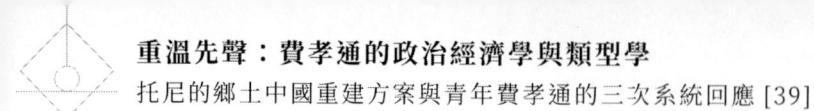

重溫先聲：費孝通的政治經濟學與類型學
托尼的鄉土中國重建方案與青年費孝通的三次系統回應 [39]

就的切實尊重，和對其自身價值系統中道德優越性的自性，忘記了這一切，會是一種極大的誤解。」[68]

費孝通在閱讀托尼的著作之前，已經在美國社會學家帕克教授的課堂上接受了中國文明是一種「完成了的文明」之判斷。所謂完成了的文明，其最大特徵就是將以往的傳統文化規範，無限期地當作未來一切行動的丈量準繩。[69] 無論是托尼的成熟文明觀，還是帕克的完成文明觀，費先生認為都應成為中國經濟變革需要面對的文化基礎。這也意味著 20 世紀初期的中國內部有著一座堅固的高牆大壩，任何改造的方案都將面臨巨大的文化障礙。

（二）中國農業的問題診斷：傳統與現代的兩個危機

古老文明以其強大的蓄容能力積攢了大量的人口。托尼有一個很形象的比喻，中國一些地方的農民，就像常年站在齊脖深的河水之中，只要湧來一陣細浪，就足以陷入滅頂之災。[70] 他認為中國的人口過於龐大，以至於現有資源不足以供養中國的人口。「他們之所以免於餓死，部分是因為他們自己令人敬佩的創造力和堅忍不拔的意志，部分是因為中國家族中的共產主義，部分是因為他們減少了自己的必要消費，並耗盡了自己的體能資本（physical capital）」。[71] 托尼認為中國必須擺脫這種饑餓經濟。費孝通後來在《雲南三村》《鄉土重建》中，與這種饑餓經濟進行了對話，他將中國農村的經濟生活稱之為削減慾望的消遣經濟或匱乏經濟。正是因為這種「饑餓」與「匱乏」，才需要在農業以外去尋找出路。

中國農戶的小規模分散經營，被托尼視作中國農業整體規劃需要注意的根本問題。後來的諸多農業經濟研究者也不斷指出，這種微小農業的經營效率十分低下，完全依靠內卷化的經營方式、無限地投入勞力來維持。一方面，托尼給足了中國讀者安慰，他認為這種微型地塊上展現的農業圖景誠然是一種農業藝術，並且，這種農業藝術「從來沒有得到過系統知識的幫助，完全是農民個人技巧的成就，所以，中國的農業理應得到喝彩」。[72] 但是另一方面，這種農藝的生成是幾千年的勞力累加得到的。「那些欣賞中國農民技術專長的人，似乎又每每忘卻了中國農民為獲得這種成功所投入的人力成本。人們可能會為中國農民在對抗巨大困難時所表現出來的奇蹟般的創造力而喝

彩，但也對造就這種巨大困難的環境與條件感到遺憾」。[73] 農用土地的小塊分散，必然浪費農民的時間和勞動，也妨礙了排水、灌溉以及農作物病害的防治，關鍵的是，古舊的農業耕作方式未能對農業科學的最新進步提供應有的刺激。沒有技術突破或者不願意自覺地展開農業的改造，是農業文明發展的一個瓶頸。依靠人力的大量投入，單位土地上確實可能維持高產，但土地的繁榮並不意味著人的繁榮。用黃宗智先生的概念來說，「內卷化的勞力密集型耕作」實際上是一種高危經濟。[74]

此外，合作性不足是傳統農業危機的另一體現。托尼看到中國鄉村並不是一個自給自足的單位，農民為市場而耕作的程度也要比以往的想像高很多（當然會因地域不同而有差異）。農家的貿易如此重要，那麼關於成本、價格以及交易、信貸的問題就十分重要了。農民個體無法應對這些問題，在交通運輸、市場議價等方面，投入了過高的成本。根本原因就在於組織性不強，以致只能被動地適應市場。

托尼並不認為中國是「集約農業」。我們都熟知弗裡德曼、魏特夫等人由於水利灌溉的合作需求，而判定中國的農業是集約耕作。[75] 但是，托尼認為，集體維護水利的動力並不是來自民間社會本身，而更多的是自上而下為稅收經濟和維持政治秩序而生的。在農業生產方式的革新、農具的發明創新以及耕作方法的更替上，絲毫沒有集體合作可言。集體合作的缺乏，導致中國農業遲遲無法獲得其「現代性」，科學系統的農業生產方式很難在中國產生。

如果說內卷、低效以及缺乏合作的耕作方式是托尼對傳統農業的診斷，那麼 20 世紀的中國三農問題還面臨了更大的現代危機。那就是土地權向城市的外流和大量在外地主的出現，傳統的租佃關係在現代工業的侵襲下發生了變質。在《中國的土地與勞動》一書中，托尼詳細論述了佃農群體的生產方式及其「租佃關係」。在 20 世紀 20 年代，托尼認為中國城市的工商業主透過對城郊鄉村土地的投資，形成一批在外地主。「在中國的大多數地區，土地的所有者有別於土地耕作者，還沒有形成一個具有共同利益以及共同政策的獨立群體。然而，由於在外地主現象日漸普遍，這種情況終於有了改

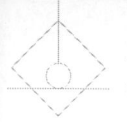

重溫先聲：費孝通的政治經濟學與類型學
托尼的鄉土中國重建方案與青年費孝通的三次系統回應 [39]

變……在外地主並不居住在土地所在地的鄉村，他們與農業的關係純粹是金融關係……這種現象發展得最快的地方，當然是大城市附近。」該問題後來成為青年費孝通頻繁回應的焦點。

　　（三）救世方略一：抵禦不在地主的資本風險、建立合作組織、推動工業建設

　　農業是一個累積資金較為緩慢的產業，而且在春天播種和秋天收穫之間必須要找到資金來維持生計，小農的微薄資金儲蓄根本不夠供應日常開銷。因此托尼認為，在所有以小農經營耕作為主的國家裡，鄉村社會的根本問題並不是工資收入問題，而是資金借貸問題。在外地主大量出現，農民個體直接暴露在資本面前，這些資本逐漸開始購買農村土地，掌控農業中國的經濟命脈，隨後自耕農開始消失，佃農增加。尤其是在城郊附近，很難見到自耕農比率高的村莊，不在地主及其金融資本不僅沒有反饋鄉土社會，反而在更加急劇地抽空中國農村。城市資本只看重地租、利息。「中國農村迫切需要資本，而中國的資本卻並不拿來用之於農業改良，反而是在上海轉用於土地價格投機」。[76]農業文明遭受了前所未有的危機。

　　與此同時，國民政府組織的一系列鄉村建設運動，在托尼看來十分失敗。如果想求助於國民政府解決資金借貸問題，那也無異於鏡花水月。在政府難以自保的年代，農民怎樣解決鄉村社會中的金融與借貸問題？托尼認為迫切地需要建設合作組織。傳統的合作組織頂多具有防禦風險的作用，完全不具有農業改良和資本籌措的目的，托尼召喚以現代化為目標的合作組織。他看到農村地權的外流依靠的高利貸這個中介方式，借高利貸需要抵押，土地成了最好的抵押品。高利貸給城市資本以最好的可乘之機，高速率地導致了土地權外流。

　　「自古以來，農民就對放高利貸者和壟斷者深惡痛絕……一個自然的補救辦法就是農民自己組織起來，聯合行動，一起謀求貸款，為農產品銷售尋找市場，購買必需品」。[77]托尼所設計的合作方案是全方位的，完全是出於一個人文社會主義者的總體關懷。除籌集資本以外，在交通建設與科技發明上，要組織力量共同推動；在購買、生產、信貸、銷售等領域，由農民合作

二、托尼的遺產：「成熟文明」視野下的鄉土建設方案

組織來展開；破除小農的那種虛假獨立性形式，建立真正的集約農業，將分散的農業集合成大農場。他認為這些都是中外農業發展應該具備的進步條件。此外，托尼認為合作的真正動力，不是停留在願景的宣傳和闡述上，而是要從政治上層出發，由政府來觸動合作的革命。托尼強調，這種全面的合作「是現今發現的能夠保護小農，使他們免於放債人和中間商剝削的唯一辦法，也是將小農們組織起來，協力互助並採取集體行動的唯一辦法」。[78]

如果說推進合作運動是在鄉土社會內的漸進改革方案，那麼推動工業建設則是托尼認為的最直接的經濟改革。他認為，使用機械動力的製造工業與礦業，是最為根本的救濟措施。但是托尼並未像後來的費孝通那樣，倡導城市與鄉村工業並進的思路（尤其是發展分散性的鄉土工業），而是寄希望於國民政府推動城市工業建設，轉移農村壓力。費先生同意建設合作組織的建議，但二人關於工業建設方案的具體實施路徑則大異其趣。托尼發展農業合作組織是為了提高農民抵禦風險及共辦農事的能力，並沒有系統論述合作組織建設與工業建設的關係，而費孝通則明確希望用合作組織來推動鄉土工業的發展。

（四）救世方略二：面對潰爛的政治與斷裂的知識

我們應該看到，創建一個有效的政府體制是托尼的方案中極為明確的首要前提。「他們必須創建一個穩固而統一的政治體制，沒有這樣一個政治體制，任何國家獨立和經濟建設都只是空談。」[79] 托尼希望的政府，不是停留在口沫橫飛層面上的政府。他希望國民政府主動表明願意直接觸及普通民眾生活的態度，而不是停留在遙不可及的抽象的宣言之上。交通、科技、教育等技術性的內容，需要獲得政治上的認可，並由穩健的主體來推行。這裡顯現了托尼務實的政治經濟學救世路徑，即關於工業建設、合作組織及教育改革，需要以一個強大的政治國家作為前提。

然而，托尼發現國民政府的「濫權」體制和官員的不作為將使一切鄉土建設方案化為泡影。「這些官員並沒有為這個國家發揮他們本應發揮，且憑其人員素質本可以發揮的影響」。[80] 在實際情形中，托尼所觀察到的都是國民政府的壟斷言論、拒絕批評。即使在歷史長河中，托尼也斷言，中國不存

53

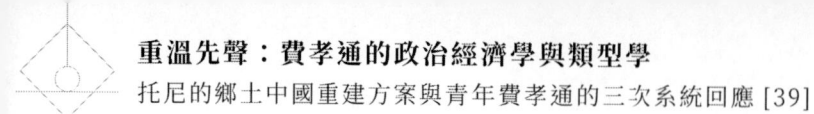

重溫先聲：費孝通的政治經濟學與類型學
托尼的鄉土中國重建方案與青年費孝通的三次系統回應 [39]

在有效政治。因此，在托尼看來，在中國建立一個有機的政治體制，要麼是讓國民黨及其政府進行大刀闊斧的革命，要麼是重新召喚一個能夠解決時代問題、紮根農業文明的政黨出現。但談何容易？

官員群體已讓托尼大失所望。那麼同時代的知識分子呢？令托尼十分沮喪的是，知識群體提出的建立在「主義」和西學基礎之上的各種救世方案，猶如沙灘上的無根堡壘。知識分子對中國現實圖景的無知，簡直讓托尼匪夷所思：「50多所中國大學裡的政治學教授們沒有一位能夠說清楚，在中國的30個省、100餘座城市以及1900多個縣城及50多萬個鄉村中，哪怕兩三個省的市縣鄉的實際行政情況。」[81] 在托尼看來，民國之後的知識分子有一個巨大的問題，他們對西方舶來的德先生與賽先生的瞭解，要比對自身文化母體的真實架構還要清楚。國民政府的學者們「對海牙國際法庭以及美國高等法院如何行使職權」的熟悉程度要遠甚於對自己家門口的現實狀況。

西化知識分子的思想與大眾格格不入，各種虛無的「主義」在沉疴遍地的社會面前，極具諷刺性。原理與實踐、規劃與實施、言語與行動之間均發生了巨大的斷裂和分離。作為一名實地觀察者，托尼對知識階層與普通大眾的隔絕狀況極為驚詫。

教育也淪為從一個階層上升到另一個階層的階梯，並沒有成為提高普通大眾的知識素養和社會福祉的平臺。學校裡舞文弄墨、裝腔作勢的人太多，紙上談兵的知識分子能夠教育出的下一代，無非是一種機械性的複製，甚至於更加愚化年輕人。

大學的氛圍就像溫室，而不像原野。中國的教育在很多時候看起來，就像是故意用教育方法使下一代人變得愚蠢，變得神經質，變得瞭然無趣……除非知識階層與大眾的鴻溝能夠填平，否則民族的團結不過是一句空話。[82]

知識分子的機械性及其與真實社會的脫節，官員的腐敗與濫權，加上文字傳統的慣習熏染，中國官員及知識分子共同構建了中國毫無實效的「文牘政治」：

中國的政治以發表宣言為始，亦以發表宣言為終。中國人一個會議接著一個會議，一個計劃接著一個計劃，一個報告接著一個報告。立法會議制定了那麼多的法條，編纂的法律文書卷帙浩繁、堆積如山。但如果沒有合適的機器來傳輸這些動力，輪子也無法運轉。就好像一臺機器出了毛病，大家不去修理機器，反而坐下來寫出一篇《論機器出毛病》的論文，然後透過一個議案，稱這件事情應該明天開始辦。[83]

總之，知識分子與官員一樣，停留在繁多的主義、文牘、方案、計劃的口舌之爭上，行動者寥寥。

然而，面對潰爛的政治與斷裂的知識，托尼還不忘提醒自己：僅僅是猛烈批評目前現象還遠遠不夠，純粹的批評無非只是一遍遍的詛咒，於事無補。他仍然呼籲政府與知識界要面向社會本身，在行政機構中破除文牘政治，在大學教育中開設面向中國現實的應用課程，解聘那些完全不懂自己國家現實的西學「布穀鳥」，聘請具有實際經驗的專家，甚至可以派人前往國外實習。但是外國經驗可以借鑑，不可照搬。歐美的已有方案和路徑不是具有思想指導性的，而是工具性的。托尼希望召喚知識分子回到基層，讓不在地主的資本回饋農村，落實基礎工業建設。這些觀點後來在費孝通的《鄉土重建》一書中得到了系統的回應。

三、費孝通對托尼的三次系統回應與發展

（一）《江村經濟》：不在地主假設的驗證、合作組織建設與農工相輔的變革

對於托尼診斷中國的觀點，《江村經濟》幾乎都有回應。其中，有兩個觀點是費孝通最為關注的：一是城市不在地主與鄉村佃農之間開始呈現出一種金融關係；二是鄉村發展的最大出路是發展農村合作組織與工業建設。

托尼關於不在地主的判斷幾乎得到了費孝通的全盤驗證（但隨後在《祿村農田》中又進行了巨大修正）。費先生在江村的調查資料顯示，該村約有三分之二的田底權被城鎮中的不在地主集團所占有。不在地主的大量湧現，

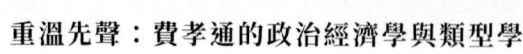

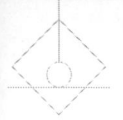

重溫先聲：費孝通的政治經濟學與類型學
托尼的鄉土中國重建方案與青年費孝通的三次系統回應 [39]

意味著傳統地權格局發生了大轉變。以往的地主、佃戶共處一個社區，租佃關係、土地分配是相對穩定的；即使有少量地主居住在城鎮，也仍然保持租佃關係而非金融關係。傳統鄉村的土地並不單單是生產的資料，它同時與權力、地位、名譽聯繫整合在一起，土地關係就是人的關係，並且這種關係是可視的。但是不在地主制度產生之後，性質就變了。尤其是托尼所謂的城鄉之間金融投資關係的出現，導致了鄉土社會的一系列問題。原因在於，城鎮資本對鄉村進行投資，看重的是以土地為媒介而產生的貨幣利息，而非以往的分成地租。同時，城鎮市場中的土地價值與鄉土社會中的真實價值存在一定的差距。土地的價值寓於佃戶交租的能力之中，不在地主試圖排除村社內部的道德約束以及不可控天氣因素的干擾，將農村土地的利潤來源視作一種金融常態。費先生說：

> 田底所有權僅僅表明對地租的一種權利，這種所有權可以像買賣債券和股票那樣在市場上出售……由於城裡土地市場的交易自由，地主和他們占有的土地之間的個人關係縮減到最小的程度。大多數不在地主對於土地的位置、土地上種的莊稼，甚至對於交租的人都一無所知。他們的唯一興趣就是租金本身。[84]

這樣一來，土地被「虛擬化」之後，傳統社區內的土地經濟閥門被打開，從而面向更廣大的資本市場。費孝通在《江村經濟》一書中接受了托尼的邏輯：只有當城鄉金融關係密切的時候才出現不在地主制，城市資本下鄉投資，地權外流，鄉村衰竭。這種形式理性的思維進路在某種程度上將資本入侵視作鄉村社區解組的最關鍵原因，費先生後來對這一觀點進行了修正。

在合作組織的建設與鄉村工業的推動上，托尼與費孝通的觀點基本接近，但略有差異。

托尼認為中國農業的科學性不足，首要在於生產形態的合作性不足。對於這一點，費先生回應道，農戶間並非沒有合作。家庭內成員不同年齡、性別的分工，村社內對水利、道路、機械的公共分配一直存在，但是這些勞動合作與組織，並不是服務於更為高效的集約生產，而是土地細分基礎上的小

農耕作。由於勞動力充足,在農地上不斷添加勞動力就可以彌補甚至解決技術突破的匱乏問題,從而沒有合作起來推動高效農業的動力。

傳統鄉村中的互助會組織,一般是在農業的常態中運行的,它能夠幫助該社區內的部分成員在遇到青黃不接或者天災人禍時,順利走出困境。但如果該社區內所有的成員悉數遭殃,那就難以奏效了。當世界性的工業資本甚囂塵上時,傳統互助組織所遭受的侵蝕都是難以預料的。尤其是高利貸資金進入鄉村後,由於借貸個體沒有抵禦的能力,就容易以田底權相抵,造成土地權的外流。費先生繼承了托尼的這一判斷,認為「高利貸的存在是由於城鎮和農村之間缺乏一個較好的金融組織」。[85] 農民的組織性越弱,鄉村就越難以與城市並進發展,遑論抗衡。因此,費孝通與托尼一樣,極力倡導在鄉土社會中建立起基於資金借貸、農工生產、消費分配的合作組織。

倡導合作組織,不僅是為了應對農業生產,還是為了建設鄉土工業。托尼的工業發展方案並沒有考慮鄉土社會內部的手工業,費先生則在《江村經濟》中闡釋了建設鄉土工業的重要意義:

在目前的土地占有制下,農民以付租的形式,為城鎮提供了日益增多的產品,而農民卻沒有辦法從城鎮收回等量的東西……農村地區工業的迅速衰退打亂了城鎮和農村之間的經濟平衡。廣義地說,農村問題的根源是手工業的衰落,具體地表現在經濟破產並最後集中到土地占有問題上來……經濟蕭條並非由於產品的質量低劣或數量下降……蕭條的原因在於鄉村工業和世界市場之間的關係問題。蠶絲價格的降低是由於生產和需求之間缺乏調節。[86]

由此推斷,費先生已經充分認識到,農村問題的首要根源不是農業本身的不發達,而是工業的衰退。

合作組織的建設,既可以抵禦城市「不在地主」的金融風險,也可以輔助振興農村中的工業。費孝通跟費達生說:「改進產品不僅是一個技術改進的問題,而且也是一個社會再組織的問題。」[87] 對於繅絲廠來說,勞力、資金的合作入股與相互合作的生產方式是一個重要原則,基於投入比例計算的公平分配也是該廠的運行準則。可見,費孝通同時在理論與實踐層面上推進

重溫先聲：費孝通的政治經濟學與類型學
托尼的鄉土中國重建方案與青年費孝通的三次系統回應 [39]

了托尼的工業設想。關鍵的是，費先生的鄉村工業是在地化的實踐，既與農業經濟結合在一起，也與社會組織的變革聯繫在一起。

需要指出的是，費先生的江村經濟調查及相關的發展方案設計，是以他對自身文明的判斷為前提的。在《江村經濟》的前半部分，沒有直接描述西化對中國鄉村的衝擊波。一方面，他認為傳統文化將繼續在新的變革間隙發揮巨大作用；另一方面，唯有分析當下經濟現象中的文化內核，才能為新的經濟方案找到方向。這種內發視野與托尼在《中國的土地與勞動》中對中西學者提出的戒律是一致的：脫離了中國的文化慣性，將對中國經濟產生誤解。

（二）《祿村農田》的消遣經濟觀及其對托尼的修正

《江村經濟》寫完之後，費孝通又轉向了對江村之外的廣闊天地的追問。從倫敦回來之後，費先生立刻在雲南展開了進一步的思考。這個思考與托尼之問密切相關：

一個受現代工業影響尚淺的農村中，它的土地制度是什麼樣的呢？在大部分還是自給自足的農村中，它是否也會以土地權來吸收大量的市鎮資金？農村土地權會不會集中到市鎮而造成離地的大地主？[88]

在《祿村農田》一書中，費孝通再次重點回應了托尼提出的「不在地主」現象和城市金融問題。他覺得江村與托尼的觀察「頗為吻合」，但祿村調查的結果，卻和這種說法不合了。透過比較，發現祿村的農田單位產量要高於江村，但卻不存在不在地主現象，地權關係主要集中在社區之內。村社之內的地權流動主要是因為償還高利貸，而高利貸的產生則一般源於婚喪嫁娶或其他文化儀式資金的需求。村民很少借錢，因為土地上的農業利潤很低，遠低於資金借貸利息。所以，費先生說利用都市資本來經營農田的行為是「憨包」的表現。

托尼太過注重土地的資本回報了，因此費孝通認為祿村的案例證偽了土地生產力低效與地權流動靜止之間的正面相關關係。對比江蘇和雲南的兩個研究，費先生發現農村金融的竭蹶是導致土地權外流的根本原因，而農村金融的竭蹶主要是由農村自留資金減少以及資金輸出增加所導致的。為什麼靠

近都市的農村金融容易竭蹶？費先生又進一步追問到，靠近什麼樣的都市？如果都市僅僅意味著工商業發達，問題就會被轉置成工商業的發達與農村土地權外流有什麼關係了。是工商產品流入農村後，導致農民的消費增加從而賣地的嗎？為什麼近代以來，靠近都市的土地權不斷流入城市呢？費先生給出的答案就是「自給性的降低」：

> 自給性的降低，就是說以前自己可以供給的手工業消費品，現在不再由自己供給了。都市工商業的現代化，使農村原有的手工業不能維持，這樣減少了農家的收入，使農村除了農產物之外，沒有其他力量來吸收都市資金。[89]

傳統社區中，諸如紡織、工匠之類的職業都是保留在農村中的，家庭手工業可以吸收回來一部分資金，以平衡家庭消費。因此在鄉鎮之間，存在一條輸入輸出的平衡通道。但現代工業發達卻把這平衡打破了。手工業敵不過機器工業，一旦手工業崩潰，農村金融的竭蹶跟著就到。

這樣看來，農村土地權的外流，和都市確有關係。可是這關係並不像托尼所說，是因為靠近都市的農田生產力高，自然有吸收都市資本的傾向，而是在靠近都市的農村，凡有傳統手工業的不易抵擋現代工業的競爭，容易發生金融竭蹶。換句話來說：土地權外流不一定是靠近都市的農村必遭的命運，若是一個原來就不靠手工業來維持的農村，它遭遇到的都市威脅，絕不會那樣嚴重。[90]

對於托尼將城市資本與農村土地之間的關係定位為金融投資關係的觀點，費先生極為不滿，認為它只是一種經典的基於土地肥力基礎上的地租理論：「托尼特別提到的用於解釋租佃關係的發展的土地的肥力，只是這一情境中的一個次要的有影響的因素，儘管它也很重要。土地肥力只是使得租佃關係變得可能，但它本身並不足以產生租佃關係。」[91]

費先生修正了托尼的觀點，認為中國現代化過程中的農村問題之源不在金融，而在勞力的出路。如果城市有效吸收了祿村的勞力，祿村的命運就會被改變。

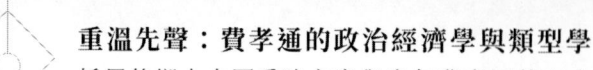

重溫先聲：費孝通的政治經濟學與類型學
托尼的鄉土中國重建方案與青年費孝通的三次系統回應 [39]

都市的工業和鄉村的農業競爭勞工時，農業才有改良的希望。我在第三章的開端已提到托尼的名言：中國的問題，其實十分簡單，就是資源不足，人口太多。工業發達增加了資源，減低了農田所負擔的人口壓力。在這過程中，人的勞力價值提高，農田的經營中才值得利用節省人力的機器。[92]

要解決這個問題，就要發展有針對性的工業。鄉土社會中依靠農業是無法實現財富積累的。基於農作本身的財富積累沒有長久性，即使富裕的地主在第一二代內產生，也會在持續的家庭細胞分裂中瓦解。「但是工業卻不同。透過它，財富可以持續地積累。當來自工業的財富被用於購買土地時，購買力將是持久的，因此由於分家而造成的破壞性力量將不再起作用，因而，地主階級的地位將或多或少變得更為穩固。」[93] 但發展什麼樣的工業呢？難道一定要像托尼說的那樣，走大工業發展道路嗎？費先生指出：「西方的工業革命至少威脅到了中國農村的小農們成為工業家的潛在勞動能力。對於沒有組織起來的自營小手工業者的大眾來說，這是一場沒有希望的戰爭。」[94]

費先生同意托尼關於合作化組織的建設，但是這一建設必須因應具體的工農改革。

回到依靠手工業來補充農民家庭收入的不足這一傳統原則上去，並不意味著保留古老的工業技術。力爭在村莊裡保持傳統的工業實踐是不現實的。我們所應該保留的是作為傳統工業形式——與中國農村情勢相配合的分散了的工業——的基礎的根本原則……中國的現代工業應該以一種能儘可能廣泛地分配由改進了的技術方法所帶來的利潤的方式而組織起來。假定這是我們的目標，我們將推薦分散的工業體系……更為根本的是為人民大眾拓展工業機會，這一考慮促使我們在經濟組織中提倡合作原則。[95]

《祿村農田》研究給費先生提供了一個發展托尼重建方案的具體例證。但無論怎樣的方案，費先生都沒忘記從文化視野去觀察經濟出路。透過田野調查，費先生發現祿村人普遍具有「寧願少得，不願勞動」的心態。在這裡，他比較了中西經濟觀的差異。他認為西方的經濟邏輯建立在「以最少痛苦換取最大快感」的假設上，一個人越希望享樂、消費，越需要耐苦勞動、生產。歐洲的韋伯、桑巴特、托尼等人認為，西洋現代資本主義的基礎是深深地築

三、費孝通對托尼的三次系統回應與發展

在中世紀傳下的宗教精神上的,並將「此岸」的生產與「彼岸」的消費割裂,是一種充滿著宗教色彩的非人本主義觀。費先生將這種經濟觀稱作「迂腐」,其迂腐之源在於缺少了一種靈動的社會關係視角。「生產是增加物品滿足人們慾望的能力,這種能力一定要和消費者發生關係之後,才能出現,所以生產本身是以消費為不可或缺的完成條件,效用並不一定是物的內在性,而是和消費者所具有的關係。」[96] 祿村人民的勞動,不是獨立的生產;農民產下的穀子,不會憑空消失,而是會進入人的肚子。

由此,費先生提出了一種「消遣經濟」。「慾望的滿足不一定要看作快感的源泉,若說這種行為不是快感的創造,而是痛苦的避免,也一樣可以言之成理的」。[97] 農民透過減少慾望,仍然可以享受其可接受的生活水平。如果說勞動之痛大於忍受慾望之痛,那麼大可不必勞動;反之,忍受了慾望的痛苦大於勞動的不幸,那麼人們就應該勞動。這是費先生「消遣經濟觀」的精髓,中國文化中隱藏的這種「消費觀」或許能提供一個理解今日中國經濟的角度。

至此,費先生不僅發展了托尼的城鄉關係命題以及工業變革的具體路徑,而且從文明視角回應了部分工業應該紮根鄉土的文化緣由。可以說兩本專著最為集中回應的對象就是托尼。值得一提的是,這兩本民族誌,可謂「民族誌的政治經濟學」的典範,其書寫邏輯是貫徹了文化人類學與政治經濟學的雙重維度的。也就是說,馬林諾夫斯基與托尼共同對費孝通產生了巨大影響。

(三)鄉土重建:「匱乏經濟」的文化癥結以及知識分子的鄉土復原

1947 年初,費孝通參加了托尼在倫敦政治經濟學院主持的國際學術會議,演講題目是《中國社會變遷中的文化癥結》,該文是《鄉土重建》一書的開篇內容。費先生認為托尼揭示了西洋豐裕經濟的精神起源,即資本主義的發展與西洋宗教觀的歷史關係,資本主義豐裕社會之所以在英國產生,是因為人們有一套「無饜求得」的精神文化支撐。但是他強調,同時代的中國並沒有「無饜求得」的營市文化,離豐裕經濟更是遙遙有距。費先生在《鄉土重建》中接續他在《祿村農田》中的「消遣經濟」概念,用「匱乏經濟」的概念來概括中國的經濟文化狀態,以回應托尼的演講。

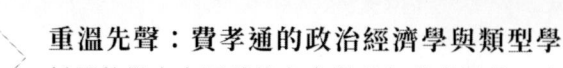

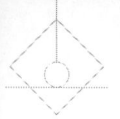

重溫先聲：費孝通的政治經濟學與類型學
托尼的鄉土中國重建方案與青年費孝通的三次系統回應 [39]

如果說費先生在《祿村農田》中提出的「消遣經濟」，還保留了對中國農民生存方式的合理性判斷的話，那麼在《鄉土重建》中論述「匱乏經濟」的文化根由時，就變成了其時中國的「癥結」了。費先生論述的核心是土地與人力如何在數千年的歷史中形成「中和位育」的格局（費先生引用潘光旦的譯法，將「位育」翻譯成「adaptation」），以形成「匱乏經濟」的狀態。其邏輯在於，第一，中國的舊世界是個匱乏的世界，人多地少，眾人湧向土地求生，土地之上從來不缺少耕作的人力，也就失卻了改造農技提高效率的動力，「勞力便宜，節省勞力的工具不必發生......技術停頓和匱乏經濟互為因果，一直維持了幾千年的中國的社會」。[98] 第二，農事是季候性的生產，消費卻是終年的常態，有限的產量需要維持長久的生活延續，必定要抑制消費。第三，趨求穩定的農地生產方式與儒家的身份安排，讓人不會去輕易地冒險，劉邦、項羽、朱元璋畢竟是少數，人人要取而代之，必定破壞契洽。「沒有機會的匱乏經濟是擔當不起這一種英雄氣概的」。[99] 所以，中國社會上上下下倡導克己復禮、安分知足，「這一套價值觀念是和傳統的匱乏經濟相配合的，共同維持著這個技術停頓、社會靜止的局面」。[100]

費先生認為這種「匱乏經濟」無法在大轉變時代繼續維持。即使他承認傳統社會曾經給予若干人生活的幸福或樂趣，但他明確表示「絕不願意對這傳統社會有絲毫的留戀」。不過，不留戀並不是說他要全盤拋棄。費先生贊成在中國原有的鄉土社會中改造社會組織，尤其是在傳統鄉土工業破敗後，可以透過改良傳統社會中的人來適應新的工業秩序。他可以接受社會解組並重建社會的思路，但不接受全面潰敗的結論。

在《鄉土重建》中，費先生再次回應了托尼的城鄉關係命題。費先生認為，中國的城市與鄉村之間，向來是城市依靠鄉村的補給而得以延續，城市本身是個消費體，並不是生產性的社區，但由於掌握土地與政治資本，一直保持微弱的聯繫；西方工業產品的入侵，打破了城鄉之間的微弱紐帶，都市破產，鄉村變得更加自給自足。費先生提出要重建中國的鄉土社會，首先應該是重建城鎮，規避以往不在地主靠地租延續的方式。「在都市方面，最急的也許是怎樣把傳統的市鎮變質，從消費集團成為生產社區，使市鎮的居民

能在地租和利息之外找到更合理、更穩定的收入」。[101] 這樣才能重建一個互助的城鄉關係。

當現代都會在 20 世紀的中國崛起之後，商業資本夷平了以往分散的鄉土工業，幾無反饋地汲取中國鄉村，中國的鄉村就「癱瘓」了。[102] 城鄉之間的傳統聯繫被切斷，堅韌的小農經濟蜷縮回更加自給自足的狀態。即使在天災荒年，小農因為具有自身匱乏經濟的節慾傳統，不至滅亡。但「癱瘓」是一種慢性的疾病，不加治療就會腐蝕生產的能力。尤其在戰時狀態中，就會導致鄉土社會的「日益損蝕」。

如果說城鄉之間出現了社會性的「斷裂」，那麼基層行政的僵化就是一種政治斷裂。在費先生看來，傳統基層行政的運作，是在一種雙軌政治中實現的。一是自上而下的皇權，到了縣級就不再往下滲透，鄉土社會的日常政治與皇權相距甚遠。二是自下而上的自治團體，由紳士、鄉約代為管制。鄉紳與衙門的匯合，就是基層行政體繫了。只要雙軌運行正常，相對來說就是有機的基層政治體系。但是，20 世紀 30 年代實施的保甲制度是把自上而下的政治軌道築到每家的門前，1934 年實行的警管制則把這軌道延長到了門內，國家力量試圖以單一的「保長」行政角色統合鄉紳與衙門，雙軌制度和自治體系的有機性便被破壞了。也就是說，傳統的代表性力量被懸置了。尤其是那種具有鄉土責任擔當的賢士逐漸退出歷史舞臺。在這裡，費先生用了很大筆墨說明自己不是在為紳士辯護，而是強調原本有機的上下聯繫和自治方式被現代政治制度所抽空，卻沒有有效的替代，反而導致淤塞。

由此，費先生找到了鄉土重建的重要切入點。「從基層鄉土去看中國社會或文化的重建問題，主要是怎樣把現代知識輸入中國經濟中最基本的生產基地——鄉村裡去。輸入現代知識必須有人的媒介。知識分子怎樣才能下鄉是重建鄉土的一個基本問題」。[103] 都市工業對鄉土的反抽以及政治體系對雙軌制度的破壞，導致了鄉土社會的日益破敗，土地權外流，人才不歸，傳統鄉土落葉歸根的有機傳統以及儲備人才的功能也在日益衰竭。一些沒有歸鄉和無法歸鄉的人才聚集在都市，形成了城市「團閥」，利用權勢進一步壓榨鄉村，都市和鄉村之間日益斷裂。托尼有關知識分子、政府官員與社會之

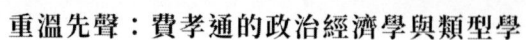

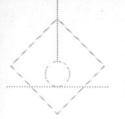

間的斷裂命題，被費孝通從一個更為具象的城鄉視角所進一步喚醒。重建有機的城鄉聯繫是鄉土重建的關鍵出路。

費先生認為城鄉之間的斷裂對小農傷害並不大，對地主和知識分子來說卻是一個陷阱。農民可以再返回土地求生，城市地主與知識分子卻失去了真正的食宿來源。所以，現代工業首先衝擊了傳統地主依賴土地的食利方式。地主的出路在哪裡？費先生指出：適應新的局勢，放棄靠地租生活的方式，和農民共同合作，參與「確立民族工業的陣地」。但是，讓地主放棄地租談何容易。地主的保守性以及在壓力面前難以自覺的意識，阻礙了這個可能。但費先生警告道：「特權所給人的享受會向靈魂深處索取它的代價。」[104] 現代工業及政治權貴組合的「利維坦」，會將小農與地主一併吞沒。不在地主與知識分子一樣，唯有發展工業，並帶著現代工業技術下鄉，才是自覺的出路，也是為農民和農業尋找一條共同的出路。

四、結語

整理托尼的中國研究，目的是要指出青年費孝通在 1936 年至 1949 年間的所述所思之中存在怎樣的思想火種。理清這一段學術傳承，對試圖理解費先生文字的後學來說，猶如一面棱鏡，可以破除以往學術繼替格局的單向度視野，更何況這面鏡子是如此清晰、立體。

費先生對托尼的繼承，具有整體性、內發性、變動性、聯繫性四個面向。其一，對中國文明的觀察與鄉土發展道路的設計，二者均沒有執拗地展開對單個問題的考察，而是立足於農業文明的整體性來展開，集合各區域的特殊性來反思總體的複雜圖景。其二，農業文明的內發性特徵是二者共同堅持的，傳統的慣性是當下實踐必須考量的因素，他們均認為大而化之的改革注定不接地氣。其三，二者均在動態的研究框架中去設計中國的救世道路，在這一點上，費孝通先生同時秉承了托尼及其導師馬林諾夫斯基的研究路徑，他將當代鄉村視為傳統力量與變革力量的「接觸場」。其四，二者設計的方案都是基於交互視野上的系統觀，政治經濟改革、社會重組以及文化變遷中的各個因素具有千絲萬縷的聯繫，牽一髮而動全身。

四、結語

　　除了繼承，還有創新。第一，費先生修正了托尼的不在地主假設，即不是因為城市資本的利潤取嚮導致了不在地主的大量發生，而是因為鄉土社會本身工業傳統的衰弱導致外來工商業的入侵。土地被典當的原因不是為了利潤，而是生活的逼迫所致。原先的手工業、農業生產、文化體系以及城鄉關係是互為嵌套的，但這種平衡被外來力量所阻斷。第二，費先生不僅倡導大城市的現代工業建設，更加提倡分散性的鄉土工業，並且，這種鄉土工業實踐應該是與農村社會合作組織的改造並舉的。費先生提倡的工業道路是多元的，不同類型的都市、城鎮的工業道路各不相同，對於鄉村來說，只有那種分散的工業建設才能反哺農村。第三，托尼稱中國農業經濟是一種「饑餓經濟」，費孝通則將其稱為「消遣經濟」與「匱乏經濟」，即能忍受慾望的誘惑，從而實現生命的繼替。在今天看來，如果這種文化經濟的特徵還能保留，或許仍將成為未來中國抵抗世界性經濟風險的文化保護牆。第四，托尼和費孝通都認為，鄉土社會的復原需要同時召喚負責任的基層官員和有機知識分子的回歸，但費孝通看得更清楚的是，今天的知識分子和基層官員很可能是同一類人，他們不僅需要克服雙重利益立場，而且要同時貫通廟堂之上的意志和底層社會的需求，從多個角度恢復以往雙軌經濟中的有機性特徵。

　　回頭來看，托尼與費孝通的鄉土重建方案仍然具有重大意義。當今中國學界圍繞土地經營道路問題，已經吵得不可開交，但學界提出的任何一條路徑，似乎都與費先生保持了一定的距離，卻沒有系統的說明與反思。但不論是評估今天的新型城鎮化道路，還是重建鄉土社會的互助經濟；不論是從政治經濟學角度去觀察農業實踐，還是從文化人類學出發考證經濟行動的文化慣性，費孝通與托尼對文明的共同判斷，以及他們從具體的城鄉關係之中去探尋中國鄉土重建方案的做法，都值得引為當代實踐的參照。

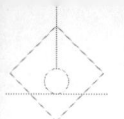

重溫先聲:費孝通的政治經濟學與類型學

「新戰國世紀」與「新聖賢」——費孝通先生晚年的世界秩序觀 [105]

「新戰國世紀」與「新聖賢」——費孝通先生晚年的世界秩序觀[105]

▍一、新世紀聖賢觀的提出

1992年5月至6月間，費孝通先生為了總結山區經濟的發展經驗，在山東沂蒙山區進行了一段為期不短的調研。途中，費先生參觀了曲阜三孔、登了泰山、到費縣尋根問祖。在沂蒙考察結束時，又奔赴鄒平縣為梁漱溟先生掃墓。很顯然，原本以發展國家經濟為目的的實用主義考察，中途卻貫穿了觀三孔、登泰山、問費祖、掃梁墓等一系列能夠引起重大心靈激盪的行動，這些行動中飽含「傳統」「祖先」「儒家」「聖賢」「心性」等潛在的主題，必然引起費先生在經濟考察之外的諸多心靈思考。回北京後，費先生發表了一系列與山東之行有關的文章。其中，《孔林片思》尤為重要。正是在這一篇文章中，費先生強調了21世紀乃「新戰國世紀」，首次在多民族統一國家與世界秩序層面提出了全世界需要一位「新孔子」的觀點。

新的孔子必須是不僅懂得本民族的人，同時又懂得其他民族、宗教的人。他要從高一層的心態關係去理解民族與民族、宗教與宗教和國與國之間的關係。目前導致大混亂的民族和宗教衝突充分反映了一個心態失調的局面。我們需要一種新的自覺。考慮到世界上不同文化、不同歷史、不同心態的人今後必須和平共處，在這個地球上，我們不能不為已不能再關門自掃門前雪的人們，找出一條共同生活下去的出路。[106]

費先生這裡召喚的「新孔子」，其處境是要面對世界文化衝突與心態失調的局面，其方式是文化自覺，其目標是和平共處與共同延續生存。與此同時，「新孔子論」是與費先生的時代判斷一同提出的，這個判斷便是「新戰國世紀」。《孔林片思》發表之前不久，費先生還拋出了新的「戰國世紀論」。所謂「戰國世紀」，是費孝通先生的一個比喻，他將20世紀的世界格局比喻成中國的春秋戰國時代，國與國、族與族、群與群之間合縱連橫，互相征服、爭奪、對抗或抵制。與此相應，21世紀就是世界範圍內的「新戰國世紀」。

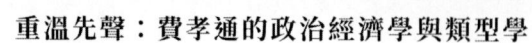

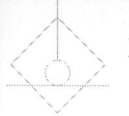

重溫先聲：費孝通的政治經濟學與類型學
「新戰國世紀」與「新聖賢」——費孝通先生晚年的世界秩序觀 [105]

然而問題是，在「戰國性」的世紀之交，費先生真的只是呼喚某一個人來擔綱世界秩序嗎？如果不是某個人，那到底是怎樣的聖賢才能挽世紀於狂瀾？費先生在 2003 年對此作了明確回答：

人類每逢重大的歷史轉折時期，就會出現各種各樣所謂「聖賢」。其實，這些「聖賢」就是那個時代所需要的，具有博大、深邃、廣闊的新思路和新人文理念的代表人物。我曾經把當今世界局勢比作一個新的戰國時代，這個時代又在呼喚具有孔子那樣思想境界的人物。我確實已經「聽」到了這種時代的呼喚。當然，今天的「聖賢」，不大可能是由某一種文明或某一個人物來擔當。他應該，而且必然是各種文明交流融合的結晶，是全體人類「合力」的體現。[107]

因此，「新聖賢」確實不可能是單一的人物或人文，而是一種「合力」，是各種文明的交融。這種對綜合性新聖賢的呼喚，與對「21 世紀乃新戰國世紀」的判斷是相契合的——因為在那一比喻中，21 世紀的世界格局必然是 20 世紀分久必合的延續結果，新聖賢將是「合」的體現。中國的歷史具有強烈的「合」的傳統。這一點與歐洲共同體的一體化進程是有所不同的。當代歐洲在歷史上從未成為完全意義上的「一體」，因此在構建現代化過程中的超級民族共同體方案時，一方面無法從傳統中挖掘、動員足夠的歷史文化資源，另一方面要面對來自民族國家的利益博弈與政治攔阻。雖然諸如哈貝馬斯這樣的學界巨擘仍然不斷將歐洲一體化或其現代化過程視作一個「未完成的方案」，並不斷付諸文化上的努力，[108] 但是在 2010 年之後，隨著歐洲各國元首宣布多元文化主義失敗，使得建構超級文化共同體的努力僅剩寥寥星火，遑論從歐洲出發構建世界性的文明秩序了。

反觀費先生，他從中國一統的歷史文化視角出發構建的「新世紀聖賢論」，不僅試圖概括並解釋中國圖景，而且嘗試建構一種具有宏觀視野的世界秩序觀。自 1992 年以後，費先生在其晚年的一系列文章中不斷傳遞其「新聖賢」的內涵：所謂的「新聖賢」，是一種在文化自覺的基礎上，透過全球性的跨文化交流與合作，進而推動並形成的美好心態，以及綜合性的世界秩序。

然而遺憾的是，費先生多次強調的「新戰國世紀論」與「新聖賢論」，幾乎被學界所忽略。筆者發現僅有極少數學者注意到了「新戰國」這一概念，[109] 但沒有人細緻闡述過「新戰國世紀論」與「新聖賢論」，更未將二者並置討論。在筆者看來，這一被學術界「遺漏」的重要遺產，是費先生在世紀之交傳給後世的一個偉大的世紀方案。在這一方案中，如果說「新戰國世紀論」是費先生對 21 世紀的時代判斷，那麼「新聖賢論」就是費先生在文化層面對 21 世紀的世界秩序展開的設計；「文化自覺」「和而不同」等概念，則是「新聖賢論」中的具體內容和體現。「新戰國世紀」與「新聖賢」（筆者在下文中統稱為「新世紀聖賢論」），構成了費先生晚年的世界秩序觀，該世界秩序觀是一系列重要思想的經緯背景。不瞭解這一世界秩序觀，我們就無法領悟費先生在拒絕以西方為中心的世界秩序時，倡導建立何種大同一體的秩序；更無法通透理解費先生晚年的美好社會說與王道霸道之爭，遑論其文化自覺論和人文心態觀。此外，面對當今世界圖景與中國圖景中呈現出來的問題，我們很可能會錯過一次從費先生學術遺產中提取寶貴經驗的機會。

在本文中，筆者不僅要強調「新世紀聖賢論」的內容和意義，而且試圖解釋這一有關世界總體性的秩序觀背後，是怎樣的形成邏輯，並將這一觀點與費先生晚年的所有重要思考聯結起來，從而讓讀者系統瞭解到費先生晚年到底具有怎樣的世界主義觀。需要指出的是，讀者不應該將晚年的費孝通界定為一個世界主義者，因為其世界秩序觀在某種程度上是從「中華民族多元一體格局」的論述中推衍出去的。換句話說，其世界秩序觀是以多民族國家觀為前提和基礎的。

二、費先生晚年的三個焦慮

「孔林」中的費先生顯然帶有一種焦慮，這種焦慮首先來自對全球格局的觀察。冷戰結束以後，蘇聯解體、東歐發生劇烈民族衝突、海灣戰爭硝煙瀰漫、全球範圍內的跨國貿易盛行、世界經濟漸融一體的同時南北差距加大，再加上中國政治經濟改革邁向縱深，複雜的世界格局以及摸索中的中國道路，反覆刺激費先生展開對未來世界秩序的思考。「全球化的特點之一，就是各

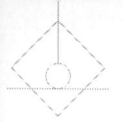

種『問題』的全球化」。[110] 為了回應這些問題，必須尋找解決問題的出路。費先生在曲阜孔林的駐足、在泰山南天門的眺望、在淄博稷下學宮的思考，無疑使其在古風聖地，從世界混亂格局與中國改革的縱深時代中暫時跳躍出來，經過深度思考之後再度返回現實之中進行古今聯繫。這一思考過程促使他頻繁地自我追問：21 世紀到底是一個怎樣的世紀？結果，費先生將中國戰國時期多元一統的經驗，安之於對當代世界一體與新聖賢到來的期盼之中。

與此同時，兩種西方的學術強音呈背反之勢，不斷衝擊費先生的世界觀。一種聲音來自薩義德的《東方學》，[111] 在費先生看來，此類聲音是西方學者積極的「自覺」。或許費先生是在某種程度上得到了這位美籍猶太人的啟發，才在晚年不斷強調中國學者亦需要進行文化自覺的反思。[112] 費先生尤其認同薩義德對部分西方學者的批判，認為西方的視野不能代表世界的視野，更不能替代非西方的立場。另一種聲音來自福山與亨廷頓等人，當時有關單向度的「歷史終結論」[113]「文明衝突論」[114] 等觀點甚囂塵上。尤其是對亨廷頓的「文明衝突論」，費先生晚年多次表示了拒絕乃至厭惡的態度。[115]「文明衝突論」延續了 20 世紀乃群雄爭霸之世紀的觀念，而費先生認為絕對不能將爭霸的衝突氣氛帶入 21 世紀，不論其衝突的藉口是軍事、經濟、政治還是文明。這表明了費先生用「新世紀戰國論」拒絕了亨廷頓的理論。與此同時，費先生認為「西方輿論自鳴得意」，[116] 因為後者自以為找到了一統世界的西方法門；但是「9‧11」事件之後，費先生看到這種西式法門的缺陷：「事件後事態的發展使我很失望，這種『恐怖對恐怖』的做法，讓我看到西方文化的價值觀裡太輕視了文化精神的領域。」[117] 如果西方文化提供不了一條解決世界性衝突的聖賢之道，那麼就應該到非西方的世界傳統中去尋找這位「聖賢」。既然治理者必須是一位綜合性的「新聖賢」，那麼中國、印度、南美、非洲等地都應貢獻其文明精髓。[118]「新世紀聖賢論」透過應對同時代的世界問題，首先否定了「文明衝突論」對 21 世紀的預設，同時緩解了費先生因全球秩序問題而生的焦慮。

其次，對西方的單一民族國家理論，費先生也懷有深度的焦慮。他認為，威爾遜的《十四點和平綱領》、羅斯福與丘吉爾的《大西洋憲章》，是歐美的民族國家單方面提出的空洞世界秩序論，[119] 沒有真正考慮西方之外的他者

文明。其中的邏輯很清晰,如果「十四點原則」與《大西洋憲章》完全主導了世界秩序,那麼所有「國家」必須為自身的「民族國家」進行自證。費先生很早就拒絕了單一民族國家論,在20世紀80年代末期,費先生完成了《中華民族多元一體格局》的寫作,我們可以將該文視作從民族國家理論的反方向進行的自我宣言。並且,這種多民族統一國家的自我論證,並非向內蜷縮的,而是可以推己及人,向世界秩序推進的。雖然,「多元一體」概念來自對中華各民族的歷史觀察,但並不影響這一概念的推衍。「多元一體」成為費先生在區域、國家、洲際、世界等各分析層次上皆可運用的概念。在當時的世界背景下,很容易將中華民族多元一體秩序的思考,轉移到整個世界秩序的思考上去。李亦園先生認為,費先生的多元一體民族觀將會對21世紀世界共同體有所助益。[120] 費先生自己也說:「各種文明幾乎無一例外是以『多元一體』這樣一個基本形態構建而成的。」[121]

在我們探討全球化和不同文明之間的關係的時候,中華民族的「多元一體格局」給了我們一些啟示。我們知道,古代中國人的眼裡,「中國」就是「天下」,也就是被看作是一個「世界」。所以中國人常說的「分久必合,合久必分」,並不是現代西方人一個「民族國際」的「統一」或「分裂」,而是一種「世界」的分崩離析和重歸大一統。[122]

如果說「新聖賢」應對的是「文明衝突論」的焦慮,「新戰國世紀」應對的是西方民族國家建構的世紀秩序之焦慮,那麼,如何塑造「新聖賢」呢?從哪個層面進行塑造呢?這是費先生需要面對的實質性內容。20世紀的政治對立與經濟裂痕等問題,使費先生認為無法僅僅從政治與經濟領域尋找一個濟世良方。況且,費先生在行行重行行的實踐之路上,亦發現現實中不僅存在經濟與生態的失衡,同時存在心態的失衡,而生態與心態的失衡是單向度的中心主義所導致的。[123] 要平衡世界性的秩序,不僅要重視經濟建設,而且要重視心態建設。這是費先生晚年的又一個焦慮。

從20世紀90年代早期,費先生已經開始注意到自己以往的研究有兩點偏頗:一是只重生態而忽略心態;[124] 二是「只見社會不見人」。[125] 因此,費先生提倡展開人的心態研究。而這種研究並不一定要完全從西學中汲取,

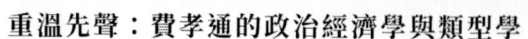

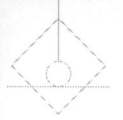

重溫先聲：費孝通的政治經濟學與類型學
「新戰國世紀」與「新聖賢」——費孝通先生晚年的世界秩序觀 [105]

「這次到了孔廟我才更深刻地認識到，中國文化中對人的研究早已有很悠久的歷史」。[126] 費先生關注的歷史主題便是人與人如何和平共處，他認為孔子以降的中國文化提供了「仁」「義」等文化資源，這是心態建設的基石。在寫作《個人·群體·社會》一文時，費先生就透過反思塗爾干、布朗及其導師馬林諾夫斯基的社會觀，認為不能獨獨強調「社會實體論」，而應從辯證的角度看待人的內心世界與社會秩序的關係。實際上，「心態」概念來源於費孝通的另一位老師史祿國。史祿國先生在研究中國北方通古斯民族時，就提出了「Psycho-mental Complex」的概念。[127] 費先生晚年將這個概念承接了下來，譯為「心態」。而這種「心態」，又與費先生從潘光旦先生那兒學習到的有關「中和位育」的新人文思想強烈相關：即人人各育其位，才能催生世界性的心態秩序。「如果人人能有一個共同的心態，這種心態能夠容納各種不同的看法，那麼就會形成我所說的多元一體，一個認同的秩序（Consensus Order）」。[128] 中華傳統文明中，可以提取這種心態經驗為世界秩序做出相應貢獻。而世界性的「新聖賢」，就應該具有這種心態：

這個思想是我在山東遊孔林的時候，突然有感而發的……我在孔林兜圈時，突然意識到孔子不就是搞多元一體的心態這個秩序嗎？而他在中國成功了，形成一個龐大的中華民族。中國為什麼沒有出現像捷克斯洛伐克及蘇聯那種分裂的局面，是因為中國人有中國人的心態……能否在整個世界也出現這樣一種認同呢？大同世界嘛。[129]

綜上，「新戰國世紀」「新聖賢」及人的心態建設，是應對費先生三種焦慮的藥劑。費先生對「新世紀戰國」的判斷與對「新孔子」的呼喚，蘊含了他對整個世界的願景以及實現願景的基本法則。他在研究美好中國何以可能的同時，也在思考美好世界何以可能。我們可以看到，不僅存在中華民族多元一體格局，也可以存在世界多元一體格局。不僅古代中國需要一位孔子，當今世界也需要一位「孔子」。這個「孔子」應是一個跨越宗教、民族、國家、洲際的聖賢。「新世紀聖賢論」的提出，不僅是為了回應「文明衝突論」，而且試圖在真正意義上，透過綜合各種文明，展開文化自覺與心態建設，實現世界一體的美好秩序。「在全球性的大社會中要使人人能安其所、遂其生，就不僅是個共存的秩序，而且也是個共榮的秩序。也就是說，不僅是個生態

秩序，而且是個心態秩序」。[130] 透過對心態秩序的強調，費先生將激活中國的歷史文化傳統，力求獻策於世界秩序。

三、王道對霸道：拒絕政治與經濟的單向度

費孝通先生將世界格局比喻為中國的春秋戰國時代，有豐富的時代內涵。他不僅認為中國可以為世界一體格局提供歷史文化資源，而且認為，透過借鑑中國的歷史經驗，預示著世界格局將分久必合，但「合」的前提是出現一位救世的「聖賢」。這位「聖賢」並非單獨的人物，而是多元文明的交融，或一種普遍的文化制度。因此，20世紀末的世界猶如秦漢一統前的中國，處於轉折之中的狀態，它召喚一種綜合性的「卡里斯馬」。但問題是「卡里斯馬」的魅力源自哪裡？

費先生認為，近五百年來，西方本有機會為世界一體秩序貢獻力量。哥倫布發現新大陸以後，世界不再隔絕。一個本來「各美其美」的世界，只有「美人之美」才不會出現衝突。然而，西方的近代史卻是一部攫取非西方國家資源的血淚史，「美人之美」的秩序並未出現，遑論「美美與共」。西方「在這五百年裡，並沒有找到一個和平共處的秩序，使他們能同心協力來為人類形成一個共同認可的美好社會。相反，從海上掠奪、武裝侵略、強占資源開始，進而建立殖民統治和劃分勢力範圍，世界形成了以強制弱、爭霸天下、戰爭不絕的形勢」。[131]

「一戰」後和「二戰」後，都是建立世界和平秩序的絕佳機會。「十四點原則」以及《大西洋憲章》都是從政治層面制定的世界性綱領，但均未經得住時代的檢驗，只是一套吸引人的理想。「現在正值冷戰結束的時刻，卻只提出一個空洞、沒有內容、沒有號召力的所謂『世界新秩序』」。[132] 冷戰結束本是另一個機會，但在全球範圍內，原本的殖民主義、帝國主義轉變成了一種攫取經濟利益的新自由主義，引起了世界範圍內的「東西差距」與「南北問題」。「現在兩霸的對立結束了，曾經有一段時期，美國人以為美國世紀來臨了，就是說它要做『秦始皇』了，要統一全世界」。[133] 在費先生看來，

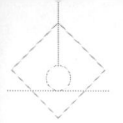

重溫先聲：費孝通的政治經濟學與類型學
「新戰國世紀」與「新聖賢」——費孝通先生晚年的世界秩序觀 [105]

這是妄想。無論從政治層面還是經濟層面，西方建立世界一體秩序的理想都落空了。根本原因就在於這些秩序沒有道德基礎，無法向前推進。[134]

一個全球性的社會，不能只有利害的層次而沒有道義的層次。沒有比當前的世界更需要一個道義的新秩序的了……如果目前的世界秩序正好缺乏這個要件，我們中國世代累積的經驗寶庫裡是否正保留著一些對症的藥方呢？[135]

20世紀90年代，與當下世界範圍內的「中國威脅論」相同，西方流行一種「黃禍觀」。面對這種「黃禍觀」，費先生予以反擊，認為中國可以為世界秩序提供美好的文化給養。當西方沒有為這個世界秩序貢獻更多的力量時，中國文化可以從道德風氣與心態層面提供秩序整合的道德資源。為什麼中國戰國時代能夠百家爭鳴？就是因為中國有一股文化凝聚的力量。透過考察淄博古都，費先生聯想到「稷下學風」，這是一種屬於中國戰國時代的人文風氣。「戰國為什麼有這樣一種風氣呢？我想並不是哪個人特別有見識，提倡出來的，而是當時正逢奴隸制度向封建制度轉變的時期，正是這個社會變遷，形成了這種風氣。現在我們又遇到了一個相似的時期，不過範圍不是山東這一塊齊魯文化，而是全世界的文化。這也是一個『戰國』時代」。[136]20世紀末，費先生觀察到新的世界秩序正在形成，但這種秩序只是透過經濟共同體與政治上的分分合合推動的，還沒有一種具有世界道義的、以人為核心的秩序形成。「經濟秩序還沒有形成一個統一的體系，還是由一雙看不見的手把它控制在一起……政治上還走不到一起，歐洲共同體還搞不起來……這樣一個世界人心不安，因為道義的秩序（moral order）還沒產生。」[137]

道義秩序如何產生？費先生認為必須在政治與經濟層面之上，建立起世界性的心態觀。這種心態是各種想法、觀念、意識的彙集，是精神層次的匯融。費先生晚年前所未有地強調了心態的重要性。[138]這個直接從史祿國教授那兒借鑑過來的概念，成為費先生拒絕西式政治、經濟秩序的核心理由。由此，費先生建立了有關人類社會的三層秩序觀：

我認為人的社會有三層秩序。第一層是經濟的秩序（economic order），第二層是政治上的共同契約（common contract），有共同遵守

的法律,第三層是大眾認同的意識。這幾個東西假定出不來,大概這個世界還要經過一個戰國時期,全世界的戰國時期⋯⋯第三個秩序即道義的秩序,是要形成這樣一種局面:人同人相處,能彼此安心、安全、遂生、樂業,大家對自己的一生感到滿意,對於別人也樂於相處。[139]

　　三層秩序和諧共存,才意味著世界秩序達成一體。我們完全可以這樣理解,世界秩序中的「新聖賢」,除了能夠確保政治、經濟領域不會出現紊亂之外,還需要具有一套能夠讓全世界人民遂生樂業的心態觀。這種聖賢心態由文化道德力量來左右,而非槍炮與金錢。「新聖賢」是一位以德服人的聖賢,而非以力制人的霸者。在這種心態觀的基礎上,費先生晚年數次強調了「王道與霸道」之分,並將王霸分野與世界秩序的形成聯繫起來。

　　在《東方文明與二十一世紀和平》一文中,費先生首次提出中國文化傳統中的「王霸論」,以批評歐美中心主義。「以力服人者霸,以德服人者王」,[140] 以德服人就是用仁愛之心來處理自己與別人的關係。中國的歷史經驗主張王道而反對霸道,推己及人,在個人和個人、群體和群體之間建立價值認同;而當時美國主導下的科索沃戰爭,就是一種以霸權制人的表現。[141] 為了進一步詮釋「王霸論」,費先生多次強調了其有關美好社會的敘述。認為「美人之美」是美好世界的標準,但在霸權世界中,強調他人「從我之美」的心態是一種對他者價值標準的凌駕,將引起紛爭。[142] 而在德性世界之中,人與人、群體與群體之間能夠從各美其美上升至美人之美,最後達到美美與共,天下大同。也就是說,德性世界秩序的形成,必須要以美人之美的心態作為基礎。西方文明中到處充斥的種族衝突與殖民主義,表明其文明中沒有凸顯出「美人之美」的文化基礎。如果說西方文明為世界秩序提供了經濟一體化的紐帶,那麼除此之外,東方文明還能在文化心態層面有所貢獻。

　　在這種心態上建立起來的世界就不會容許霸權主義的橫行,大小各種群體才能建立起和平互利的經濟和政治關係。在經濟上不設置障礙,而是真正平等互利,不採取單方面的短期利益的保護主義,堅持開放和競爭。在政治上,不以力服人,強迫別人接受不平等條約,不干涉別的主權國家的內政,用平等協商來處理國與國、地區與地區之間的矛盾,用對話代替對抗。[143]

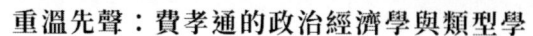

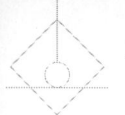

費先生贊成從中國的道德傳統中發掘建立世界秩序的文化資源，反對僅僅從西方文化中尋找世界性的道德根基，更反對以政治、經濟為軸心建立世界秩序，尤其是需要對西方的現代化理論予以審慎的態度。「充滿『東方學』偏見的西方現代化理論，常成為非西方政治的指導思想，使作為東方『異文化』的西方，成為想像中東方文化發展的前景，因而跌入了以歐美為中心的文化霸權主義的陷阱」。[144]但需要提醒讀者的是，費先生在拒絕全盤西化的同時，並不同意與西方完全隔絕，因為西方也有諸如薩義德、馬林諾夫斯基這樣具有文化自覺精神的群體。需要警惕的是那種以霸權制人的殖民主義、種族主義、極端民族主義、文化沙文主義、單線進化主義。[145]當前世界已經完全進入「你中有我，我中有你」的聯繫狀態，世界性的秩序需要眾國拾柴。[146]當「一分為二，二降二升，四分為多」的格局出現時，每個國家應該在這個世界秩序中實現「多中有我」。[147]只有各國規避「唯我獨美」的本位中心主義，[148]個個自覺，交融合作，才能塑造新世紀的「新聖賢」，和平美好的世界社會才能到來。

四、「新聖賢」的位育：未完成的世紀方案

費先生晚年的一系列思考都是以「新世紀聖賢論」作為認識論背景的，其有關美好社會的暢想，有關王霸之爭，有關心態建設，有關中和位育、天人合一、和而不同的新人文思想，以及文化自覺的論述，都是以21世紀是一個趨於統一的「新戰國世紀」，世界需要一位「新聖賢」的判斷作為前提的。因此，「新世紀聖賢論」與費先生晚年的其他重要思想互為表述。下面，筆者簡要闡述一下「文化自覺」概念與「新世紀聖賢論」之間的關係。從《費孝通文集》《費孝通在2003：世紀人類學遺稿》兩種專著中，筆者找出了12篇詳細論述「文化自覺」的文章（見表1），其中有9篇同時出現了有關「新世紀聖賢論」的詳細論述，2篇未提及，1篇粗略提及。筆者認為，兩個世紀之交出現的「文化自覺」概念，實際上是與「新世紀聖賢論」同時提出的，二者具有內在的一致性。一方面，在世界多元一體的「新戰國世紀」，文化自覺的主體所處的系統已經不再是某個單一的文化系統，而是一個包含他者的世界性體系；我們需要自覺的對象，不僅是自身的文化系統，也不僅

四、「新聖賢」的位育：未完成的世紀方案

是民族國家內外的差異與不平衡，而是整個世界內的差異與混亂。另一方面，一個世界性的「新聖賢」，必須具有文化自覺的能力，而這種自覺需要排除任何單向度及中心主義的傾向。在費先生晚年的諸多論述中，我們可以看到，「新聖賢」形成的基本動力，很大程度上來自跨文化交流過程中的文化自覺。
[149]

表 1　互為表述的「新世紀聖賢論」與「文化自覺」

	「新世紀聖賢論」	「文化自覺」	發表時間
《開創學術新風氣》	無	詳細論述	1997 年 1 月
《反思・對話・文化自覺》	粗略提及	粗略提及	1997 春
《人文價值再思考》	詳細論述	詳細論述	1997 年 3 月
《完成「文化自覺」使命，創造現代中華文化》	無	詳細論述	1998 年 2 月
《從反思到文化自覺和交流》	詳細論述	詳細論述	1998 年 6 月
《中華文化在新市記面臨的挑戰》	詳細論述	詳細論述	1998 年 9 月
《重建社會學與人類學的回顧與體會》	詳細論述	詳細論述	1999 年 9 月
《新世紀、新問題、新挑戰》	詳細論述	詳細論述	2000 年 7 月
《經濟全球化和中國「三級兩跳」中對文化的思考》	詳細論述	詳細論述	2000 年 10 月
《人類學與二十一世紀》	詳細論述	詳細論述	2001 年 7 月
《文化自覺——傳統與現代的接榫》	詳細論述	詳細論述	2002 年 8 月
《「美美與共」和人類文明》	詳細論述	詳細論述	2003 年 8 月

此外，我們可以進一步來看看「文化自覺」是如何因應新世紀的「新聖賢」呼喚的。在筆者看來，「文化自覺」概念是費先生為了應對 21 世紀可能出現的三種傾向而提出的策略。第一是為阻止全球化格局中可能出現的中心主義傾向，破解少數霸權力量主宰世界秩序而提出的策略。[150] 如果世界格局由一位「新聖賢」來維持、制衡的話，那麼這位「新聖賢」所具有的特質就必定不能只是西方的，還有來自其他文明的、透過「文化自覺」而產生的文化資源。20 世紀末至 21 世紀初，世界一統的理想還未實現，如果要避免霸權主宰，就需要「文化自覺」來表述占少數權力席位的聲音。[151] 第二是「文化自覺」必然產生對不同國家模式的自我認識，在差異紛呈的國家認識中，相應會生成許多對單一性民族國家理論的抗議。例如，費先生有關中

重溫先聲：費孝通的政治經濟學與類型學
「新戰國世紀」與「新聖賢」——費孝通先生晚年的世界秩序觀 [105]

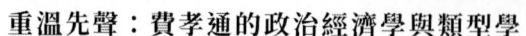

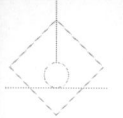

華民族的自我覺知，既是對西方民族國家理論的否定式宣言，也是對世界「新聖賢」的忠告之言。[152]而當前對「中國模式」的辯證性認識，可以從費先生的論述中吸取靈感。第三是對以利益為中心的單向度「現代化」過程予以否定。在對自我與非我的雙向覺知過程中，要追問塑造「我」的現代化過程是怎樣的現代化、誰的現代化？「在跨入 21 世紀之前，對 20 世紀世界『戰國爭雄』局面應有一個透徹的反思，為的是避免在未來的日子裡，『現代化』的口號繼續成為人與人、文化與文化、族與族、國家與國家之間利益爭奪的藉口」。[153]費先生認為，「文化自覺」能夠提供有關現代化的反思。

因此，如果我們將「文化自覺」視為 21 世紀「新聖賢」所應具有的優秀特質，那麼就可以找到塑造這位「新聖賢」的具體方法，進而有望進入天下和諧大同的新世紀。此外，費先生所敘述的有關何為美好社會、如何回歸王道倫理、應該具備怎樣的新人文思想以及世界需要怎樣的人文心態等內容，都可以視作世界性的「新聖賢」身上所應具有的內在特質。這樣一來，「新聖賢」就由一個抽象的概念轉變為一個具象的、可以共建的對象。縱觀費先生晚年的所有論述可以發現，主要圍繞「何為新聖賢」這一問題，他構建了一個有關 21 世紀的世界性方案。

費先生晚年的「新世紀聖賢論」超越了 20 世紀的「戰國爭霸論」，超越了「文明衝突論」「民族國家論」「西方現代論」。作為一個世界性的世紀方案，費先生晚年為學界乃至世界提供了極為重要的思想遺產。但是目前，它仍然是一個未完成的方案，有待全世界來合作完成。當今世界，局部衝突仍然不斷，面對極端主義、恐怖主義、他國威脅論等對世界秩序進行反動的力量，全世界迫切需要建立互相合作、互相嵌入式的合作模式，因此，費先生的「新世紀聖賢論」與目前的時局是相契合的。充分注意這一世紀方案，有助於對新世紀世界秩序的認識與建設。

最後，筆者認為，後學不僅要從費先生早年的經典研究中借鑑觀點、方法，還需要從其晚年提出的、未被充分注意的這一世紀方案中尋找靈感。即應將費先生晚年所有的重要思考視為一個整體，勿一葉障目，以致失去對全像的認識。「新世紀聖賢論」是其晚年思考的經緯，只有瞭解這一隱藏在文

四、「新聖賢」的位育：未完成的世紀方案

本中的關鍵線索，才能把握費先生晚年思想的全貌。令人欣慰的是，近年已有少數學者開始關注費先生晚年的相關論述。例如，王銘銘教授的《超越新戰國》[154]以及高丙中教授對「世界社會」概念的相關論述，[155]就是從費先生的相關論述中出發的。對於後學來說，這些研究無疑極大地激發了費先生的學術遺產。筆者期盼自己及後學同仁能夠從費先生原有的敘述出發，去關照現實世界圖景。在筆者看來，「新世紀聖賢」的塑造仍然是一個未完成的方案，實現對其「超越」還需要以「新聖賢」的基本建設為前提，僅從民族國家角度提出理論性的「超越」，可能還有一些操之過急。我們對西方的批判，也應該是在吸取西方精髓基礎上的批判，對自身文明的認識更不應妄自菲薄。同樣，強調「世界一體」的概念十分重要，但前提是要理清這一概念的內在邏輯。對於費先生的思想遺產來說，如果離開「美好社會」「心態建設」「王道霸道」「中和位育」「天人合一」「和而不同」等一系列相關論述，那麼有關「新世紀聖賢」或「多元一體」的概念就是十分空洞的。

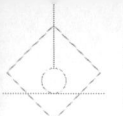

重溫先聲：費孝通的政治經濟學與類型學

重返「土」範疇──費孝通先生的學術遺產 [156]

重返「土」範疇——費孝通先生的學術遺產[156]

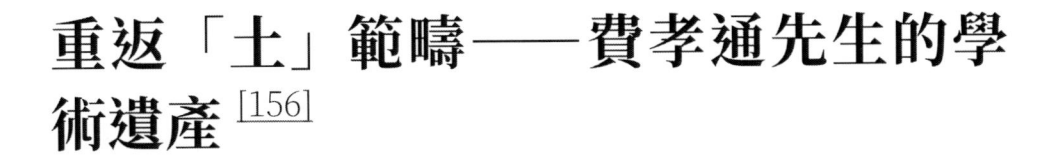

一、中國人類學研究：從土範疇開始

20世紀的中國人類學，在很大程度上可以說是從「土」的範疇中開始發聲的，費孝通先生的研究便是其中的代表。如其經典著作《鄉土中國》與《鄉土重建》，刻畫了以「鄉土」為本色的中國圖景。在《江村經濟》《生育制度》與《雲南三村》等幾本著作中，土範疇也占據了敘述的中心位置，尤其是關於土地的生產方式、供應能力、邊界屬地、社會屬性以及土地對人的束縛與解放等，都是費先生極為關注的主題。費先生在20世紀末期提出的小城鎮方案和在彌留之際提出的21世紀新方案，都是基於「土」範疇而提出的具有總體性指導意義的現代性方案。費先生的這些方案遠遠還未達成——用哈貝馬斯的話來說，這遠遠是一項未竟的事業。[157] 不論「後現代」「後工業」「後鄉土」之類的思潮怎樣泛湧，中國當代的現代化建設仍然需要從以費先生為代表的那一代學人中去吸取「古舊」的靈感。

雖然，在當下的人類學研究中，出現了形形色色的試圖離開「土」範疇、「告別鄉土中國」的經驗研究與理論探索，但在面對「中國」、研究「中國」的過程中，不論是「本土人類學」研究、「家鄉人類學」研究，還是「海外中國」研究，不論是理論的探索還是中國模式、中國特色的建構，我們都應該全面理清作為中國文化根基的「土」範疇具有何種內在的維度，思考多樣性的中國傳統與現代化之間的關係。這種認識與思考是有意義的，正如李約瑟所判斷的那樣，「現代中國」具有「古代傳統」；[158] 或如佩裡·安德森所說的，「現代性的外表一再暴露其深層的古舊」，[159] 研究「現代」應立足於中國的實際與歷史。費先生在很早之前就看到：「一切東西，不單是古舊，而且在習俗中已是根深蒂固地確立了。」[160] 在某種意義上，土範疇就是這種根深蒂固的東西，它不會因為任何舶來的現代化方式而消失。「我並不願承認，中國從西洋傳入了新工具，必然會變成和西洋社會相同的生活方式」。

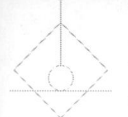

重溫先聲：費孝通的政治經濟學與類型學

重返「土」範疇——費孝通先生的學術遺產 [156]

[161] 也就是說，某些現代文明或西方文明都可以與中國的文化傳統進行良好的結合，但不能替代。

在展開本文所謂的「土範疇」之前，有三點需要澄清。第一是土範疇在社會經驗層面上的所指。它不僅是指純粹自然的土，更重要的是指與「土」直接相關的生產方式、社會制度與社會觀念。尤其是在社會層面上，「土」範疇是指在中國悠久的歷史中不斷變動的社群形態、生產制度與觀念體系。這種深深嵌入中國社會中的「土」範疇，極具深度與廣度。它所賴以維系的空間，既可以小到一個宗族、部族或村寨社區，也可以大到民族國家、帝國、天下抑或朝貢體系。我們可以從「土」這一人類學研究範疇中，看到有關「人」的生產方式與意識形態。我們知道，人是會死的，但土不會輕易死去，即使土地上的人與社會一撥接一撥地更替，土地卻是恆在的，至多在「地皮」的使用方式上發生變化，「地骨」不會變，人們使用土地的觀念與制度也不會在短時間內更替，與土相關的一切社會事實更不會因某個人的離去而瞬間變更。因此，從「土」範疇中發掘中國文化內核及其所寄存的社會觀念，與從「人」著手來研究中國相比，是一個更為開放的視角。當然，我們也不能完全脫離自然範疇來談社會觀念上的「土」，而應將自然範疇與社會範疇結合起來討論。一方面，土地中的自然要素是多樣的，廣義的土地，同時包括水、氣等自然界供給生物生活的資源；但另一方面，這種多樣性又限於人與社會對土地的認識程度與使用手段，即不同社群的知識、觀念、意義會讓土地產生巨大的價值差異。「土」範疇是這兩個方面的綜合。

第二點是要指出土範疇在文化領域所具有的包容意義。土範疇既不能被簡化為語義學上與「洋氣」相對立的「土氣」概念，也不能被定位為在文化層次上與上層「文明」相對立的底層概念。洋氣可以與土氣結合，文明與鄉野之間也沒有那麼涇渭分明，而是共同內涵於土範疇內部的。費先生明確指出，中國的傳統文化是從「土地里長出來的文化」，新的文化也要「從土地裡拔出」，[162] 文野之間沒有絕對的分界線，「泥腿子」也可以成為讀書人，甚至於王侯將相。另外，現代文化與鄉土之間也不是對立的。在費先生看來，不同的經濟文化模式在不同時代的土地之上各有其對應的社會關係，[163] 但同一個地方也可以兼容不同的經濟文化模式。在費先生所說的中國「三級兩

跳」過程中，現代文化本身可以與中國的土範疇融為一體。在筆者看來，中國的土文明中本身就蘊含了轉向現代文明的動力與要素，假以一定的條件與前提，它就是「現代」本身。

第三點是研究視角上的擴展。中國的土範疇不能與「本土人類學」中的自我本位範疇等同起來。自 20 世紀 70 年代之後，隨著反思人類學以及「後現代」「後殖民」「後工業」等一系列主義、話語的興起，西方的人類學研究框架遭到了許多學者的質疑，東方的人類學者於是提出要用「本土人類學」或「家鄉人類學」的範疇來應對西方人類學話語的危機。這種學術倡導只是將亞洲或中國的文化置於西方文化的對立面，並沒有讓中國人類學研究獲得一種不證自明的獨立性。相反，作為他者的西方仍或隱或顯地存在於諸多民族志文本之內，諸如《甜蜜的悲哀》或《東方學》之類的著作讓學者從一個極端走向另一個極端，在本質上卻殊途同歸，中國文化傳統的本根正逐漸被拋棄。

而本文所謂的「土」範疇，並不是要將中國人類學研究放在「本位—他者」這個虛假對立連續統中的某一點上，而是認為，中國土範疇經過一百年的變革，對外來的他者文化已經具有極大的適應度或容納度了。甚至可以說，已經成為這個具有張力的連續統本身，而非某一個截面。因此，我們在觀察中國，尤其近代中國時，也可以自覺地「兼用」來自他者文明的研究框架。這種「兼用」，是基於中國文化傳統和當代實際情形所展開的一種策略式運用，而不是簡單的「拿來主義」。

具體到費孝通先生的研究，尤其是文化領域的研究，土範疇類似於他說的「文化傳統有機體」。

文化是一種傳統的東西，我們每個人都生長在這裡面。我們的語言、習慣、情緒和意見都是不知不覺地在這裡面養成的……在這種意義之下，我們可以說傳統、習俗和文化，是一個有機體……中國就是這一種有機體，在它悠久的歷史中，逐漸生長，並在地域上逐漸擴張。在此歷程中，它慢慢地，斷然地，將和它所接觸的種種文化比較落後的初民民族歸入它的懷抱，改變它們，同化它們，最後把它們納入這廣大的中國文化和文明的複合體中。[164]

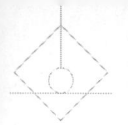

綜上，本文所闡述的「土」範疇，是指在經驗上拒絕對「土」進行純粹自然取向的理解，而是關注與「土」相關的生產方式與意識形態；在文化上拒絕將「土」理解為邊緣與底層，而是將其看作一個富有張力的、本身蘊含文明與現代化動力的複合體；在方法上拒絕以「本土」為唯一的研究取向，而是立足於土範疇的基架，倡導對中國進行一種歷史的、多維度的解讀，任何獨重本土或貶土媚洋的研究方式都是不可取的。在本文中，筆者將重點回顧總結費先生的三個現代化土方案，這是費先生給我們留下的巨大學術遺產；然後闡述當下幾種試圖離開土範疇、土方案的主流話語，並指出其對土範疇存在的誤讀；最後，筆者將討論土範疇的幾個內涵，並倡導日後的中國人類學研究都不應迴避、拒絕土範疇而貿然展開各式各樣的討論。所謂的「新農村」「新城鎮」建設，也應回到「中國文化傳統有機體」這一內部視野，在土範疇中展開文化自覺，這是中國人類學研究應有的題中之義。

二、費先生的三個土方案：從鄉土重建到 21 世紀新聖賢

「要理解一個人思想的來龍去脈，必須有個全局觀點，要在這個人的全部著作中去尋找。」[165] 同樣，要理清費先生土範疇，也必須從其一生的著述脈絡中去理解。眾所周知，費先生一生設計了諸多「土」方案以應對中國的現代化危機，或費正清所謂的「衝擊—回應」問題。而在筆者看來，費孝通在青年時期提出的鄉土重建方案、在 20 世紀 80 年代提出的「多元一體」方案以及在晚年時期提出的小城鎮方案和「21 世紀新聖賢」方案，是其一生中最為重要的四個「土」方案。其中，「多元一體」方案是基於中華民族關係格局而提出的全局性認識，無關本文宏旨，故筆者未將其納入本文討論的範圍內。

（一）青年費孝通的鄉土重建方案

我們首先來回顧一下青年費孝通的鄉土重建方案。1934 年，在世界性資本的衝擊下，江浙等地的絲織工業出現了前所未有的危機。為了復興絲織業「救中國」，青年費孝通明確表示：「要在中國的本土上建築起一個切當的、

新的社會組織,來拉開 20 世紀人類歷史的序幕。」[166] 絲織工業要興起,就要考慮中國的內在情形。費先生當時就認為不能貿然發展都市工業:「我們一定要在農村設廠,不能在都市中設廠,而教農民離鄉,使絲業脫離農村。要在鄉立廠,這廠的規模,就受該地人口的限制。這是都市工業和鄉村工業的一個根本分歧點。都市工業是以人去就機器,鄉村工業是以機器去就人。」[167] 因此,費先生復興絲織工業的方案是紮根鄉土的,不僅考慮了土地與桑蠶、絲料的鄉土性,而且考慮了勞動者的鄉土性。這個「土」方案不僅蘊含著以人為本的理念,還隱含著一種平等與自由的前提,即不能因為發展工業就要去犧牲某部分人的自由,不能讓人變成機器的附庸。當同時代的梁漱溟、晏陽初等人轟轟烈烈地興起鄉村建設運動時,青年費孝通就意識到那種破壞古舊文化、「在舊地上另起新屋」的行為,一定要慎重和思慮周全。他說:「好像一個接生的醫生,要看得見母親的呻吟和痙攣。」[168]

如果說梁漱溟的鄉村建設方案與費孝通的重建方案都考慮到了文化傳統的延續性,那麼晏陽初的平民教育方案則以一種要脫胎換骨的姿態宣告,一定要改變「愚、弱、私、貧」的傳統鄉土社會。費先生對於「弱、私、貧」三點不置可否,但是對於「愚」字,則完全予以反對。在《鄉土中國》的開篇——《文字下鄉》一文中,費先生就以反諷的手法回應了那種認為鄉下人「土氣」「愚昧」的偏見。[169] 鄉土社會中的人並不「愚昧」,所謂的「愚昧」來自評價者的知識體系。如果這套知識體系完全來自廟堂之上,或是全盤西化的,而非紮根鄉土的眼光,那麼其對鄉土的評價必定是偏頗的。

鄉土中國的「貧」是費先生最為關注的問題。在某種程度上,《江村經濟》一書甚至可以說是費先生為了應對中國農村貧困危機而提出的「土」方案。這個方案以土地為中心,展開有關經濟生產、社會組織、文化習俗等方面的討論。在該書最後一章論述「中國的土地問題」時,費先生幾乎將所有的筆墨用在了如何改造社會組織與土地生產方式上。[170] 衡量經濟價值的標準、對生產方式和社會組織的改造,全部依憑人們有關土地的知識體系與思想觀念。[171]「名譽、抱負、熱忱、社會上的讚揚,就這樣全部和土地聯繫了起來」。[172] 土地是中國人的財產觀念的核心,中國人的安全感也完全來自土地。因此,要改造鄉土中國的「貧」,實現社會的延續和發展,首先要從

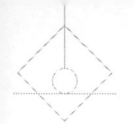

重溫先聲：費孝通的政治經濟學與類型學
重返「土」範疇——費孝通先生的學術遺產 [156]

改造土地上的社會組織和生產方式入手。費先生用極為詳盡的材料證明了，在中國農人所謂「土」的生活世界裡，他們可以同時從事不同類型的生產勞動，兼及農工。「事實上，中國的大多數農民同時也是工匠」；[173]可以吸收「三種不同的曆法」，[174]可以過不同的日子。也就是說，土範疇在解決「貧」的問題時，具有極大的包容性。但對「貧」的改造不能僅靠迅猛的西化手段，而應如費先生的導師馬林諾夫斯基所指出的那樣：「這一過程必須逐步地、緩慢地、機智地建立在舊的基礎上。」[175]人地比例失衡、人們持守土地的觀念、土地權的外流以及手工業的崩潰，共同造成了中國的「貧」。因此，土地既是保障，也是一種束縛。只有打破這種束縛，才能解決「貧」的問題。雖然費先生沒有在《祿村農田》中提出具體的解決束縛的方案，但這本民族誌展現了中國的方塊農田中蘊含著國家、族群、宗族、家庭、個人等不同階層的意識、觀念與權利邊界等要素，並為其日後提出各種「土」方案打下了堅實的認識基礎。[176]

如何解決人地矛盾與土地束縛問題呢？發展鄉村合作工業是青年費孝通給出來的答案之一。發展鄉村合作工業，並非是簡單地恢復傳統鄉村手工業，而是要將傳統生計方式改造成一種新型的鄉土工業，需要將鄉土中的人重新組織起來。這種鄉土工業雖然在勞動方式上部分地離開了土範疇，與「舊的基礎」有所不同，但在社會組織、文化傳統、生產類型上仍然是繫根於土範疇的。他在《江村經濟》《雲南三村》[177]兩書中提出要以農村合作組織來發展鄉村工業，在《祿村農田》中則提出要重建一種適合中國農村「消遣經濟」[178]類型的工業，都是基於土範疇而提出的理念。在《人性與機器》一文中，他直接指出：「社會機構不像機器可以過了洋不變質。它是一定要在人民生活的土中滋長出來。」[179]青年費孝通不僅將這種基於鄉土特性的合作視作體現真正民主的途徑，更為重要的是，他從農民合作促進經濟平等的理念出發，推衍到世界性的民主也需要世界各國人民的合作才能實現。費先生說：「中國的傳統中深植著一個關於天下（T『ien Hsia），關於四海一家（Global Community）的理念。」[180]也就是說，土範疇的傳統中就蘊含著合作與天下大同的思想。

二、費先生的三個土方案：從鄉土重建到 21 世紀新聖賢

要強調的是，在費先生看來，發展工業並不是與農業衝突的，鄉村工業是農業的延伸而非替代，「農業靠土地的生產力供給我們植物的原料，工業則把這些原料製造成可以消費的物品」。[181] 費先生在《中國鄉村工業》一文中指出：「在家庭經濟上，農業和工業互相依賴的程度反而更形密切。中國的傳統工業，就是這樣分散在鄉村中。我們不能說中國沒有工業。中國原有工業普遍地和廣大的農民發生密切的聯繫。」[182] 並且，傳統的鄉村工業是用來幫助農業維持龐大的鄉村人口的，是以工輔農，而非以農輔工。在1949年以前，中國農村的土地能夠雙重吸收農業的勞力與工業的資本（包括農民自身積攢的資本），「這筆資金既不能在工業裡翻覆地再生產，最後依舊得向土地裡鑽」。[183] 面對都市工業資本以及世界資本主義的壓力，費先生認為中國的鄉村工業仍然是有前途的，關鍵在於透過何種手段來改造鄉土中國。費先生的手段包括：讓機器適應鄉村、建立農民合作組織、聯繫都市與鄉村、發展鄉土工業等。由此可知，費先生基於中國農村特性而設計出來的工業建設方案，並不排斥外來資本與技術，而是將工業生產、農村建設、資本積累等現代性的過程置於中國內在的實際情形和歷史脈絡中進行設計，充分考慮了傳統中國的社會文化形態。費先生認為，中國的土範疇是一個活的東西，現代化的工業設計必須尊重這一活的對象。不過，現實是殘酷的，「中國鄉土社會中本來包含著的賴以維持其健全性的習慣、制度、道德、人才，曾在過去百年中，不斷地受到損蝕和沖洗，結果剩下了貧窮、疾病、壓迫和痛苦」。[184] 要挽回這種頹勢，就要重建鄉土經濟、政治和文化體系。在經濟層面，費先生明確指出了發展鄉土工業的具體要素，而在資本、交通、動力、勞力等方面，「鄉土還是我們復興的基地」。[185]「新興工業所需要的資本，雖然有一部分可以從國外和都市中積聚，但是最後還是得在廣大的農民身上去吸收。吸收的方法儘管不同，歸根到底還是要取給於土地」。[186]

此外，在鄉土重建的過程中，也要重視土範疇中的意識形態以及政治治理方式。在意識觀念層面，費先生認為要完成中國的鄉土重建，要將傳統的意識形態與動態的社會變遷結合起來，儒家中和位育的思想、克己復禮的觀念、注重身份的倫常體系以及天下大同的美好理想等，是內在於鄉土之中的，可以激活並適應現代社會。[187] 需要指出的是，費先生並不是在為傳統的儒

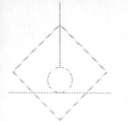

家思想張目，而是認為東方與西方有不同的時勢，所以完整的「世界社會」圖景，不能僅由西方來擘畫。[188] 在政治治理方式上，費先生認為任何大刀闊斧的、由上而下的或純粹西化的單軌政治都是不合中國國情的；現代政治治理必須考慮中國基層自治的基礎，否則將會造成政治與社會的脫節。[189]

（二）20 世紀 80 年代的小城鎮方案

如果說青年費孝通提出的鄉土重建方案，是基於文化、政治與社會組織的鄉土傳統而提出的現代化方案，那麼完全可以說，這一現代化方案是內含於中國土範疇之內的。費先生曾說過：「從基層鄉土著眼去看中國的重建問題，主要的是：怎樣把現代知識輸入中國經濟中最基本的生產鄉村去。」[190] 也就是說，中國的傳統機體能夠承載合理的新式發展模式，立足於文化自覺，借助外力，不斷革新、發展。費先生理解的現代化，只是改造中國、實現人民富裕的一個總體性方案，它不代表與過去的決裂，更不是一個放之四海而皆準的標準程序，而是內在於中國歷史和不同區域的地方性知識之中，「現代化實際上是對一個由來已久的歷史過程的新提法，也表示了這個歷史過程的一個新階段」，其目的是讓「各地、各族、各國人民獲得事實上的平等」。因此，現代化是中國的現代化，任何發展方案的提出，必須立足於中國範疇。20 世紀 80 年代的現代化的主要內容之一是發展鄉鎮工業，而費先生認為「鄉鎮工業是從泥土里長出來的，我把它稱為草根工業」。[191] 這種「草根」，就是中國實際。

我們已經認識到，我們所要走的應當是一條獨立自主的、從中國實際出發的、為廣大人民服務的社會主義現代化的道路……中國的現代化必須是從中國社會實際出發的現代化，它的具體步驟和形式不可能完全雷同於任何時代的其他國家的現代化，它必然有它特殊的形式。[192]

費先生在改革開放後提出的、以小城鎮為依託的、發展鄉村工業的方案，完全繼承了以往鄉土重建方案中的平等理念。非但如此，到了 20 世紀 80 年代，費先生所說的「特殊形式」，不僅包括中國五千年的文化傳統，而且包括社會主義國家實踐中的平等傳統。新的方案加進了新的傳統：新中國的成立為土範疇注入了前所未有的平等、正義內涵，即在土地之上必須體現權利

平等的意識形態。如果說 20 世紀 40 年代的鄉土重建方案中所含的城鄉平等內涵是費先生個人的吶喊，那麼，20 世紀 80 年代的小城鎮方案中所追求的共同富裕則是一種集體的呼聲，這種呼聲以土地權利平等為前提。其實，不管是什麼樣的現代化，都要考慮農民、少數民族以及貧困群體的發展。「如果中國的工業化不是發生在社會主義的時代，經濟文化比較落後的少數民族必然會受到排擠，不但得不到現代化之利，反而會受到它的危害」。[193]

小城鎮就地解決農村剩餘勞動力的「離土不離鄉」模式，「對農業不發生破壞作用，對農民不產生貧困化的後果」。[194] 這種模式要因地制宜，不同的小城鎮應有不同的發展模式，就像在鄉土重建方案中對江村、祿村、易村、玉村有不同的發展設計一樣。費先生在 20 世紀 80 年代提出的小城鎮模式銜接了鄉土重建方案的設計模式。例如，在 20 世紀 80 年代，「農村開始復興，生產了大量商品，迫切要求有自己的集散中心，小城鎮的復活勢所必至」。[195] 在這裡，他將農村復興與城鎮復活兩個目標放在了一個共變的體系中。也就是說，我們可以將小城鎮方案看作鄉土重建方案的延續，而非改頭換面。況且費先生也明確說過，自己的小城鎮研究是在農村研究的基礎上發展出來的。[196] 同時，小城鎮的工業發展方案又是涵蓋鄉土工業重建方案的。為此，費先生提出了一種分層次的嵌套發展模式：「高層次的小城鎮的銷售範圍不僅包含低層次的小城鎮及其銷售範圍，而且高層次的小城鎮自身也具有屬於低層次小城鎮的銷售範圍」。[197] 這樣一來，透過串點成面，以面帶點，以往的鄉土重建方案就與小城鎮方案銜接了起來，「江村模式」實現了向「蘇南模式」「溫州模式」「珠三角模式」乃至「中國模式」的轉變。

小城鎮模式要想從歷史中汲取新的發展動力，必然仰賴社會主義的集體遺產。20 世紀 80 年代早期，費先生就發現：「吳江小城鎮興盛的主要和直接的原因是社隊工業的迅速發展，而不能說是多種經營、商品流通的結果。」[198] 人民公社時期遺留下來的集體合作觀念與現存組織，為推進小城鎮工業發展提供了社會動力。依託集體合作組織的遺產與小城鎮的輻射作用，原先受到壓抑的農村、城鎮商品經濟能夠得以釋放，新的流通渠道能夠得以開闢，中國農村、城鎮就能「自覺地適應、促進」新事物的發展。更為重要的是，小城鎮作為連接城鄉的紐帶以及農村復興的中心依託，能夠將整個中國盤活

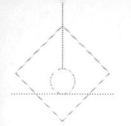

重溫先聲：費孝通的政治經濟學與類型學
重返「土」範疇——費孝通先生的學術遺產 [156]

起來。小城鎮不僅是農村剩餘勞動力的「蓄水池」，也是連接城鄉的紐帶。一方面，「離土不離鄉」的勞動力轉移模式既讓農民走出了傳統的生計模式，又保存了傳統鄉土的完整性；另一方面，小城鎮又連接了中國各個都市，「鄉鎮工業離不開城市，城鄉工業也離不開鄉鎮工業。鄉鎮工業實際上已經成為城市工業體系中的一個組成部分，兩者的密切結合是區域經濟發展的必然現象」。[199] 在這個意義上，費孝通先生的土方案邁向了一個新階段。

立足於吳江地區的考察，費先生將眼光不斷地擴展至蘇南、蘇北、溫州、珠三角、少數民族地區乃至全中國。在對不同發展「模式」的分析中，費先生十分注重各地特色。以「全國一盤棋」的眼光，將不平衡性、差異性、歷史性與多樣性統合到中國特色的現代化這一目標中去。一方面，在論證不同區域的發展特色時，注重地方的土地特性；另一方面，在論證整體中國的發展模式時，注重「和而不同」的中國土地特性。為了讓鄉土工業和小城鎮方案更具開放性的視野，費先生以發展鄉鎮企業為中心，論證了「區域性城鄉經濟協調」發展模式的重要性，[200] 並且舉出了具體的措施。[201] 20 世紀的最後 20 年中，費先生「行行重行行」，足跡遍佈全國各地，寫下了無數基於地方特色、促進區域發展的精彩篇章。他由此得出一個結論：不同的區域模式可以透過優勢互補、區域合作，走向聯合，最終實現「全國一盤棋」。[202]

費先生以小城鎮為中心，將具有中國內在視野的土範疇理念發揮到極致，認為一切現代化方案都離不開對地方性知識與中國性知識的雙重考察。他對鄉土工業以及城鎮工業的設計完全尊重地方生態，各種商品流通網絡、特色生計模式也完全是民間的、內發的。[203] 日本學者鶴見和子將費先生的這個發展方案概括為「內髮型發展」，是「適應於不同地域的生態體系，根植於地域居民的基本生活需要和地域的文化傳統，依據地域居民的共同合作，開創出發展方向和道路的一種創造性的事業」。[204] 而陸學藝、李友梅等中國學者也曾引用過「內髮型發展」的概念。[205] 費先生本人也比較贊成鶴見和子的這一概括：「新生事物似乎都不可能和傳統模式相脫節，而且常常是脫胎於傳統模式的。我指出這一點體會，很可能與日本鶴見和子教授的『內髮型發展論』有相通之處。」[206]

在筆者看來，這種內髮型的發展理念與本文所說的中國土範疇儘管有很多契合之處，但並不等同。費先生的鄉土重建方案與小城鎮方案是內外兼修的，他同意「洋為中用」，並一向認為只要我們堅持中國文化傳統的自覺，就可以借助外力發展自身。而中國土範疇本身擁有的接納外物的張力，與費先生的現代化方案相契合。費先生曾經強調過，鶴見和子的概括「雖有一定的理由，但我認為內發並不排斥外來的影響」。[207] 一味強調內發性，就有可能導致內外之間的區隔與對立。因此，我們不宜過度強調「內發性」，現代化的發展既需要考慮中國模式的特色，也需要對整個世界有所認識、有所作為。如果我們再將眼光移到費先生於21世紀前後所設計的另一個土方案，就可以看到中國土範疇中的世界性魅力。

（三）21世紀的新聖賢方案

20世紀90年代，費先生認為紮根於鄉土的工業以及中國鄉鎮企業已經具有世界性的意義，並可以「接受世界性的、現代化的挑戰」。[208] 但是，在20世紀的最後10年中，中國的土地開始面臨新興力量的侵蝕。隨著中國政治經濟體制改革的深化以及新自由主義的流行，將土地作為商品在市場中自由流轉的呼聲漸起，資本駕馭土地的能力前所未有。不僅離地的農民越來越多，失地的農民也越來越多，中國的土範疇與世界性資本的運作邏輯不可避免地發生了衝突。如果說在費孝通倡導鄉村工業以及小城鎮方案的時代，資本在購買土地的時候，很大程度上需要向土範疇中的權利觀念和土地意識妥協的話，那麼進入20世紀90年代後，資本將土地自由化、貨幣化的能力已經是遊刃有餘了。與此同時，中國的貧富差距、區域失衡、生態破壞等問題也逐漸顯現出來。在整個世界秩序中，塞繆爾·亨廷頓對世界文明重組與秩序重建的宣言，[209] 以及福山振臂一呼「歷史已經終結」，[210] 都讓費先生感覺到中國在新的時代面臨了新的危機。關鍵是如何回應這些問題與危機？費先生給出的藥方仍然是從中國的土範疇中去尋找，但這一次他主要是從文化與心態的層面上給出建議。

費先生認為「20世紀有點像世界範圍的戰國時期」，充滿硝煙，但這只是起點，而非終點，世界終將會走向文化交融的「一體化」。[211] 在他看來，

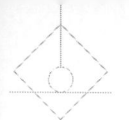

重溫先聲：費孝通的政治經濟學與類型學
重返「土」範疇——費孝通先生的學術遺產 [156]

現代化過程就是全球一體化的催化劑：「現代化使人的流動和接觸加強。靜止的、封閉的小社區，經過開放和改革，逐步成為世界性社會或全球大社會有機的結合部分。這個過程無疑會產生一套共同的東西。」[212] 費先生不僅要做減法，還要做加法，提倡「共同層與多元層」的建構。[213] 所謂減法，就是世界共融為一體；所謂加法，就是允許在世界舞臺上展示文化的多樣性，讓「百家爭鳴」走向「百家齊放」。費先生認為全球一體化是歷史的前景。雖然我們的歷史未必會朝著某個指定的方向前進，但如果非要指定一個方向的話，那也只能是全球的方向，求同存異的方向，多元一體的方向。

費先生的鄉土重建方案與小城鎮方案更加注重在歷史脈絡與社會結構中發展經濟、促進平等，而其 21 世紀「新聖賢」方案則將眼光投向了未來，注重從心態與道德秩序上促進平等、正義。雖然我們的工業化要透過自身的努力以及借鑑世界性的經驗，克服改革過程中出現的土地、人口、貧困、生態和區域發展不平衡等問題，不過他似乎更加注重 21 世紀的人與教育，既要培養出「善於在文化多樣性的世界裡能和平共處、並肩前進的 21 世紀的人」，又要「在精神文化領域裡建立起一套促進相互理解、寬容和共存的教育體系」。[214] 費先生認為，發展文化教育與發展經濟同樣重要，「世界經濟一體化是在文化多元化的基礎上形成的，因為只有各個民族國家的充分發展，才能促進彼此之間的合作和交流，也才有利於實現世界經濟一體化」。[215] 依筆者對費先生的理解，要抵禦各種跨國資本、權力、軍事力量的侵蝕，要實現世界性的平等，就必須用文化與道德來制衡自由主義市場的紊亂，以王道來制約霸道。[216] 費先生並不同意「歷史終結論」與「文明衝突論」，「我們東方的傳統立場和觀念和他（指亨廷頓）不同，我們對文化的看法所代表的方向是進入『道德』層面和講中和位育，而不是衝突和霸權……21 世紀的人類社會需要一種新的道德力量」。[217]

如果說 20 世紀是世界性的「戰國時期」，那麼 21 世紀便是一種新型的「戰國時期」。這裡的「新」是指新秩序，而非新衝突。費先生在《孔林片思》一文中，著重思考了世界性的道德秩序應該基於何種根基之上、需要何種力量來推動等問題。

二、費先生的三個土方案：從鄉土重建到21世紀新聖賢

我在孔林裡反覆地思考，看來當前人類正需要一個新時代的孔子了。新的孔子必須是不僅懂得本民族的人，同時又懂得其他民族、宗教的人。他要從高一層的心態關係去理解民族與民族、宗教與宗教和國與國之間的關係……我急切盼望新時代的孔子的早日出現……他將透過科學、聯繫實際，為全人類共同生存下去尋找一個辦法。[218]

如果讀者由此而得出結論，認為費先生試圖在「新戰國時期」找到某個人來擔任這位「新聖賢」，那就大錯特錯了。

我曾經把當今的世界局勢比作一個新的戰國時代，這個時代又在呼喚具有孔子那樣思想境界的人物……當然，今天的「聖賢」，不大可能是由某一種文明或某一個人物來擔當。他應該而且必然是各種文明交流融合的結晶，是全體人類「合力」的體現。[219]

在這裡，費先生試圖回到古典社會學時代的「社會」概念，來尋求新時代的集體歡騰。他認為新的世界社會需要一種能夠滿足整體道德要求的心態意念，這種心態意念能夠寓於整個世界社會之中，形成一種合力，支持多元共融。在費先生看來，「美好社會」的意念「是個人的主觀意識和群體社會律令內外結合的統一體」。[220] 這個統一體便是我們的道德基礎，而「沒有道德基礎的新秩序，是不可能號召大家向一個共同的目標前進的」。[221]

那麼，「美好社會」的意念要從哪裡來？答案就是從土範疇中來。這裡的土範疇，不僅指中國的價值和信仰，還指美國、印度、英國等國家的價值和信仰，「表現為諸如神話、傳說、宗教、祖訓、哲學和學說等多種多樣形式的價值信念」。[222] 只有當各地本土的信仰與價值共同遵循「新聖賢」的道德約束時，美好的世界社會才會來臨。因此，「新聖賢」和「美好社會」不僅體現了每個人的人生導向，而且也是群體用社會力量來維護的社會規範。[223] 一言以蔽之，「新聖賢」的出現是維護世界秩序與促進經濟平衡發展的道德根基。

費先生的這個世界性文化方案，完全源於他對中國道德傳統、歷史進程的反思與借鑑。

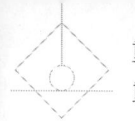

重溫先聲：費孝通的政治經濟學與類型學
重返「土」範疇——費孝通先生的學術遺產 [156]

中國為什麼沒有出現像捷克斯洛伐克及蘇聯那種分裂的局面，是因為中國人有中國人的心態，而中國人的這種心態是怎樣形成的，漢族怎樣形成這樣一個大民族，11億人是怎樣形成這樣一種統一的「認同」？這樣一個中華民族，過去大家不覺得它的偉大，因為它的形成是最自然不過的，似乎是在無意中形成的。我們應該想一想，能否在整個世界中也出現這樣一種認同呢？[224]

在新世紀中，「新聖賢」體現為一種共識，中國必須為這種共識的形成貢獻自己的力量。「在這種共識形成的過程中，中國人應當有一份。各國都應當有自己的思想家。中國人口這麼多，應當在世界上的思想之林有所表現」。[225] 同樣，「美好社會」的內涵也是各群體從不同客觀條件下取得生存和發展的長期經驗中提煉出來，在世世代代實踐中逐步形成的，「各是其是，各美其美」。[226] 中國將會為美好世界的形成提供自身獨到的經驗。

但不管是哪一個族群，還是哪一個國家，都不可「獨是其是，獨美其美」。費先生意識到「新聖賢」的出現與「美好世界」的實現都將是艱難而曲折的：「本位中心主義必然會發展到強制別人美我之美，那就使價值標準的差別形成了群體之間的對抗性矛盾。古代孔子從根本上反對本位中心主義……凡是自己不願接受的事，不要強加於人。」[227] 因此，「美人之美」並不是要「從人之美」，而是容忍不同價值標準的並行不悖。要擺脫本位中心主義，回到多元並存的觀念。費先生認為，「各美其美」和「美人之美」並不矛盾，而是相成的，「只要我們能更上一個認識的層次，大家在求同存異的原則上完全可以建立起親密的共同合作相處」。[228] 這一理念不僅是文化層面的，還可以運用到經濟層面與政治層面。例如，應用到經濟領域，是不阻礙有利於雙方的競爭，不採取只圖單邊利益的短期保護主義，堅持相互開放和機會均等；在政治領域，不干涉他國內政，不以力服人，而是以對話代替對抗，透過平等協商來處理國與國的矛盾和衝突，從而創建一個和而不同的全球社會。[229]

中國土範疇中的儒家、法家和道家等傳統，也可以為世界性的秩序提供美好的價值理念，費先生晚年就主張「虛心」「慎獨」「存異」「無類」等

儒家理念。他也很贊成薩義德的「東方學」，認為只有去中心化，才能達到「跨文化理解」。而在《費孝通在2003：世紀學人遺稿》一書中，費先生重返中國傳統文化，對「克己復禮」「天人合一」「中和位育」「和而不同」重新進行解讀，為的是建造一個「各美其美，美人之美，美美與共，天下大同」的德性世界圖景。如果說費先生從鄉土重建方案到小城鎮方案超越了區域，那麼從小城鎮方案到世界性的「新聖賢」方案則超越了國家。但兩種超越都沒有離開中國，前一個超越是基於當代中國的社會實際，後一個超越是基於中國的傳統文化。由此可見，費先生一生的方案及其向更高層次的思想推進都是紮根在土範疇之中的。

三、兩種「誤讀」與土範疇的幾個內涵

從費先生一生論述的幾個土方案中，我們可以看到中國土範疇是一個變動的文化傳統有機體，其本身所具有的豐富特性與張力足以應對中國現代化過程中出現的各種問題。不論是在經濟、政治領域，還是在社會、文化領域，只要加以挖掘、組織、改造與變革，就可以基於土範疇本身來展開我們的現代化工程。然而，在過去的20多年間，中國乃至東亞的人類學由於自身學科的研究取向以及外在時勢的變化等因素，出現了諸多試圖離開土範疇的研究取向。筆者認為，導致「離開」的原因不外乎以下幾種。第一，人類學的專題性研究逐漸走入只關注單一性問題的窄胡同，缺少對整體中國的關懷；第二，全球化的衝擊、新自由主義的擴張與世界主義理念的興起，使得「中國模式」遭到了不少人的質疑；第三，在西方人類學強勢話語權的影響下，很多人認為費孝通等前輩的土範疇已經過時了；再加上費先生的行文風格過於樸實，很多人無法抓住其敘事背後所隱藏的邏輯與精華，轉而投懷給外來的時髦概念與理論。20世紀晚期湧現的西式範疇以及中國學者對這些範疇不加反思的接受，不僅讓中國人類學無法獲得期盼已久的獨立性，也讓中國人類學者對費先生的土範疇產生了深深的誤讀，並由此產生了諸多試圖離開土範疇的研究取向。其中，以下兩種誤讀是最具代表性的。

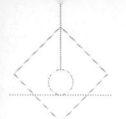

重溫先聲：費孝通的政治經濟學與類型學
重返「土」範疇——費孝通先生的學術遺產 [156]

　　第一層誤讀，是在文化層面的，有些研究者以偏狹的眼光看待土範疇。20世紀90年代，以研究大理白族而蜚聲國際的日本人類學學家橫山廣子撰文表示要「離開『土』範疇」。[230] 之所以要「離開」，是因為她所理解的「土」概念，含有「邊緣」與「歧視」的意味。她在闡釋「土」範疇時，明確提出「是以對比概念為前提的」，而這個對比概念便是「文」，「指高尚、文明和有學問」。[231] 因此，在「文」和「土」對立的敘述框架中，「土」範疇具有野蠻、邊緣與低級的文化特徵，是進不了「帝國政府的眼裡」的，地方文化精英自然要將「土」範疇從他們的文化視域中清除出去。在她看來，大理白族的文化精英為了「離開土範疇」，而將「土主」改為「本主」就是明證。更為關鍵的是，她將白族的這種「離開」行動與「統一的多民族國家的中國進程」聯繫起來，從而隱含了一個讓人感到驚愕的結論：如果不離開土範疇，中國的現代多元一體進程就是一個難以實現的方案。

　　諸如此類的觀點認為，有「文」就有「土」，正是由於「文」的出現，才導致了「土」的邊緣與低下。這類觀點不但拒絕了「文中有土」「土中有文」的實際情形，更加拒絕了費先生所說的一切「文」都是從「土」里長出來的理念。在簡單的二元對立視野下，這類觀點必定將族群文化構建與現代國家建設變成一種有方向卻沒有根基的文化進化，從而否認中國傳統文化有機體生於土、長於土這個前提。如果堅持這種「文」「野」之別，必將在精英與大眾之間畫出一道分割線，生生地造出階級的文化分野。實際上，橫山廣子誤解了費先生所謂「土」範疇的原意。費先生很早就認為：「事實的本身無所謂『野蠻』和『文明』，這些名詞不過是不同族團相互蔑視時的稱呼罷了。」[232] 文化有差異，但不一定要強調階級的鴻溝。費先生與潘光旦先生透過整理明清進士的籍貫，就發現有一半以上的功名學子來自農村，而他們從廟堂之上衣錦還鄉以後，還能反哺鄉村。因此，中國的土範疇可以孕育廟堂文明，廟堂文明也可以反哺土範疇。從另一方面來說，國家權力的運行與現代國家的改革，都是要尊重土範疇的文化邏輯的。[233]

　　即使在語義學中，土範疇也絕非僅指野蠻與邊緣的意思。根據《說文解字》統計，從構字的頻度來看，「土」排在第12位，收字共131個，重文26個，以及後來的新附字13個，共146個。仔細分析這146個漢字的內涵可以發現，

三、兩種「誤讀」與土範疇的幾個內涵

既有指向自然界的泥土、田地、平原的，也有指向本地、鄉土、民間的，還有一層被文野二元論的學者所忽略的重要意涵，即指向國土、邊疆的。也就是說，土範疇的語義學同樣可以表明，國家與社會、「文明」與「野蠻」、中心與邊緣等表面對立的概念也是寓於土範疇之中的。

第二類誤讀，是經驗觀察層面的。在這類誤讀中，有些研究試圖以一種本體蛻變論的視角來告別鄉土中國，還有些研究則以現代都市理論和公民研究視角來論斷離土離鄉的農民應具有何種現代身份。此類誤讀的經驗背景是自20世紀90年代之後，隨著市場改革的深化，中國農村和城市均發生了深刻的變化。有些研究由此推斷費先生剖析的鄉土中國已經面目全非，「現代性」與傳統鄉村格格不入。再加上鄉土經濟的凋敝、人口的流動、土地的商品化等因素，鄉土中國發生了極大的蛻變。許多研究將中國農村發生的這種「蛻變」建構成一系列中國農村的問題，透過引進西方民主與現代鄉村治理的理念，將中國鄉村裝進一條固定的通道之中。（趙旭東將其稱為對「中國問題」的想像，而非「理解中國」。[234]）例如，為了應對經驗現象的變化，有人提出了許多離開土範疇的研究概念：既有學者[235]試圖用「半熟人社會」「新鄉土中國」「後鄉土中國」等來替代以往的土範疇；又有學者僅僅基於經驗觀察，就宣告中國人類學可以「告別鄉土社會」或「走出鄉土」。[236]似乎在「新鄉土中國」裡，農民不再被土地束縛，而是被資本、權力等因素所宰制，費先生所謂的傳統文化有機體在各種現代問題的衝擊下似乎已經「煙消雲散」了。如果說對農村的「現代」分析框架已經將傳統鄉土範疇徹底改頭換面，那麼，對中國都市與工業領域的農村流動勞動力的分析，則基本上被外來的分析概念所套牢了。費先生的分析框架在這類研究中似乎成了調味品、補充劑，即使重新啟用「差序格局」之類的經典概念，其結果要麼是被簡化，要麼是完全抽離了費先生的原意。例如，從利益最大化邏輯出發闡述的「理性」「工具性」「公民社會」等概念，已經不是對土範疇的補充，而是試圖在土範疇之外另起爐灶了。

借用魯迅先生的一個概念來說，土範疇真的「本根剝喪」[237]了嗎？還是一些學者對「德先生」與「賽先生」的崇信過了頭，忘了根之所在呢？當代中國農村的變遷速度與危機一定比費先生在半個多世紀前所面臨的情形要

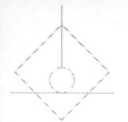

重溫先聲：費孝通的政治經濟學與類型學
重返「土」範疇——費孝通先生的學術遺產 [156]

更急速、更嚴重嗎？「離鄉又離土」的勞動力轉移模式與費先生的「離土不離鄉」模式真的格格不入嗎？如果帶著這些問題來審視一系列試圖告別鄉土的話語，我們就會發現這些話語誤解了費先生所說的「中國實際」。費先生在提出一系列鄉土重建的方案時，並不拒絕外來的形式與手段，但他更強調透過鄉土的人與物來展開實質性的運作，外來的形式與手段不能成為目的，人才是目的。在後來的小城鎮方案中，費先生不斷強調要考慮中國實際，雖然試圖告別鄉土的經驗研究者也強調中國實際，但兩種強調是不同的，後者透過將中國定位成「有問題的」對象，然後借用舶來的現代式手段進行整治，其在手法上與晏陽初等人將中國定位為「愚弱私貧」的國家並沒有什麼不同。費先生承認農村、農民確實有一定的問題，但這些問題需要農民自己來解決。此外，他也完全相信內髮型的發展方式和治理模式能夠解決很多問題。這是對自主性的真正追求，要讓形式服務於我們的目的，而不是將形式當作目的。「中國式的現代化和那些「西化」「洋化」的不同之處，就在於我們是自主的現代化」。[238]因此，我們在分析當代的「離鄉又離土」的農民工現象時，就不能生搬硬套西方的都市視角或現代公民視角。需要指出的是，土範疇並不是只在鄉村中存在，在都市中也一樣存在。就像中國的鄉土信仰、民間宗教、宗族組織、社會結合方式等不僅在鄉村中存在，在都市中也存在一樣。如果放棄土範疇，而用那些純粹舶來的概念，就不是在認識實際，而是在脫離實際。費先生當年提出小城鎮方案時，並沒有說其是唯一出路。「這只是個起點，事物將會不斷變化，不斷發展」。[239]「我相信，我們應該從自己的土地中生長」。[240]

造成上述誤讀的根源，還在於一些學者對土範疇進行了簡化的理解。土範疇是一個極富彈性、包容性又與時俱進的有機體，而不是一方孤立的土地、一束靜止的文化要素，更不是某種不變的傳統。就像我們在理解一塊農田、一個村落、一片區域乃至整個中國時，都不能進行孤立、片面的理解一樣，任何現代化的建設方案（如當前的新農村、新城鎮建設），都需要對土範疇進行詳細而全面的考察。下面，筆者將全面展示土範疇的幾個基本內涵。

第一，土範疇的社會性與觀念性。本文所講的土範疇，並不僅指土地本身，其核心在於與「土」直接相關的社會制度與意識形態。任何一個國家、

區域、村落的土地,都有其複雜的、多層次性的社會制度相伴隨。人們對土地的使用觀念、轉讓方式等都是由「社會」決定的;任何人試圖私自訂立土地規則,都必須從社會維度出發;土地不能依據個人的癖好來定價。如何使用、發掘、轉讓、占有、分配土地,都由相應的社會意識形態來制約,如果外在的意識與觀念要介入某一方的土地,需要與先在的意識與觀念進行協商,實現道德、制度與結果上的平等,或者說是有條件的妥協。我們知道,一個村寨、部落、族群或國家的土地分配結果,經常在很早之前就已經形成了。因為有關土地的觀念、意義與制度在土地分至具體家庭之前就已經進入人們的腦海中了。土地的觀念性就像政治哲學大師沃爾澤在描述「物」的意義時所說的,「分配是依據人們所共享的關於善是什麼和它們的用途何在的觀念而定的」。[241] 因此,在不同的社會,不同的土地具有不同的意義和價值,這也是費先生強調「因地制宜」的原因所在。

第二,土範疇的歷史性與包容性。土範疇自身的內涵會隨著社會文化、政治經濟的發展而不斷變化,這類似於吉登斯所謂的「結構化」過程。土地的社會性與觀念性特徵,是人們構想和創造的,而構想與創造是一種社會過程,因此我們需要在過程中關注土範疇。提出自己的鄉土重建方案時,費先生從未宣稱中國的鄉村與城鎮具有什麼不變的特性。其後來的小城鎮方案與鄉土重建方案相比,增加了社會主義中國的維度。例如,在肯定社會主義平等、民族區域自治政策的基礎上去發展小城鎮。而在提出 21 世紀「新聖賢」方案時,他又增加了對世界形勢的考量。因此,土範疇不會拒絕「新」的實際、經驗、概念與理論,但是拒絕完全向「全面 X 化」的轉化。(這裡的「X」代表一切單向度的理論設計。)在不同的時代,土範疇會增加自身內涵的豐富性,它蘊含了多樣的歷史傳統。在土範疇基礎上設計的中國現代化方案,是要貫通中國的多個傳統的。

第三,土範疇的複合性與多樣性。研究中國土地制度的學者指出,土地不僅具有經濟屬性,而且具有社會、象徵、政治等屬性,而這些屬性交織在一起,構成了土地制度的複合性特徵。[242] 如果僅用某種屬性作為交換土地的唯一媒介,就會遭到認同其他屬性的社會群體的反抗。因此,「從來不曾有過一個普遍適用的交換媒介」,[243] 也沒有哪一種單向度的土地哲學可以

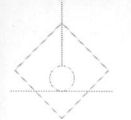

重溫先聲：費孝通的政治經濟學與類型學
重返「土」範疇——費孝通先生的學術遺產 [156]

駕馭全球。強調土範疇的複合性，就是要求我們在展開現代化建設時，不允許任一維度去支配其他所有的維度。因此，在對待土地問題時，土地的任一維度都不能成為完全的支配手段。例如，有關土地的經濟資本維度不能成為唯一的指標，必須考慮社會、象徵、政治等意涵。目前，許多倡導中國土地流轉的學者就僅僅將焦點聚集在經濟維度上，從而大大簡化了土範疇對當地人的意義。如果說各種屬性構成了土範疇的複合性，那麼土範疇的多種存在形態則表明了其多樣性：「其實中國的鄉村一詞之中，不知包含著多少不同的群體和不同的生活形式。所以若是我們要研究中國鄉村，一定要先承認中國各地的鄉村並不是同一的東西。」[244]

此外，土範疇還具有多層次性與嵌套性等特徵。例如，隨著區域等級的擴大，土範疇內在的意識形態與社會制度也會發生變化，各種觀念與制度嵌套在一個總體性的範疇之中。不同形態、不同層次的土範疇之間肯定會存在衝突，但是在費先生看來，不論是歷史還是未來，融合是總的趨勢。這一點還可以延伸到其對世界新秩序的構建原則上，如費先生在提出 21 世紀「新聖賢」方案時，拒絕接受任何試圖讓世界成為清一色調的理論模式，也沒有要求全世界都接受中國的美德思想，而是強調「各是其是，各美其美」，並以尊重為前提實現融合。

綜上所述，我們在考察土範疇時，如果能立足於其複合性與多樣性、歷史性與包容性、社會性與觀念性，無論在文化層次上，還是在經驗層次上，就不會輕易簡化、誤讀土範疇，更不會急於消滅一些概念或急於發明一些概念。在面對所謂的「中國問題」或「中國經驗」時，也不會輕易地用一些外來的指標來論斷自身的成敗，而是在對自身社會進行全面考察、歷史比較之後，再結合外來經驗與理論去展開我們的現代化建設方案。尤其對於我們這些青年學人來說，要想理解何謂「中國」，要想獲得真正的「內在中國」的視野，重返土範疇都是一條必由之路。

四、重返土範疇與文化自覺

　　早在 80 多年前，費先生就預見到中國農村與城市、農業與工業、內陸與沿海之間由於人口、資本、外來殖民力量的膨脹等因素，必將導致各種「斷裂」。而改革開放 40 年來，各種斷裂仍然隨處可見。尤其是工業力量與各類資本急劇膨脹，並對中國的土地與勞動力進行了重新組合。由於在組合過程中經常不遵循土範疇的邏輯，導致土範疇中的倫理、平等等重要內涵被抽離，附和於工業生產與自由資本的邏輯。更重要的是，大片土地由農業用途轉為工業用途，成為虛擬的商品，導致土範疇的複合性與多樣性被簡化，歷史性與社會性也沒有得到尊重，從而產生各種斷裂性的衝突。近 30 年來湧現的所謂「農村問題」，不僅是因土地易主而產生的人地關係問題，更在於土地的使用方式、使用觀念也發生了深刻的變化。當土地由農業用地轉變為工業用途時，其本身也就從自然狀態轉變成鋼筋水泥的狀態了。這一轉變或者可以說是「巨變」，意味著土範疇中產生了具有衝突傾向的社會關係。

　　但是，這並不意味著傳統土範疇與現代工業文明完全無法調和，更不意味著土範疇就此失去了透視中國的研究意義。重返土範疇或者重新閱讀費孝通等前輩的著作，並不是要我們在諸如「西方—中國」或「普遍—特殊」之類的二元論中去關照本土，更不是要我們完全回到《周易》《論語》《道德經》或者氣、心、物之類的概念中去，而是倡導我們基於對自身歷史與現實的考察，與所謂的現代理論進行對話，貫通新的概念與經驗，重新思考何謂「中國」這一問題。中國歷史與現實的複雜性、多樣性表明，通往現代化之路不是任何一個單向度的理論所能概括的，費先生所有的土方案都拒絕單向度的設計，更毋庸說他對純粹西化的鄙夷了。現代範疇是紮根於土範疇的，二者之間沒有絕對的界限，而完全揚棄土範疇的現代化做法，只是一種沒有根基的建設方案。當下倡導的新城鎮、新農村建設，更需要在中國農村與城鎮的實際情形和內在視野中展開，因此，我們還是要重新思考並借鑑費孝通先生的土方案的。

　　費先生在其晚年提出的「文化自覺」概念，就是對其一生所設計的現代化土方案的反思、總結與提升。

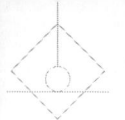

重溫先聲：費孝通的政治經濟學與類型學
重返「土」範疇——費孝通先生的學術遺產 [156]

文化自覺只是指生活在一定文化中的人們對其文化有「自知之明」，明白它的來歷，形成過程，所具有的特色和它發展的趨向，不帶任何「文化回歸」的意思，不是要「復古」，同時也不主張「全盤西化」或「全盤他化」。自知之明是為了加強對文化轉型的自主能力，取得決定適應新環境、新時代文化選擇的自主地位。[245]

這種文化自覺，是從中國各種傳統的內在視野出發的，同時倡導與任何合理的現代化方案進行對話。在費先生看來，文化自覺的過程就是一種全面綜合的現代化過程，它的目標不僅在於中國秩序，也在於世界秩序的重建。「現代化應當是一個『文化自覺』的過程，即人類從相互交往中獲得對自己和『異己』的認識，創造文化上兼容並蓄、和平共處局面的過程」。[246] 費先生的 21 世紀「新聖賢」方案，就是從內在視野出發，倡導與世界的交融，而不是衝突的。現代化是一種以人為目的的手段，但它不是單一的手段，也不是目的本身，更不是製造衝突的藉口。中國土範疇中所蘊含的行動邏輯與美好道德，能夠化解那些單向度的現代化方案中「以力服人」的霸道行徑，能夠「讓我們自身擁有一個理智的情懷，來擁抱人類創造的各種人文類型的價值，克服文化隔閡給人類生存帶來的威脅」。[247] 從鄉土重建的理想到文化自覺的行動，費先生用了半個多世紀的時間與實踐，透過總結與反思，將其土方案與對未來世界的暢想貫通起來，給後世留下了豐富的遺產。

最後應該強調的是，基於土範疇的文化自覺本身就內含了平等、正義與自主等基本準則。在文化自覺過程中對平等與正義的追求，對自主性的堅持，與土範疇的內在視野十分契合。對於少數民族、貧困群體及邊區同胞來說：「變革的動力發生於各民族自己的社會內部，變革過程所採取的步驟和方式要依據各民族的具體情況，由各民族人民自己來決定。這就是說，整體的共同事業是依靠各部分內在的創造性來完成的。」[248] 外來的手段可以為我所用，並將不斷融入中國的內在結構中去，這可能是一個永不停歇的結構化過程。但我們不能因為學習到了外來的手段、技術、理論、概念與經驗，就對內在的土範疇產生偏見。費先生說：「我在許多著作中確實能夠廣泛參考、評論西方觀點，甚至能夠在中國文化內部格局中強調弱小的『草根文化』或

『小傳統』的動力，在文化價值觀上……做到不排斥外來文化，拒絕複製『文野之別』的根本原因。」[249]

正是這種基於中國文化傳統的中西兼容視野，使得費先生的每一種現代化設計都充滿了他所謂的「內生的創造性」，這是任何一種「全盤X化」都無法獲得的自主性，最終將促使不同人群獲得真正意義上的平等。同時，費先生基於內在視野所追求的平等，是一種尊重歷史性、差異性的平等。他晚年提出的幾個土方案，一方面繼承了社會主義革命給中國帶來的平等傳統，另一方面又考慮了每個區域的特殊地理風情，從而力求實現歷史性平等和差異性平等。

費先生窮盡一生留下的學術遺產，理應得到後世學人的尊重與審慎的借鑑。而那些試圖解決「中國問題」的應用人類學研究，更應該重新回顧與反思費先生所倡導的土生土長的人類學。最後，筆者用費先生在《鄉土重建》中的一段話來結束本文：

任何一個到中國鄉村裡去觀察的人，都很容易看到農民們怎樣把土地里長出來的，經過了人類一度應用之後，很小心地又回到土裡去。人的生命並不從掠奪地力中得來，而只是這有機循環的一環。甚至當生命離開了軀殼，這臭皮囊還得入土為安，在什麼地方出生的，還得回到什麼地方去。[250]

或許在現象層面，我們看到當代中國的土文化正在不斷衰竭，但它的實質與內核卻是堅韌無比的。

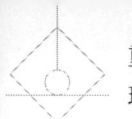

重溫先聲：費孝通的政治經濟學與類型學
理解費孝通的研究單位——中國作為「個案」[251]

理解費孝通的研究單位——中國作為「個案」[251]

一、分析單位的方法論旨趣與理解「個案」的兩種可能

　　分析單位向來被視為社會科學方法論的焦點。沃勒斯坦在《現代世界體系》的開篇指出：「我們時代的許多有關重大理論的爭論，在某種意義上可歸結為選擇研究單位的爭論。」[252] 在《開放社會科學》一文中，他對歐美使用「西方—民族國家，東方—文明帝國，非洲拉美等—部落聯盟」三重分析單位的框架極為不滿，認為這種具有先驗傾向的研究單位劃分法，只不過投射了老生常談的西方中心主義。[253] 所以沃勒斯坦擎舉著整個地球儀，向社會科學界宣布這是他的分析單位，並重新劃分了「中心區、邊緣區以及半邊緣區」。王銘銘教授受到沃勒斯坦的影響，又結合吳文藻、費孝通等人的中國觀，以及他自己對天下、朝貢體系的理解，提出了「三圈說」。[254] 從分析單位的角度來看，「三圈說」融合了世界、天下、中國、朝貢體系乃至區域等雖有關聯但顯然不在一個維度上的分析單位，使得讀者不易理解目前該學說在學術譜系的邊界以及在歷史、現實中的指向。

　　在民族學、人類學的先賢譜繫上，最看重分析單位的學者莫過於史祿國。他說：「任何調查人類文化和生物現象變遷問題的調查者，遲早都會得出這樣的結論：變遷應該發生在以單位形式存在的特定人類集團中，他們已進行多次嘗試，並發現這種單位。例如，他們認為，變遷過程發生在『種族』『國家』等或大或小的政治單位或者其他的集團中。」[255] 只不過，史祿國對這種偏重政治維度的分析單位不屑一顧，他希望尋找一個彙集地理、生物、文化等多重維度的分析單位。想必他也不會同意「世界體系」之類的概念，不僅因為這樣的單位太大太抽象，而且尋找相對靜止、較為概化的分析單位的做法，在他看來其實是一種「思維的停滯」。所以，他選擇了極具歷史動態

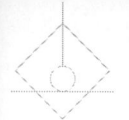

重溫先聲：費孝通的政治經濟學與類型學
理解費孝通的研究單位——中國作為「個案」[251]

性與共時互動性的「ethnos」，作為分析人類總體的基本單位。史祿國選擇分析單位的做法及其旨趣，深刻影響了他的學生費孝通。

在東亞，圍繞著「世界」「亞洲」「中國」「區域」「微型社區」等分析旨趣，不同層次的分析單位已經被賦予了方法論的意涵，並且「作為方法」的分析單位似乎演變成具有蔓延趨勢的敘事模式。貢德·弗蘭克秉承沃勒斯坦「作為方法的世界體系」的觀點，重新審視了全球化視野下的東方，試圖逆轉世界體系在西方的歷史神話。[256] 而早在1932年，日本學者竹內好就發表了題為《作為方法的亞洲》的演講，認為東方或亞洲可以不借助「西洋近世」的啟發，而以內省的方式來思考亞洲的內部關係與歷史。[257] 臺灣學者陳光興在《去帝國——亞洲作為方法》一書中步隨竹內好，認為應在「去西方」的基礎上，進一步拋棄內部帝國的眼光來實現亞洲的自我認識。[258] 溝口雄三則收斂了「世界」「亞洲」之類的宏大分析單位，在《作為方法的中國》一書中，以「中國」為單位來審視東亞與世界。[259] 汪暉受到莫斯、王銘銘等有關「跨社會體系」概念的啟發，並基於「區域作為方法」的分析立場，透過總結中國歷史研究中有關「區域」的論述與方法論，試圖提出一種不同於民族主義知識框架下的中國觀。[260] 麻國慶在《作為方法的華南》一文中，將華南的區域意義與方法論意義並置討論，並在區域內部置轉了世界體系的中心與邊緣眼光。[261] 此後，麻國慶又將帝國邊緣的華南區域延伸至具有世界核心紐帶功能的南海區域，並以動態的歷史與共時的人流、物流眼光，深化了區域作為方法的視野。[262] 最近二三十年，受李濟、冀朝鼎、費孝通、施堅雅、蘇秉琦、童恩正、濱下武志等前輩學者的啟發，作為承載地方史、經濟史、社會史的「區域」「走廊」「路帶」等概念，越來越成為觀察中國的核心分析單位。總之，分析單位所跨越的時空範圍的大小，並不會影響學術判斷的終極旨趣，相反能成為整個方法論的指導。如果回到中國人類學的黃金時代，吳文藻所創領的燕京學派倡導以社區作為基本的文化單位來觀察中國。此外，小鎮、城市、山川、流域、市場乃至日常生活、事件等，都已經作為基本的分析單位出現在社會科學的不同領域中。

分析單位的經驗層次錯綜複雜，從任何一個層次的分析單位出發都可能導向其本身或更宏觀、或更微觀層次的結論。我們在某個單位上做分析，未

必要在該單位層次上做結論。沃勒斯坦分析世界體系的最初目標是與以歐洲為中心的學者對話；史祿國提出「ethnos」的分析單位是為思考「人類」的普遍規律；竹內好觀察亞洲就是為了研究亞洲本身；溝口雄山重新檢視「中國」概念及其歷史觀，就是為了獲得認識中國的自主性和判斷東亞區域的內發性；而早期的區域研究史學家、燕京學派以及後來的諸多學者，對社區、流域、區域的研究，就是為了追求一種穩定且明確的中國觀。總之，參考分析單位與結論單位之間的異同，我們在理解格爾茨關於「研究地點不等於研究對象」這一方法論名言時，不僅獲得了從微觀到宏觀的彈性，還具有了反方向的研究進路。

因此，在方法論上，通常所說的「個案」實際上指向兩種研究單位——直接分析對象與最終關懷對象。而由於兩種研究單位未必存在著對應關係，因此研究過程中可能呈現不同的進路。具體來說，以某個時空層次的單位作為分析對象，其結論有可能指向三種單位層次。一是以同層次的分析單位作為下結論的對象，例如分析中國以概括中國；二是以低層次單位作為分析對象，以更為宏大的單位層次作為下結論的對象，例如研究社區是為推論區域乃至中國；三是以諸如世界體系之類的宏大單位作為分析對象，而以更加微觀的單位層次作為下結論的對象。我們可以在理論上將上述三種進路總結為「個案本身的研究」「個案之中的個案歸納研究」和「收斂性的個案研究」。

基於此，我們需要重新反思通常被加在人類學、民族學之上的方法判定——即什麼樣的個案研究。由於分析對象與結論對象的單位很可能殊異，那麼我們指的「個案」到底是指直接分析對象還是最終關懷對象？只是將作為分析對象的研究單位視為「個案」是否有些武斷？從現實中來看，大部分人認為民族志的研究個案僅侷限在微觀層次上的社區、個體或事件，將這種微觀分析單位與「科學」統計學相比時，似乎更加襯托出民族志方法的侷限。如果不能從社區範疇推論至國家範疇，那是不是也要否定從世界、國家通往區域、社區研究的進路？並且，更為關鍵的是，個案一定是指分析單位嗎？研究者終極探索的研究單位，就不能稱之為「個案」嗎？

重溫先聲：費孝通的政治經濟學與類型學
理解費孝通的研究單位——中國作為「個案」[251]

在中國社會科學領域中，能夠涉獵個人、家庭、族團、村社、城鎮、區域、流域、走廊、板塊、民族、國家以及世界文明等分析單位的學者，非費孝通莫屬。費孝通的不同分析單位固然體現了其相對的層次感和邊界性，但每一種分析單位之間又具有各種明確的連接性。關鍵的是，費孝通所有的分析層次均指向一個關懷對象：「中國」或「中華民族」。也就是說，從其整體的學術人生來看，其分析單位涉及多種層次的「個案」，但其結論性或探索性的單位卻只是指向「中國」。

然而，近來許多學者一提到費孝通，就將其標為個案研究的代表，而該「個案」多半僅指鄉村社區或小城鎮。這不僅忽略了費孝通在選擇分析單位上的多樣性旨趣，而且幾乎沒有注意到其終極探索對象的「中國」維度。並且，費孝通的分析進路沿著三條路徑向「中國」收斂：一條是從微觀社區研究邁向中國或中華民族的總體判斷，另一條主要是透過海外民族志的觀察，展開與中國的比較，最後一條是在「中華民族」這一單位自身上的分析與研究。也就是說，費孝通的研究展現了「個案本身的研究」「個案之中的個案歸納研究」「收斂性的個案研究」三種進路。在這樣的思路下，我們將看到埃德蒙·利奇對費孝通的批評是極為偏頗的，當代的許多中國學者對費孝通先生的方法判斷也充滿謬誤。

二、利奇之惑與其他學者對費孝通的方法論誤讀

在展開費孝通的整個「個案」研究體系之前，我們先來溫習一下人類學史上的著名公案，即埃德蒙·利奇與費孝通的隔世對話，然後再總結一些當代評價者的觀點及其誤讀。

利奇在 1982 年出版的《社會人類學》一書中提出了他對費孝通的質疑：「雖然費孝通將他的書冠名為『中國農民的生活』，但他並沒有證明他所描述的社會系統在整個國家中具有代表性。」[263] 利奇在作出評價時，並沒有讀到費孝通關於中國研究的其他書籍，在讀完《江村經濟》之後，利奇就將這個本應首先由從事非洲、美洲或澳洲部落研究的歐洲人類學家來回答的問題拋給了中國學者。

二、利奇之惑與其他學者對費孝通的方法論誤讀

當知道利奇的批判時，利奇已經故去了，但費先生依舊很重視這一問題，並回應說：「中國各地農村在地理和人文各方面的條件是不同的，所以江村不能作為中國農村的典型，也就是說，不能用江村的社會體系等情況硬套到其他的中國農村去。但同時應當承認，它是個農村而不是牧業社區，它是中國農村，而不是別國的農村」；[264]「江村固然不是中國全部農村的『典型』，但不失為許多中國農村所共同的『類型』或『模式』」。[265] 費先生在回應時，沒有直接將他有關鄉土與城市、區域與民族的研究個案並置起來支撐的他「江村」或「祿村」個案，而是就這一分析單位本身的特性來勾連「中國」這一需要展開終極探討的研究單位。這種強調「中國」關懷的回應方式並沒有得到重視。

莫里斯·弗裡德曼對費孝通也有類似的批評，但正如其學生王斯福所述，弗裡德曼與利奇一樣，他們不懂中文，更沒有系統閱讀過費的著作，因此給出僅有片段而非全像的方法論判斷也屬正常。王斯福在閱讀《鄉土中國》時，就與利奇、弗裡德曼不同，他將費孝通在同時代寫作的所有著作及其國家關懷並置討論，因而兼具了內在與外在的多角度比較視野。[266]

但筆者更關心的問題是，當代中國研究者對費孝通的方法論定位就很準確嗎？由於費孝通多次提及過「類型」與「模式」的概念，加上後學在關心其方法進路時，過於注重《江村經濟》《雲南三村》二書和其他關於社區研究的零散論文，這使得許多研究者在定位其方法時，標籤以「個案研究」或「個案類型的比較研究」。這裡的「個案」，僅僅是指分析單位，而且多半是指農村社區。

然而，問題不止於此。費孝通一旦被定位為「類型化個案比較研究」者，就會被視為一種方法論類型，與格爾茨的內在概括法、格拉克曼以及布洛維的擴展個案研究以及其他個案分析法並置。這些評價者在無意中似乎透露出這樣一個觀點：費孝通僅僅擅長個案類型比較，並不擅長擴展個案以及個案內部的概括分析。

盧暉臨、李雪僅從分析單位的角度重新劃分了個案研究的類型。他們認為費孝通從江村經濟走向雲南三村，再從村莊社區走向小城鎮研究，就是一

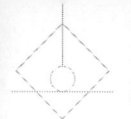

重溫先聲：費孝通的政治經濟學與類型學
理解費孝通的研究單位——中國作為「個案」[251]

種「常見的」類型化研究進路而已（應該說明這在半個多世紀以前並不「常見」）。對於這種進路他們批評道：「以小城鎮（或者以小城鎮為中心的城鄉社區）為單位建立類型，與以村莊為單位建立類型，在其反映總體（無論是中國社會也好，還是中國農村也好）的邏輯上，並沒有什麼區別。換言之，方法論上的缺陷一如其舊。」[267] 這種偏見將費先生的研究機械地置於幾種不同單位的研究堆積裡，忽略費先生闡釋的有關社區、城鎮、區域、板塊、走廊以及不同民族、國家等不同層次分析單位之間的聯繫性質。並且，盧暉臨、李雪之所以敘述費先生的類型化方法，只是為了烘托格爾茨與布洛維等人的方法論。他們十分青睞格爾茨「個案中的概括」（在個案之內概括意義）、從理論角度出發的「分析性概括」以及布洛維等人的擴展個案研究（即立足宏觀視野觀察微觀個案）等方法，並認為這是費先生十分欠缺的。該文受到解釋人類學與公共社會學的濃重影響（具體來說，就是受格爾茨與布洛維兩個人的影響而已），從側面貶低了費先生的研究。

譚同學在一篇方法論文章中看到了盧暉臨與李雪偏頗的方法論傾向，試圖重新強調費孝通的類型比較法的優勢，並將格爾茨與布洛維等人的方法論特徵納入類型比較法中來。他指出：「說到這裡，我們又回到了費孝通所提及的、西方強勢話語未太在意的『類型比較法』。它看似與『擴展個案法』的立論基礎相去甚遠，卻與之有著內在關聯，並且由於它更接近於操作層面而對於後者有著或許是不可缺少的矯正意義。」[268] 在該文中，譚同學是透過強調「個案的田野深度」來為費孝通先生正名的，文中多次強調《雲南三村》的重要性。不過，該文似乎仍然沒有充分注意到費孝通一生著述裡顯示的多樣性分析單位，從而使得該書作者不是依據費孝通先生的原著，而是李亦園、杜磊、馬庫斯等人的旁證來論證他的觀點。麻國慶教授在《費孝通先生的第三篇文章：全球化與地方社會》一文中，則隱約將費先生從微觀社區、族群、區域至多元民族國家等諸種分析單位，納入費先生晚年提出的「全球社會」這一總體性認識中。[269] 這對認識費先生的立體性方法論框架有所助益，但仍然有待詳細論述。

在當下的社會科學界，由於大部分研究者將「個案」視作分析單位，而非最終的研究單位，並且又不具備沃勒斯坦那樣劃分世界體系的能力，只是

將個案限定在微型社區的層次，再加上定量統計研究者排山倒海的質疑，使得一些研究者深深質疑「個案研究」的合理性。王富偉以幾乎重述盧暉臨、李雪之研究內容的方式，宣告「由於『異質性問題』的存在，個案研究不可能獲得對『實體性整體』的認識」。[270]他不僅將費孝通限定在社區單位層次的類型比較研究者上，而且認為費孝通完全沒有用相應的手段去解決代表性問題。這種「復讀機」式的論文再次忽視了費孝通方法論的複雜性及其對中國之終極關懷的研究理路。

總之，大部分關注個案研究方法的學者只是以「社區個案」以及「類型比較」的標籤來敷衍費孝通的總體方法，並將其視為陪襯格爾茨、格拉克曼、布洛維等人的「綠葉」，鮮有類似於譚同學、麻國慶等為費先生方法論辯護的論文。筆者希望在前人有關個案理解的兩種進路的基礎上，回答以下問題並澄清相關的誤解：費先生的研究單位體系到底具有怎樣的複雜性？他的分析單位如何聯結、收斂？他終極關懷的核心研究單位是什麼？費先生的方法論體系中真的沒有所謂的概括性、擴展性特徵嗎？

三、費先生的終極關懷：向「中國」收斂的三條分析進路

審視一位學者的方法論體系，如果只是針對有限的著作與論文，就應指出其研究的歷史背景，否則，就應以全像的整體觀去閱讀其全部著作，縱觀其一生所涉獵的所有分析單位及其最為關心的研究單位。對於費孝通來說，即使在青年時代，除了江村、祿村這樣的農村社區，還有許多研究涉獵了諸多分析單位。例如，他的本科畢業論文以親迎習俗為研究內容，以中國為分析對象並劃分了三大親迎區域；其碩士階段研究了連片的花籃瑤村寨，並歸納了花籃瑤社會制度。此外，他不僅分析了整個中國鄉土社會以及生育制度的特性（同時提出了鄉土重建的具體方案），而且以比較的方式關注了城市工業、城鄉聯繫的內在機理。新中國建立以後，他主導參與民族識別工作，對民族這一單位的政治、文化意涵有了更深的認識。學科恢復重建以後，他開始關注不同的區域模式以及中國走廊、板塊的歸納和比較。20世紀80年

重溫先聲：費孝通的政治經濟學與類型學
理解費孝通的研究單位——中國作為「個案」[251]

代，他立足於「中華民族」這一分析單位得出了個案內「多元一體」的研究結論。其一生中還出版了有關英美的海外民族志，在晚年更是提出了諸多有關全球秩序的探索成果。

總體看來，費先生一生涉及了諸多分析單位，但其核心關注的問題還是「何為中國」以及如何實現「志在富民」的「中國夢」。在回應這一總的關懷時，費先生筆下所有的分析單位呈現了三條進路，每條進路都向「中國」靠攏。分別是以「個案之中的個案歸納研究」來內察中國；以「收斂性的個案研究」（即對外部文明的探索）來外觀中國；以「個案本身的研究」來省思中國。

（一）以社區、區域等分析單位內察中國

青年費孝通在開始從事社區研究時，主動承擔了一項責任，即把社區觀察視作中國觀察的基本前提，將文化功能主義學派對人類普遍規律的追求從研究單位上進行一次降格，即將發現中國視為研究的第一要義。在費孝通看來，他早期所從事的社區研究並非僅僅關懷社區本身，而是為國家的前途尋找出路。他的社區研究與其說是為了踐行功能主義理論，不如說是為了實現吳文藻及其自身的國家主義情懷。

有學者評價說，青年費孝通的社區民族志只是一個個案或幾個類型，沒有進行個案外的擴展分析，這種觀點完全忽略了費先生在論述時強烈關注外部皇權、上下相連的紳權、不在地主以及城市金融資本如何滲透鄉村的敘述邏輯。花籃瑤、江村與祿村顯然不是孤立的個案，也不是某一種類型，它們立足於中國內部，並與整個中國的各種要素相連。一個學者的研究能在80多年前就將外部性思考導入基本的分析單位，即使在今天看來也不是那麼「常見」。

學界普遍認為，費孝通的研究視野隨著時間的變化而逐漸從社區擴展到類型學分析，再延伸到小城鎮研究領域，並透過區域研究逐步擴大到中國社會的整體思考。但這種漸進積累似的判斷，又忽略了費先生一開始就擁有的整體中國視野。例如，他按照親迎習俗，將「中國」劃分為親迎區、半親迎

三、費先生的終極關懷：向「中國」收斂的三條分析進路

區與不親迎區三大區域以及關於差序格局的總體判斷，甚至要早於其社區研究。

費孝通的社區研究心路歷程倒是可以回應「利奇之惑」。在費先生最早的一部社區民族誌中，「家庭」「親屬」以及「族團」是最基本的觀察對象。從微型的家庭分析入手，費先生切入族團關係研究，並將花籃瑤的族團關係變遷過程視為史祿國先生所說的「ethnos」過程。[271] 透過觀察瑤漢之間的族團互動，費先生將其敘事內容放在「中華民族的向心力」中展開。[272] 可以說，《花籃瑤社會組織》一書是費先生試圖從微觀社區分析單位挺進「中國」的最典型敘述。

在江村調查期間，他堅持撰寫江村通訊，並在通訊中表達了這樣一個觀點：「中國」本部沒有一個一般標準的鄉村社會組織形式，因此他採用了先描述的方式，等材料充足後再對「中國」這一整體個案進行認識。在雲南調查期間，他堅持了這個學術計劃，《雲南三村》的類型比較研究方法就是這樣發展出來的。[273] 這並非是後知後覺的研究方法，而是早期受到過吳文藻、史祿國以及馬林諾夫斯基等人多重影響的結果。但費孝通也坦承：應用類型比較研究法可能不是最佳辦法，只能說是一套實踐性的且比較有效的研究方法，他內心裡還是更傾向於史祿國提出的「ethnos」這樣具有動態性和交互性的研究單位。[274]

針對利奇的具體質疑，費孝通經過思考後給出了一個較具力度的回應。在他看來，人文世界中所言的「整體」，並非數學上一個個相加而成的「總數」；同一個整體中的個體類似於從一個模子裡刻出來的一個個糕餅，即個別是整體的復製品；在人文世界中所提到的「整體」，應和數學的「總數」在概念上有所區分。他認為利奇混淆了數學上的「總數」和人文世界裡的「整體」，同時忘記了社會人類學研究的不是數學，而是人文世界。[275] 費先生的這些回應正契合了本文的主題：我們不能只關注分析性個案，也應追問我們最終探討的個案對像是什麼。

由於費孝通認識到，社區類型研究不容易快速達致總體目標，他在保留類型學中的聯繫性和整體性視野之後，將分析單位做了多維度的擴展。改革

重溫先聲：費孝通的政治經濟學與類型學
理解費孝通的研究單位——中國作為「個案」[251]

開放以後，費先生展開了小城鎮研究。但小城鎮研究並非是「另起爐灶」，而是以江村為代表的一系列農村調查的延伸。從村落社區到小城鎮，費孝通擴展了中國研究的內部分析層次，並繼續將中國作為整體性個案進行思考。[276] 在小城鎮之後，費孝通開啟了區域性的研究，將城與鄉相聯繫，注重城鄉一體新模式，而經濟區域研究就是費孝通在小城鎮研究之後的新思考。在他看來，經濟區域的形成是農村和小城鎮聯繫的再延伸。[277] 費孝通用生動形象的比喻來說明，自己透過經濟區域分析後形成的「全國一盤棋」。[278] 此後，他又總結了蘇南模式、溫州模式、珠三角模式以及黃河中上游的區域發展模式。這些模式均是「全國一盤棋」中的「棋眼」，也是費先生晚年所關注的研究單位。

應該強調的是，從社區、小城鎮到區域，並非是各種分析單位的研究堆集，每個層次的分析單位之間相互聯繫，並且一起指向認識中國和促進中國實踐的目標。透過對費先生晚年著述的閱讀，我們還可以看到其有關走廊、區域的分析單位論述，將慢慢具備「ethnos」那樣的動態性與交互性特徵。

（二）以海外民族志比較中國

從青年時代開始，費先生不僅從社區、區域等分析單位出發內察中國，而且同時根據自己的海外觀察來展開比較。他晚年在面對整個世界秩序的重構時，十分關注中國能為世界秩序貢獻何種文化力量。因此，在費先生的方法體系中，不僅存在從微觀的分析單位推向中國關懷的邏輯，還交叉著一條從世界秩序向中國收斂的研究進路。

費孝通曾先後出訪過美國、英國、澳大利亞、蘇聯等國家。每去一個國家都會有感而發，並寫成文章，其有關英美的文章還曾結集出版。在遊歷過程中，他時刻帶著比較的維度，每每發現新奇之處都會「反觀自照」。從《旅美寄言》到《初訪美國》再到《重訪英倫》，字裡行間無不展現出他對中國的關切。在《旅美寄言》中，費孝通每觀察到一個細節，就試圖與中國進行對比。而在《初訪美國》一書中，他以楊慶堃觀察美國現代化的通信為開篇，思考中國的出路到底是維持傳統，還是全盤接受西方文化？[279] 在《重訪英倫》的敘事中也貫穿著中英文化的比較維度，並以動態的眼光審視他所看到

三、費先生的終極關懷：向「中國」收斂的三條分析進路

的海外現象。[280] 在《美國人的性格》一書中，費孝通介紹了美國人的民族性，並與中國人的國民性進行了比較。他還建議，該書應與其《鄉土中國》一書進行對比閱讀。

新中國成立後，費孝通到澳大利亞和蘇聯訪問，延續了他對海外文明與中國文化比較的關注。在澳大利亞期間，透過對主流社會與土著社會的描述，思考了民族平等與民族互動的具體問題。透過比較，費孝通認為中國的民族區域自治制度可以更好地為民族平等和民族發展做出貢獻。在參觀蘇聯的研究機構時，費孝通也無時不感嘆制度的差異。[281]

早期的出訪經歷為費孝通在 20 世紀 90 年代提出對世界格局的新認識埋下了伏筆。費孝通之所以能夠在耄耋之年對世界形勢有著如此清晰的把握，並回應亨廷頓及其學生福山等人的相關理論學說，無不得益於其早期所積累下的對這些國家的瞭解和認知。他不僅在國與國之間進行對比，而且試圖從更大的宏觀視野來看待國際秩序以及作為其最關注的個案——「中國」在世界中的位置。

費孝通認為中國儒家思想以及史祿國基於「ethnos」提出的心態觀，可以為世界秩序提供文化支撐。在《孔林片思》一文中，費孝通追憶了孔子所處的群雄並立的戰國時代。反觀當代社會也正在進入一個全球性的「戰國時代」，而這是一個相比較而言更大規模的「戰國時代」。「我們當前人類需要新的孔子……這個新孔子不僅要懂得本民族文化，還要懂得其他民族文化。他要從更高一層的心態關係去解決世界上存在的問題。」[282] 進而，他認為儒家思想中的和而不同、中和位育等觀念將可以用於維繫世界秩序。

費先生對世界不同文明的比較，展示了他對不同國家之間連接性的關注，但核心連接點仍是中國。他在不同時期的海外觀察，既體現出一種對本土觀念和不同文化價值觀念的尊重，又力圖展示文化之間「互譯」和「溝通」的可能性。[283] 而對「互譯」與「溝通」的追求，使得其學術判斷有了從中華民族多元一體通向世界多元一體的可能，並由此提出了文化之間「美美與共」的倡議。但我們應該注意到，對世界不同文明的比較與對新秩序的期盼，最

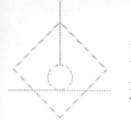

重溫先聲：費孝通的政治經濟學與類型學
理解費孝通的研究單位——中國作為「個案」[251]

終都收斂於「何為中國」與「中國何為」的問題，其論述世界秩序的出發點和落腳點均是「中國」這個研究單位。

（三）從民族、走廊省思多元一體的中國

費孝通的分析單位從一開始就不只是微型社區。他在 1933 年的本科論文《親迎婚俗之研究》中，直接以中國為對象，將中國分為「親迎區」「半親迎區」「不親迎區」[284]——這種對文明的整體類型劃分邏輯，遠遠早於沃勒斯坦的「世界體系劃分法」和王銘銘的「三圈說」。且與社區類型比較法不同的是，其劃分的分析單位就是中國本身。在這裡，分析單位與最終關懷的研究單位合而為一。因此將費孝通的方法論視為一個從微觀社區到類型比較再到整體中國的機械性框架的看法，忽略了費先生在青年時代就已有的關於整體中國的直接研究。

費孝通早期在《鄉土重建》《鄉土中國》等書中敘述的有關「差序格局」「無訟社會」的結論，所表現出來的都是對中國社會特徵進行整體性敘事的邏輯。在晚年為中文版《雲南三村》寫序時，他指明自己早期在江村和雲南主導的社區研究就是為了科學地認識中國社會，進而思考應怎樣建設一個國家。[285]

《花籃瑤社會組織》一書的重要性一直未被學界重視。雖然該書的分析單位只是花籃瑤片區，在時空範圍內遠遠不及整個中國，但費先生提出的問題意識來自國家主義一脈，幾乎與結構功能主義無關。費孝通在《花籃瑤社會組織》一書中探討了如何實現中國社會的整合問題。他認為瑤山的多元和衝突的狀態是正常現象，但瑤山如何在「中華民族」的意義上被中國文化所吸納才是其真正關心的。[286] 他在文中明顯表達出對國民黨的民族政策的不滿。

當看到顧頡剛發表的《中華民族是一個》一文時，費先生已經經歷了花籃瑤調查的重要歷程。費先生極力反對顧頡剛的說法，主張寬容的民族多元文化政策。費孝通認為顧先生雖然論證了中華民族的一體，但是僅有一個混元的一體而不考慮多元是不夠的。[287] 花籃瑤的調查經歷及其與顧頡剛的爭論直接影響了費孝通的「中國」觀。

1980年，費孝通在《關於中國民族的識別問題》一文中提出了「民族走廊」的概念，三大走廊說與六大板塊逐漸成形。其中，「民族走廊」的概念超越了單個民族的侷限，從中國整體的宏觀角度來思考民族與民族、民族與國家之間的關係。該概念強調民族之間「你中有我、我中有你」的互動，已經十分接近史祿國的分析單位了。1988年，費孝通應香港中文大學的邀請，給Tanner講座做了一個關於中國民族學研究的報告，即眾所周知的《中華民族多元一體格局》。[288] 這篇文章不僅考慮了中華民族形成的歷史進路，並將不同族群、區域等以往他所關注過的分析單位，整合進中華民族的大格局之中。費先生明確提出，作為多元一體的整體中國具有內在的明確聯繫機制，各民族透過移民、通婚、互市、文化融合、軍事征服、社會交往等紐帶而結為一體。因此，費先生的民族、走廊、板塊等研究單位，並不是比「中國」更微觀的單位，這些概念自身就構成了具有歷時動態性和多元互動性的「中華民族」。由於分析性單位與結論性單位重合，我們可以將這種進路稱之為個案本身的概括研究。

四、結論：費先生個案體系中的連接性與擴展性

綜上，費孝通一生以「何為中國」以及「中國何為」為研究目標，建立了一個複雜的分析單位的參考系統，並透過研究這一參考系統來達到他的目標。作為一個歷史厚重的承載體，中國自三代以來，在帝國、郡縣、天下、朝貢以及現代民族國家的框架中不斷演變。由於其內部不同區域、地方的特性有所不同，因此需要建立一個具有多層性分析單位的參考系統；再加上20世紀的歷史殊異性、空間複雜性，由此導致了中國內部「互為他者」的認識需求。與此同時，中國外部的「他者」也在不斷交替，因此需要一個外部分析單位的參考，於是費先生又展開了一條從世界文明向「中國」收斂的分析進路。這是他一生方法論體系的辯證實踐。

利奇、弗裡德曼以及當代的許多方法論研究者，之所以對費先生的研究框架有所誤解，原因不外乎以下兩點。第一，費先生作為分析單位的「個案」，並不是只有社區，而是一個極為立體而且相互連貫的分析單位體系。第二，

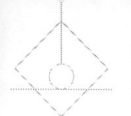

重溫先聲：費孝通的政治經濟學與類型學
理解費孝通的研究單位——中國作為「個案」[251]

費先生的所有研究中，作為最終探索對象的「個案」只有一個，那就是「中國」。這兩點盲區使得不少學者將費先生侷限在「社區個案研究」或「類型比較研究」的代表之中。

然而，我們還有一個問題沒有解決，即費先生的方法論被許多研究者視為一種「過時的」方法論，尤其與格爾茨、格拉克曼、布洛維等學者的擴展個案研究方法相比，缺少了理論的分析性與研究的擴展性。果真是這樣嗎？

我們先來看一下這幾位擴展個案研究者的核心方法論。格爾茨的「深描法」通常被歸納為一種叫做「在個案中概括」的方法。格爾茨認為，典型的人類學方法應儘量透過小的事情來進行廣泛的闡釋和抽象的分析，所以「深描」不是為了超越個案進行概括，而是在個案中進行概括。[289] 但有人將格爾茨「個案中的概括」這一方法論，視作「個案的擴展」，即其中包含宏觀與微觀結合、互動的旨趣。[290] 擴展個案研究的代表性學者格拉克曼在《現代祖魯地區的一個社會情境》中，詳細描述了一個集體事件中參與者不同的行為、利益及動機，並將這一問題與更大的背景相聯繫。[291] 而後，擴展個案法又被社會學家布洛維不斷髮揚光大。他認為「擴展」的意義體現在四個層面：一是從單純的觀察者向參與者拓展；二是向跨越時空的觀察拓展；三是從微觀過程向宏觀力量的拓展；四是理論的拓展。[292] 總之，這幾位著名學者試圖運用擴展個案方法，透過宏觀俯視微觀，經過微觀反觀宏觀，從雙向維度對研究對象進行考察。

但令人感到尷尬的是，我們沒有發現上述學者的方法論有什麼迥異於費孝通的地方。我們認為，除了理論的旨趣和關懷的終極對象不同，並沒有多深的方法論鴻溝。費先生作為一位行行重行行的觀察者與實踐者，他對從微觀社區至整個世界文明之間的不同研究單位都有相應的觀察，而且這些觀察相互呼應，微觀與宏觀之間相互關照；在理論層面，費先生早期攜帶了有關國家主義以及結構功能主義的理論關懷，後期又將其知識社會學與實踐人類學的看法帶入研究之中，並不斷超越自身。只有忽略了費孝通方法論體系的複雜性的學者，才會認為格爾茨、布洛維等人的方法更為高明。

四、結論:費先生個案體系中的連接性與擴展性

費孝通一直在不遺餘力地剖析其多層次分析單位之間的連接機制。例如,《皇權與紳權》一書就是費孝通試圖把握不同分析單位之間聯繫機制的最為明顯的案例。費孝通希望透過對中國紳士階層的分析來看中國皇權社會的社會結構,並釐清其中的結構性脈絡。他發現紳士在中國社會的「雙軌政治」中造成了上通下聯的重要作用,其也可以看作國家與社會、鄉村與城鎮、民權與皇權之間溝通的重要樞紐。[293]

我們可以再舉一個批評者們可能更為熟悉的例子。在早期的社區研究中,費先生發現內髮型的鄉土工業、提倡「離土不離鄉」的勞動力轉移模式是振興農村的途徑。這一在微觀社區層面的發現,半個世紀後被他延伸擴展至「小城鎮」道路的實踐中去了。雖然當時的城鎮化道路並不十分成功,但在我們看來,這就是一種類似於「擴展個案研究」的典範。

最後,我們要再次強調,費孝通圍繞「中國」這一個案而展開的分析單位體系本身就是一種從微觀到宏觀,且十分辯證收斂的研究進路。費先生方法論層面的連接性、擴展性、分析性等特徵,已經明顯體現在其有關「個案本身的研究」「個案之中的個案歸納」以及「收斂性的個案研究」這三種觀察中國的方法進路中。那些急於貶低費孝通的方法論的學者,不妨先鳥瞰一下其一生所涉獵的分析單位及其終極關懷的研究對象。

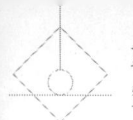

重溫先聲：費孝通的政治經濟學與類型學
費孝通先生的城鎮類型觀——兼論小城鎮與城鄉協同發展中的區域道義 [294]

費孝通先生的城鎮類型觀——兼論小城鎮與城鄉協同發展中的區域道義 [294]

一、引言：從中國多元的城市類型到多元的城鄉關係

在青年費孝通闡述自己的中國城市觀以前，鮮有社會學家關注中國城市的類型。馬克斯·韋伯屬鳳毛麟角，但是，他對中國城市類型的判斷實在過於單調。在《非正當性的支配——城市的類型學》中，韋伯對歐洲的城市進行了細緻的類型學劃分，而中國的城市總是被他簡化為「君侯型的封建城市」，或沒有市民、商業性格的東方城市類型。[295] 中國的城市經由韋伯的介紹，是一種死水一潭、沒有市民與商業活力、沒有法人團體參與政治博弈的皇權空間。在中世紀以後萬花筒式的西方城市類型面前，東方城市顯得極為黯然。1952年，格倫·特雷瓦薩（Glenn Trewartha）以頗為重複馬克斯·韋伯的口吻說道：「除了中國，世界上恐怕沒有第二個國家的政治勢力對城市發展起著如此純粹、綿延的作用。」[296] 在他看來，中國的大小城市同樣被規劃進政治投射的類型。在韋伯之後約半個世紀，芮沃壽（Arthur Frederick Wright）在研究中國城市時，極有建樹地將城市形態與祖先、神王的象徵主義和宇宙觀聯繫在一起，讓讀者認識到每一次城市之生似乎都是過去死去幽靈的轉換；難能可貴的是，他在觀察歷史上中國南方城市的形成中，注意到了新的地形、區位影響到了新城的建設實踐，這讓他的象徵性結構中留了一點多樣性歷史實踐的餘地。但令人費解的是，一些執著於從觀念來研究城市景觀的同仁，卻始終抱著芮沃壽有關「帝王型城市」的敘述不放，也緊緊抱著芮沃壽有關象徵主義以「始終不變」的方式沿傳的觀點。似乎從城市的起源上說明了城市形成的動力是帝王與政治，就可以認清絕大部分中國城市的形態。

後來，牟復禮在評價韋伯、特雷瓦薩以及其他雷同的觀點時，隱晦地說道：「由於承認政治因素對中國城市性質是決定性成分，於是就存在著把中

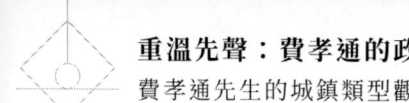

重溫先聲：費孝通的政治經濟學與類型學
費孝通先生的城鎮類型觀——兼論小城鎮與城鄉協同發展中的區域道義 [294]

國城市與世界各地城市作對比的基礎。」[297] 言下之意，為了方法論以及下結論的方便，歷史中的中國城市類型被隨意做了主觀處理。隨後，牟復禮就將中國的城市類型劃分為「規劃城市」「自然城市」「混合城市」三種類型，並將「混合城市」視為中國城市類型的主流。牟復禮在文中同樣批評吉德翁·肖伯格（Gideon Sjoberg），後者預設中國為一個封閉階級體系，從而將中國的城市判斷為王權社會的簡單投射。[298] 筆者以為牟復禮對特雷瓦薩和肖伯格的批判，同樣適用於馬克斯·韋伯。實際上，中國的城市功能多樣，在政治與經濟之外（這兩種功能各自內部又有諸多亞類型），同樣存在著軍事要塞、交通運輸、宗教文化、知識教育等類型的功能交叉型城市。城市確實為政治所投射，但它同樣受了地方性人文區位因素的影響。[299] 施堅雅立足於其所擅長的區域研究基礎，也頗為明確地表示：「中華帝國晚期的城市，並不構成一個單獨的一體化的城市體系，而是構成好幾個地區體系，地區之間只有脆弱的聯繫。」[300]

不僅如此，施堅雅所編的《中華帝國晚期的城市》一書，還系統呈現了中國歷史上城鄉連續體的微妙與複雜，從而讓古典社會學中有關單調「中國城市類型」的說法顯得黯然失色。他自己明確根據區域體系中「中心」的不同輻射等級，來定位不同的城鄉關係。[301] 透過證明中國的士大夫兼具城市成分與鄉村成分這一雙重性格特點，施堅雅引出中國城鄉關係的複雜性判斷。他在基於大量田野調查材料基礎上寫就的《中國農村的市場與社會結構》一文，支持了有關城鄉關係多元性的判斷。[302] 遺憾的是，這一思考進路直到今天也沒有被中國的城鄉社會學研究者所重視。

從時代上看，中國相關領域的學者更關注在韋伯與施堅雅之間的費孝通。可是關注的焦點卻較為片面，僅僅是強調費先生有關城鎮的發展模式，而未深究費先生的城市類型學的發展進路與城鄉關係多元性的判斷之間是如何變化、引申的，更鮮有人去考察費先生早期的城市觀與晚年的小城鎮方案之間的關係。雖然，費先生提出的小城鎮方案在推進新城鎮建設的過程中，被學界不斷重提，但費先生的總體觀點總是被文獻堆砌者及腳註愛好者所埋沒。

一、引言：從中國多元的城市類型到多元的城鄉關係

　　實際上，韋伯在 1922 年發表了他的偏頗之見後，費孝通從 1933 年開始就展開了關於中國都市、城鎮的多態性判斷。雖然，費孝通無意與韋伯對話，但他的城市觀無疑糾正了後者有關歐洲中心論的城市類型學。與施堅雅相同的是，費先生非常關注城鄉之間的市場交換內容，二者同樣是從區域、城市的多態性走向城鄉關係的多態性，但費先生更多地是從城鄉之間的社會倫理關係來判斷城市應具備何種倫理性格。

　　費孝通個人的求學經歷很早就與城市社會學產生了交集，尤其是在派克的城市社會學研究以及雷德菲爾德的「傳統」類型學的薰陶之下，他能夠同時切入城市與鄉村兩種空間。費先生從未離開過中國文明的傳統，就城市本身去大談城市的現代性問題；也未離開過「關係」的視野，僅僅跟隨雷德菲爾德的「大小傳統」理論（莫里斯·弗裡德曼將雷氏的「連續統」稱為「討厭的二分法」）去研究城市或鄉村。他在具體的中國區域情境中探討具體的城鄉關係，並在社會轉型中關照文明的延續性與創新性。

　　費先生在堅持鄉村類型學的時候，同時也堅持了城市類型學。社會學界所熟知的是，費孝通先生曾對中國農村展開過類型學的劃分，《江村經濟》與《雲南三村》中的江村、祿村、易村、玉村個案，就是依據自耕農的占比狀況以及手工業、工商業的發達程度而劃分的四種類型。這種方法曾一度被認為是費孝通從社區個案認識中國全貌的進路，學界有褒揚也有批評。[303] 但他對集市、小鎮、城市、都會、區域模式的細緻類型分析，是後來的閱讀者經常「錯過」的內容。甚至因為這種「錯過」，費先生還無端受到了一些指責。例如，當前有不少學者將費先生的研究與鄉土研究等同，從而產生了諸多以「走出鄉土」「告別鄉土」「新鄉土」「後鄉土」命名的研究，這些研究似乎都指向費先生不夠現代，不關注城市與工業，從而要開啟「後鄉土時代」的研究進程。

　　需要指出的是，費先生的城觀並非是 20 世紀 80 年代提出的小城鎮道路的應景之作，而是與其鄉土中國的研究同時展開的。只要比較費孝通 1949 年以前的城觀和改革開放後的城鎮發展觀，我們就能發現二者之間前後融通的邏輯。關鍵的是，在鄉村類型觀和城鎮類型觀的基礎上，還可以看到另一

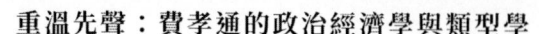

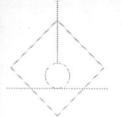

重溫先聲：費孝通的政治經濟學與類型學
費孝通先生的城鎮類型觀——兼論小城鎮與城鄉協同發展中的區域道義 [294]

種更深層次的類型觀，即城鄉關係的類型。這對於今天展開的新型城鎮化建設來說，具有尤為重要的啟發性意義。

麻國慶教授基於潘光旦先生提出的「類別」與「關係」兩個重要範疇，從方法論層面指出了在親屬、地域的類別識別基礎上，以中國特色的家族倫理「推」出社會結合的關係。[304] 這一方法進路直接啟發了筆者有關「關係中的類型」這一問題意識。即在麻國慶「識別類別」「認識關係」之後，再度推進有關「關係的類型」的思索。換句話說，我們認識了鄉村、城鎮的類型之後，形成城鄉關係的判斷，但是否在新的關係論基礎上還會出現城鄉關係的類型，從而從「類別中的關係」走向「關係的類別」？毫無疑問的是，無論是對鄉村還是對城鎮的類型學追問，費先生均是為了浮現更為廣闊的區域特徵乃至中國特徵，他的研究進路是以「城鄉關係」作為分析紐帶的。費先生的每一種鄉村、城市類型被定義在區域的關係之中，因而類型學本身又包含了一種關係學。

僅以經濟層面為例，費先生發現的鄉土中國是農工並重的，各種分散的鄉土工業與四時農業相互配合，這意味著承載工農的鄉村和城鎮之間也是相互配合的。王小章在研究費先生的鄉土中國思想時指出：「農工並重的鄉村經濟維繫了原有的土地分配形態和租佃制度，同時也形塑了傳統城鄉關係的基本形態，那就是：傳統的城市（鎮）——包括由集貿發展出來的市鎮和作為政治中心的『城』——不是生產基地，但需要消費，其消費則來源於農村。」[305] 王小章也看到了費先生論述城鄉關係的兩條基本線索，即城鄉關係中鄉村本位的特性與城鎮類型的多元性。但王小章似乎更關注費先生對於城鎮化道路的規劃理性問題，而對費先生提出的城鎮化道路的分類理論前提不感興趣，[306] 從而錯過了對城鄉關係的類型再度展開挖掘的機會。也有人整理過費孝通有關社區、城鎮類型的學術史，但由於過度重視費孝通與利奇之間的學術官司，從而遮蔽了一些洞見。[307]

日本學者鶴見和子較早地注意到了費孝通的小城鎮發展道路與其早期的鄉土中國研究之間的關係，並將其稱之為「內髮型發展論」。[308] 鶴見和子之所以稱費先生的小城鎮道路為「內發」，就是因為費先生注重地域內部關

係研究。透過審視地域內村莊、城鎮的具體類型,再度定位地域內城鄉關係的類型,而不是從某種現代化理論出發預設一條發展道路,這是費氏「內發」思維的核心理路。鶴見和子說:「現代化論是單系的發展模型,而內髮型發展論具有複數的模型;現代化論以國家、全體社會為單位,而內髮型發展論是從我們生活著的具體的地域這樣的小單位出發,尋求解決地球規模的大問題的一種嘗試。」[309]這裡,鶴見和子所謂的「複數」理論,完整地體現在費先生關於鄉村、城市的豐富類型學之中。

如果從費先生有關「城鄉關係」的文本敘事出發,確實能浮現一些對於當下的城鄉建設有益的端倪。[310]但若欠缺對「類別」的具體考察,注定對「關係」以及「關係的類別」的認識有失立體,難免陷入單向度的理解窠臼。費先生貫穿半個多世紀的城市觀,為我們提供了一個總體性的認識視角,即從哪個具體角度出發考察城市。有人認為要理解費孝通的城鎮化道路,首先要從人口分佈出發,[311]這也是美國城市社會學家沃思(Louis Wirth)的經典思路。費先生雖然說過:「從人口角度去區別城鄉,其實並不是一個數量和密度的問題,而是分佈的問題。」[312]不過,他的用意主要是為了批評美國社會學家僅從人口數量與密度出發去定義城市和鄉村的做法過於偏頗。因此,如果離開區域內部的分工與城鄉之間的動態聯繫這兩個視野,僅從人口出發去理解小城鎮道路實在是一種誤解。丁元竹在關注費孝通的城鎮化道路特色時,重點是費先生志在富民的出發點與市場化機制的重要性上,卻並未涉及這一研究學統的類型學根源。[313]值得關注的是,汪丹看到了費孝通先生所提的城鎮化道路並不是一個技術設計而已,還有其自身的知識根源,即城鎮化道路提出的前提是動態的知識判斷。[314]這種動態的知識判斷,排除了固定的「宇宙觀」思維,需要對中國歷史與現實中的城鄉以及二者的關係展開兼具深度和廣度的實證觀察。

遺憾的是,費先生有關城市類型學的敘述,在學界被更為熟悉的鄉土中國論以及「小城鎮」話語喧囂所掩蓋了。賀雪峰教授的「新鄉土中國」[315]以及近來學界發表的「走出鄉土」「後鄉土」[316]等論斷,均認為費先生的研究過於鄉土本色,對城市中國、工業中國的巨變不夠關注──諸如此類的觀點均是有失偏頗的。在《費孝通文集》中,費先生的城市觀貫穿始終,並

125

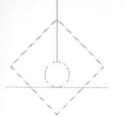

重溫先聲：費孝通的政治經濟學與類型學
費孝通先生的城鎮類型觀——兼論小城鎮與城鄉協同發展中的區域道義 [294]

不斷地豐富。不認識城市，何以認識鄉村？不認識城鄉區域間的聯繫，何以發展小城鎮？這同樣是費先生的方法論進路。我們不僅可以從中窺見費先生的類型偏好，而且可以看見他期盼重建什麼樣的城鄉中國。鄉村或城市分類都不是費先生的終極目的，在兩種分類的基礎上，再建城鄉關係的類型學，並由此找到中國向何處去的方向才是他真正的關懷。因此，只有從城市和鄉村各自的類型觀出發，再總結城鄉關係的類型，才能理解其早年鄉土重建以及晚年小城鎮道路的方法論邏輯。筆者的整理工作不僅是為了浮現費先生關於城鄉研究和小城鎮道路的思考邏輯，而且希望為中國正在進行的城鎮化道路提供認識論上的參考。在學理上，一方面，我們可以重新思考古典社會學中有關單調「東方城市類型」的偏見；另一方面，至少應該讓那些不斷批評費先生是鄉土本位的現代學人，去尊重一種跨越時代的總體性中國研究。

二、費孝通的早期城觀與文明觀、社會變遷論

青年費孝通以研究鄉村問題聞名於世，但他從來不認為中國問題就是鄉村問題，反倒是批評了當時諸多鄉村建設運動者的以偏概全。他說：「我們認為中國社會變遷中，都市和鄉村至少是同樣重要。若是離開了都市的研究，鄉村的變遷是不容易瞭解的。」[317]1933 年，時年 23 歲的費孝通就意識到，如果不區分城市的類型，城鄉關係的研究就是籠統的、偏頗的。在《我們在農村建設事業中的經驗》這篇文章中，他以蘇州、上海為例，分別闡釋了兩種城市類型和城鄉關係類型他明確指出了蘇滬之間的區別：

在討論中國鄉村和城市的問題時，還有一點應當注意的，就是中國的都市實有兩種不同的性質，第一種是舊式的「城市」，如蘇州等是。這種城市的發生並不是由於工商的發達，而是在於一輩脫離土地工作，而靠收租為生的地主們安全的要求。從經濟上論，這是一種消費的集團。第二種是新興的都會，如上海等是。它們是西洋文明東渡的產物，是現代的，最重要的是工業和商業，所以可說是生產的集團。論中國都鄉關係的，往往不分別此種差異。[318]

二、費孝通的早期城觀與文明觀、社會變遷論

費先生的意思是,如果不能從都市或城鎮類型的差異出發,去區分城鄉關係的差異,那麼有關中國的認識論的前提就是錯的。因此,籠統而不加分別地展開鄉村建設,意義將十分有限,甚至有所誤導。很明顯,這種對城市的判斷帶有功能性的眼光:城市是以生產為主還是以消費為主,將決定其基本屬性。可以說費先生早期這種分類而治的城市觀,不僅指向城市類型本身,而且明確了城市的類型與其自身的分工以及與周邊區域的聯繫密切相關。不過,關於都市、城鎮的基本類型以及城鄉之間的關係,費先生還沒有開始系統敘述。

費孝通早期的文章中,多處流露出對以汲取資源為主的現代都市的不以為意。他完全不認可發展類似上海的都市就可以解決中國問題,因為彼時的上海似乎是中國的「飛地」,已經與古式中國文明之間發生了「脫嵌」,並未跟周邊的區域產生有機聯繫:

以為發展都市可以吸收鄉村過剩人口的,自然指新興的都會。但是新興的都會在中國卻有一種特別的性質,就是政治上、經濟上,因租界的存在大都不能認為是中國的。除非承認外國經濟及政治的侵略對於中國實際生活上是有利的,而我們願意享受這種利益的話,我們似乎不能認為上海式的都會的發達是一件可以引以自慰的事。[319]

青年費孝通對上海、蘇州的城市差異的判斷,很大程度上源於其早期受教的中國文明觀。他在燕京大學讀書時,基本接受了派克對中國文明的看法,繼而用這種判斷來初步劃分中國的城市。下面,我們不妨看一下他是如何總結派克教授的中國文明觀的:

事實上,中國是不能用西洋人所謂帝國或政治的個體來稱呼的,它是一種文明……不僅是一個古舊的文明,而且是一個已經完成了的文明。一切中國的東西,任何一項文化的特質——器具、習俗、傳習以及制度——無不相互地極正確地適合,因之,它們合起來,足以給人一種它們是一適合而一致的整體的印象。[320]

而北平成了費孝通論述這種「已完成了的文明」的絕好範例。

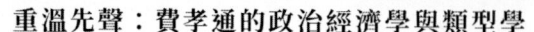

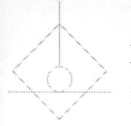

重溫先聲：費孝通的政治經濟學與類型學

費孝通先生的城鎮類型觀——兼論小城鎮與城鄉協同發展中的區域道義 [294]

在北平的街道上可以獲得這種印象。一切東西，不單是古舊，而且在習俗中已經根深蒂固地確立了，各行各業的人民所表現的，好像是舞臺上的優伶。每一個人都知道他所扮演的角色，舉止裝飾無不有所依歸。每一個人都有他所司的特殊職司，而且都能安於其位。[321]

這種具有歷史綿延性質的城市文明與費先生的鄉土中國觀搭配起來了，作為帝國的中心城市，鑲嵌在周邊的農業文明之中，沒有任何違和感。但是，這與韋伯的封建官僚型城市不同，費先生意在強調城市內外的搭配的有機性。而且，北平不是 20 世紀的中國唯一的大都市案例。反方向的例子就是上海。

在上海就沒有這一種印象了。上海市靠海，生命活動的方式和歐洲的都市無異。黃浦灘的建築完全表示著歐洲的面貌，一切在交通要道的東方港口，都已無法避免地歐化了。但是我所要講的上海並不在他的建築，而是他的人民。上海街道上擁擠著的都市群眾裡陳列著無奇不有的裝束和行為，每個人似乎都是按著自己的性格而動作，充滿著無畏的騷亂和混亂，使人發生一種印象，覺得他們的舉止都是發狂似的臨時應付的動作，他們不受習俗的拘束和訓練，只是任意的生活。北平就不然了，在那裡我們依舊在中國，中國舊有的秩序照舊地流行。[322]

在從「蘇州—上海」轉向「北平—上海」的敘事過程中，費先生一直將文明、城市類型及相對隱藏的城鄉關係結合起來論述。他用一種有別於雷德菲爾德的方式，樹立了一個城市連續統的兩端，一個是北平，一個是上海，從而在延續與斷裂之間，在古舊與現代之間，甚至於是在有機與無機之間，樹立了一種朦朧的城市類型觀。費先生早期樹立的這個連續統，與雷德菲爾德的「傳統」類型說有關，但也有很大不同。雷德菲爾德希望在鄉村與都市、社會與國家之間建立一個認識譜系。但費先生的都市社會二分連續統，內部本身也包含了與鄉村的聯繫，更重要的是其明確流露出了費先生的城市建設方向。

什麼方向？有機的城鄉聯繫或區域聯繫是費先生最為看重的特徵。那種「飛地式」的斷裂型現代大都市讓費孝通十分警覺，譬如買辦時代的上海。在某種程度上，傳統中國城鄉之間的均衡狀態與有機聯繫是費先生希望保存

的歷史遺產。在《科舉與社會流動》[323] 一文中，費先生與潘光旦整理了明清時期舉人、進士的籍貫背景，發現都市與城鎮均不占優勢，鄉村也是人才供應的重要基地。城鄉之間、人才、消費、技工等方面的交換與流通，在大部分時間裡都是比較順暢的，城鎮對鄉村沒有什麼支配權。這種均衡的城鄉關係意味著農民不會被城市地主絕對支配，並存在一定的自主空間。城鄉之間除了人才的均衡，在農產品、工藝物品、資金的流動上也是相對有機順暢的。

雖然，尚處學生時代的費孝通暫未清楚區分「都市」「城鎮」，但在總體方向與區域分工上是清楚的。他很早就強調了都市的動態性，都市的人口就是不斷遷移聚集的，這就意味著文化的交匯與不同社群生活方式的不期而遇。「都市中分工精細，進入城市中的人，被送入了新的境地，新的職業。一方他們因與他種生活形式相遇而破壞了他們原有的形式，一方又因新群體的形成而獲新的形式。都市不應當視作一經濟的、政治的或地域上的單位，而是一個社會變遷的中心，一個人類行為改變形式的大熔爐」。[324] 反觀鄉村則不一樣。由於經濟以農業為中心，人地相配，不能自由流動，所以相對靜止。人口從鄉村流向都市，並在都市職業分工中尋找位置，但是人們進入都市多是因為生活太好或生活所迫，生活方式還會保留鄉村的延續。都市中會形成新的團體和組織，而這些組織的結構還會有鄉村的影子。所以在鄉村與都市或城鎮之間，費先生的敘事還是在潛意識層面傾向於廣闊的鄉村，保留了鄉土的本位。（但這完全不意味著他不關注城市、工業與資本。）

城鄉之間的互相聯繫始終被費先生所強調。

都市和鄉村間人口的流動常是雙方的，雖則雙方流動的速率不同，但由都市向鄉村去的人亦是很多的。這些人在都市中學得了新的生活方式，來到鄉村中，做鄉村社會變遷的種子，所以鄉村社會的變遷常策源於都市。我們要明了鄉村社會的變遷，自然不能不從變遷的源頭——都市入手。事實上，要明了中國鄉村變遷的原因和趨勢，若把天津、上海、漢口、廣州等都市踢開不論，實在無從說起。[325]

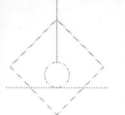

重溫先聲：費孝通的政治經濟學與類型學
費孝通先生的城鎮類型觀——兼論小城鎮與城鄉協同發展中的區域道義 [294]

因此，費先生十分重視在傳統文明影響下的城鄉關係與現代社會衝擊下的城鄉關係。尤其是新興都市要素在傳統城市中的出現，將對整個區域或周邊的鄉村產生怎樣的影響，這是費先生最為擔憂的問題。他歷來重視都市、城鎮對鄉村的反饋。在鄉土本位的中國社會中，城鎮作為一個消費體，會對鄉村農業、鄉土工業實現有機的反饋。尤其是在人才上，知識分子或官員復員為鄉紳，多少保留了鄉土的根本。從都市到鄉村去的人是什麼樣的人，能決定都市對鄉村的影響方式。在現代化過程中，與費先生同時代的鄉村建設知識分子下鄉，同樣會對鄉村產生影響。但是，青年費孝通對當時那個喧囂的鄉村建設知識分子群體很不滿意：「我們只看見要知識分子下鄉去的宣傳，要改革這樣要改革那樣的呼聲，但是我們絕沒有機會聽見一個調查農民態度的忠實報告。」[326]

三、城鄉關係的相成論與相剋論

早在《祿村農田》中，費孝通就從城鄉金融以及現代工業與鄉村手工業的關係出發，論述了城鄉關係視野下都市與城鎮的不同。

我時常這樣想，中國傳統的市鎮和現代都市是不同的。它不是工業中心，而是一輩官僚、地主的集合居處和農村貨物的交易場所。在傳統經濟中，基本工業，好像紡織，是保留在農村中的。因之在傳統經濟中富於自給性的農村，是個自足單位。它在租稅的項目下輸出相當資金，而借家庭手工業重複吸收回來一部分。鄉鎮之間，似乎有一個交流的平衡。平衡保持得住，土地權不會大量外流。現代工業發達卻把這平衡打破了。手工業敵不過機器工業，手工業崩潰，農村金融的竭蹶跟著就到。[327]

因此，費孝通認為，維持城鄉之間的均衡狀態是鄉土自足的延續，但他也預料到了這種均衡將被打破，所以希望尋找一條重建道路。

不過，即使現代工業沒有發生，城鄉關係也並非完全是均衡的。在《鄉土重建》一書中，費孝通意識到二者不是一個恆定的狀態，並以都市與鄉村的關係為例，論證了「相成論」與「相剋論」兩種理論。

三、城鄉關係的相成論與相剋論

相成論主要是均衡狀態的體現。

從理論上說,鄉村和都市本是相關的一體。鄉村是農產品的生產基地,它所出產的並不能全部自銷,剩餘下來的若堆積在已沒有需要的鄉下,也就失去了經濟價值。都市和鄉村不同,住在都市裡的人並不從事農業,所以他們所需要的糧食必須靠鄉村的供給,因之,都市成了糧食的大市場。市場愈大,糧食的價值也愈高,鄉村裡人得利也愈多。都市是工業的中心,工業需要原料,工業原料有一部分是農產品,大豆、桐油、棉花、煙草,就是很好的例子。這些工業原料有時比糧食經濟利益更大,所以被稱作經濟作物。都市裡工業發達可以使鄉村因地制宜,發展這類經濟作物。另一方面,都市裡的工業製造品除了供給市民外,很大的一部分是輸入鄉村的。都市用工業製造品去換取鄉村裡的糧食和工業原料。鄉市之間的商業愈繁榮,雙方居民的生活程度也愈高。這種看法沒人能否認。如果想提高中國人民生活程度,這個鄉市相成論是十分重要的。中國大多數的人民是住在鄉村裡從事農業生產,要使他們的收入增加,只有擴充和疏通鄉市的往來,極力從發展都市入手去安定和擴大農產品的市場,鄉村才有繁榮的希望。[328]

另一種是相剋論,費先生將其放在更為近代的視野中來展開,並且賦予了鄉村更具韌性的色彩。費先生從過去的歷史看到,中國都市的發達似乎並沒有促進鄉村的繁榮。相反,都市興起和鄉村衰落在近百年來像是一件事的兩面。例如:

在抗戰初年,重要都市被敵人占領之後,鄉市往來被封鎖了,後方的鄉村的確有一度的喘息。這現象也反證了都市對鄉村實在害多利少。這個看法若是正確的,為鄉下人著想,鄉市的通路愈是淤塞,愈是封鎖,反而愈好。[329]

順著費先生的眼光往更為極端的方向來看,鄉村是靠不上現代都會的,而且鄉村有自身的獨立性,這種獨立性一旦被破壞,鄉村就會被都市、城鎮所支配。

自從和西洋發生了密切的經濟關係以來,在我們國土上又發生了一種和市鎮不同的工商業社區,我們可稱它作都會。以通商口岸為主體,包括其他以推銷和生產現代商品為主的通都大邑。這種都會確是個生產中心,但是它

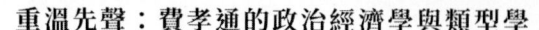

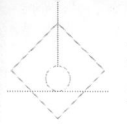

重溫先聲：費孝通的政治經濟學與類型學

費孝通先生的城鎮類型觀——兼論小城鎮與城鄉協同發展中的區域道義 [294]

們和鄉村的關係卻並不像我們在上節提到的理論那樣簡單……現代都會一方面把大批洋貨運了進來，一方面又用機器製造日用品，結果是鄉村裡的手工業遭殃了……而且，在都會和鄉村之間還隔著一個市鎮。[330]

費先生在論述相剋論的同時，再度延伸了對「都市」的定義，並說明鄉村與都會之間還存在「市鎮」的層級。城鄉均衡的破壞，同時意味著一場鄉村原始化的悲劇。「都會工商業的基礎並不直接建築在鄉村生產者的購買力上，現代貨物的市場是都市裡的居民。這些人的購買力很大部分依賴於鄉村的供奉。鄉村的脫離都市最先是威脅了直接靠供奉的市鎮裡的地主們，接下去影響了整個都市的畸形經濟。」[331] 也就是說，都市的脫嵌型運作沒有顧及一體的城鄉關係，從而造成了城鄉的兩難。

因此，關鍵就在於將都市中的市場與鄉村合攏。

怎樣能使鄉市合攏呢？方向是很清楚的，那就是做到我在本文開始時所說的一段理論，鄉村和都市在統一生產的機構中分工合作。要達到這目標，在都市方面的問題，是怎樣能成為一個生產基地，不必繼續不斷地向鄉村吸血。在鄉村方面的問題，是怎樣能逐漸放棄手工業的需要，而由農業的路線上謀取繁榮的經濟。這些問題固然是相關的，但是如果要分緩急先後，在我看來，應該是從都市下手。在都市方面，最急的也許是怎樣把傳統的市鎮變質，從消費集團成為生產社區，使市鎮的居民能在地租和利息之外找到更合理、更穩定的收入。這樣才容易使他們放棄那些傳統的收入。[332]

大部分的中國城市，本身是個消費體，並不是生產性的社區，所以一直與鄉村保持聯繫。西方工業產品的入侵，打破了城鄉之間的微弱紐帶，都市破產，鄉村變得更加自給自足。當費先生所說的相剋論類型在20世紀的中國崛起之後，中國的鄉村就「癱瘓」了（但不是「崩潰」）。這裡說的「癱瘓」是城鄉之間聯繫的斷裂，堅韌的小農經濟蜷縮回更加接近自給自足的程度，除非遇到天災荒年，農村是不會輕易潰散的。即使碰上了天災，若有經常的救濟，加上小農自身匱乏經濟的節慾傳統，小農不至滅亡。但癱瘓是一種慢性的疾病，不加治療就會腐蝕生產的能力。尤其在戰時狀態中，就會導致鄉土社會的「日益損蝕」。費先生認為，中國的城市與鄉村之間，向來是

城市依靠鄉村的補給而得以延續,所以才提出要重建中國的鄉土社會,首先應該是重建城鎮,規避以往「不在地主」靠地租延續的方式。「在都市方面,最急的也許是怎樣把傳統的市鎮變質,從消費集團成為生產社區,使市鎮的居民能在地租和利息之外找到更合理、更穩定的收入」。[333] 這樣才能重建一個互助的城鄉關係。那些有關「新鄉土中國」「走出鄉土」「告別鄉土」的觀點,幾乎斷言費先生的理論完全是鄉土底色的,沒有考慮現代中國的新問題、新變化。但實際上,費先生所敘事的鄉土重建,本身就包含了城鎮和鄉村的雙重建設方案。

四、都·城·市·鎮:更加細分的類型學

上述有關費先生的城市類型學及其城鄉關係建設觀,尚屬不夠完善的階段。費先生晚年就覺得自己此前提出的城市觀不夠精確:「我最初寫《鄉村市鎮都會》的那篇短文中,就已感覺到應當把我們通常歸入『城』的一類的社區,加以分別成『市鎮』和『都會』兩種形式,就是把沒有受到現代工業影響的『城』和由於現代工業的發生而出現的『城』分開來說,前者稱之作『市鎮』,後者稱之作『都會』。」[334] 並且,費先生認為市鎮和都會的大類下還有「次型」存在,因此需要進一步細緻分類。他逐步對各種中文語境中的城市類型學展開了敘述。

首先,何謂「城」?費先生認為,並不能單純用人口的分佈來衡量是否是「城」,那些人口眾多的中國鄉鎮,只是自給的生活單位聚居。「城的形成必須是功能上的區位分化,為了功能分化而發生的集中形式」。[335] 費先生集中指向那種「衙門圍牆式的城」,即具有君權政治功能的牆中城市,其也是馬克斯·韋伯重點關注的類型。但費先生的解釋十分本土化:

「城」牆是統治者的保衛工具……「城」是權力的象徵……沿城要掘一條環城的水道,也就是所謂的「池」……這條水溝也稱「隍」。「城隍老爺」也是政治權力的象徵。在城內,都有一些可以種植的田地;就是北平、南京、蘇州等一類大城,也有它的農業區……最理想的「城」是一個能自足的堡壘。[336]

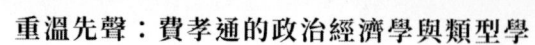

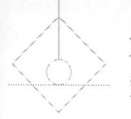

重溫先聲：費孝通的政治經濟學與類型學
費孝通先生的城鎮類型觀——兼論小城鎮與城鄉協同發展中的區域道義 [294]

這裡定義的「城」，不僅明確了其政治功能，還補充以某種自給的特性，而韋伯僅僅將其視為汲取能量的政治空間單位。除此之外，費先生還有諸多其他類型。

其次，何謂「市」？如果說「城」是一種自上而下的皇權投射，那麼費先生對「市」的類型定義具有自下而上的自發屬性：「鄉村裡農家經濟自給性固然高，但並不是完全的，他們自身需要交換，而且有若干消費品依賴於外來的供給，這裡發生了鄉村裡的商業活動，在這活動上另外發生了一種使人口聚集的力量。這種力量所形成的較密集社區，我們可以稱之為『市』，用以和『城』相分別。」[337] 但費先生並不是說二者的功能截然分開。「城」一般還有「市」的功能，單獨的「市」卻難有「城」的屬性。「不論附屬於『城』的工商業怎樣發達，在以地主為主要居民的社區裡，它的特性還是在消費上。這些人口之所以聚集的基本原因，是在依靠政治以獲得安全的事實上」。[338] 聚集在城中的消費人口會有其他市集貿易、物品消費的需要，「城」的功能將會增加。

為了地主消費的需要，在城裡或城的附近發生了手工業的區域。他們從事於各種日用品的生產，供給地主們的消耗。地主集中的數目愈多，財富集中的力量愈雄厚，這類手工業也愈發達，手藝也愈精細，種類也愈多。成都、蘇州、杭州、揚州等可以看作這類『城』的最發達的形式。為了各個城裡貨物的流通，以及各地比較珍貴的土產的收集，在這種城裡商業也發達了起來。這種城的經濟基礎是建築在大量不從事生產的消費者身上，消費的力量是從土地的剝削關係裡吸收來的。[339]

再者，何謂「鎮」？費先生認為「鎮」與「市」的出現有關。

街子式的市集並不構成一個經常的社區，它不過是臨時性的集合，本身只是一個地點，依著交通的方便而定。為了要容得下大量的人數，所以這地點必須有一個廣場。但是商業活動逐漸發達，市集的集合逐漸頻繁，在附近發生了囤積貨物的棧房。居民需要外來貨物的程度提高了，販運商人不必挑了貨擔按著不同市集循環找買客，商店也產生了。從商業的基礎長成的永久性的社區，我們不妨稱之作「鎮」。[340]

四、都‧城‧市‧鎮：更加細分的類型學

按照費先生的邏輯，如果一定要在城與鎮之間加以區分，那麼城的市場更多的是由權力家族來推動的，而鎮則是由社會自發貿易來推動的。

費先生比較了城和鎮「在表面上的」相似之處，至少城鎮均是「不在地主們」的蟻集之所。只不過，鎮裡面更多的是商人地主，城裡面更多的是官僚地主，後者的地位更為優越。地主類型的不同，就直接決定了與鄉村或與佃戶、租戶的不同關係。

特別提出城和鎮的兩個概念來，目的是想指出這兩種性質上不完全相同的社區，它們和鄉村的關係也有差別。這裡所指的城，那種以官僚地主為基礎的社區，對於鄉村偏重於統治和剝削的關係；而那種我稱之為鎮的社區，因為是偏重於鄉村間的商業中心，在經濟上是有助於鄉村的。[341]

因此，從經濟交換的角度來說，費先生認為那種不以強權壓迫為特徵的城鄉關係更值得提倡。

最後，費先生再度論證了他的「都會」觀。都會「是以現代工商業為基礎的人口密集的社區。但是中國的都會在性質上也不能完全和西洋的都會相比，因為它主要的經濟基礎是殖民地性質的。它可以說是西洋都會的附庸……現代都會是現代化工業的產品，一個沒有工業化的區域裡是不能發生紐約、倫敦之類的都會的。商埠都是工業化的區域侵入另一個結構上還維持著封建性的劣勢經濟區域的過程中所發生的特殊性質的社區，把它看成一個普通的都會就不正確了」。[342]

費先生再次提到了「上海」。不過，這次他將上海與紐約、倫敦相比。

紐約、倫敦這類都會可以說是廣大的經濟中樞。它支配著這一個區域裡的經濟活動。這個中心的繁榮也就代表著這個區域的繁榮。不同區域間的經濟往來是由中樞相聯繫的，譬如美國內地和英國內地小鎮間貨物的貿易，也是一種分工的表現，並不是直接的，而必須經過紐約和倫敦這類都會。同一區域內經濟上的配合也靠這中樞的調排。這中樞的效率愈高，對整個區域的經濟也愈有利。這是一個「城鄉」相成的都會形式……上海在這方面卻和這些都會不同。它不是一個獨立的經濟區域的中樞，而是一個被政治條約所開

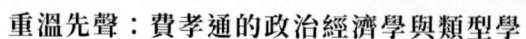

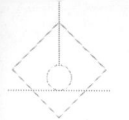

重溫先聲：費孝通的政治經濟學與類型學
費孝通先生的城鎮類型觀——兼論小城鎮與城鄉協同發展中的區域道義 [294]

出來的「商埠」。上海式的商埠（Treaty-port），在它們歷史發展上有它們特別的性質。它們是一個經濟上處於劣勢的區域向外開的一扇門。它們的發展並不像紐約、倫敦式的都會一般，是由於它們所處的區域自身經濟發展的結果。它們是由外來勢力和一個經濟劣勢的區域接觸時發生的。[343]

費先生認為上海這種商埠和「城」不同。前者的消費品並不仰仗自己經濟區域裡的製造品，而後者的消費品則是在自己區域裡製造出來的。商埠的經濟作用是以洋貨代替土貨，在地主之外加上一種買辦。「城」的主角是地主，而商埠的主角是買辦。在費孝通看來，彼時工業落後的上海卻能維持龐大的人口數量，絕不可能是自給自足的，而是被供養著的，用從鄉村裡剝削出來的財富到外國去換工業品來，從而在「租界」裡消費。因此，商埠和都會並不相同。費孝通認為，如果20世紀初期的上海能夠建設成為紐約、倫敦那樣的有機輻射中樞，是喜聞樂見的，然而他在蘇州農村進行農業調查時發現，那時的上海卻類似個吸血之城。

前述有關費先生的都、城、市、鎮的類型學，結合了歷史與現實的多重考察，他的細緻分類駁斥了那種將中國城市單獨視為王權投射類型的觀點。費先生的城觀拒絕將任何一類（遑論一個）的城市視作整體文明的全部折射。「從來沒有一座大城，曾像羅馬與君士坦丁堡支配羅馬時期的歷史那樣，單獨支配過中國的文明；也沒有一座大城，像倫敦與巴黎代表英法兩國文明那樣，單獨代表過中國的文明」。[344] 中國的城市類型學反而在河流、山川、氣候、王權以及各種百姓的生活實踐中，塑造出多樣的形態。

需要強調的是，不論是對都會還是對城、鎮的區分，是否與周邊區域有機聯繫、互惠反饋都是他一貫的衡量標準。在費先生的筆下，都會、城、鎮以及市集的性格善惡，完全取決於都會、城、鎮與鄉村的關係是道義的還是嚴酷剝削的。至此，我們基本看到了費先生基於鄉土中國本色論述的城觀，是一部中國各區域之間的道義經濟學。都、城、市、鎮、村之間物流、人流、資金的來往，都應該遵從互惠、均衡的道義倫理，否則鄉土中國的社會本色就會被損蝕。

五、改革開放以來小城鎮發展方案的內發理路與區域倫理

改革開放之後，費孝通先生基於過往的鄉土中國觀與城鎮類型觀，提出了一條「小城鎮」的發展道路。該方案旨在以小城鎮來銜接城鄉，盤活區域經濟，意在保持鄉土工業的活力。中國的小城鎮被費孝通視作新的發展「棋眼」。即使在費先生提出小城鎮方案的 20 多年之後，麻國慶教授依然緊跟費先生的設計方案，明確指出小城鎮是中國城市與鄉村之間的結合處，是事關城鄉協調與統籌發展的關鍵點。[345] 李培林則透過實地考察，作出「小城鎮依然是大問題」的判斷。[346]

為了論證小城鎮發展方案，費孝通重新追問了小城鎮是什麼？他的回答是「一種比農村社區高一層次的社會實體的存在」，[347] 是一種溝通城鄉、連接農村與都會的重要中間對象。在《小城鎮　大問題》一文中，費先生以「類別、層次、興衰、佈局和發展」為指導，系統提出了新的方案。該文中總結了他在吳江看到的 5 種小城鎮，筆者簡列為下表：

表 1　費先生總結的 5 種吳江城鎮類型

名稱	中心職能定位	具體狀況
震澤鎮	商貿經濟中心	以水路航船貿易為紐帶的鄉鎮商品流通中心
盛澤鎮	專業化絲織工業中心	鄉鎮之間的手工業品有巨大且平衡的流動
松陵鎮	政治中心的遺產	舊皇權的基層政府所在地，有衙門和城隍廟
同里鎮	具有歷史的消費型小鎮	地主、鄉紳和退隱官僚的聚居地，是一個「消費、享樂型的小城鎮」
平望鎮	交通樞紐中心	交通發達、物資流暢，抗戰期間被夷為平地，改革開放後發展最為迅速的小鎮

除了上述 5 種主要類型外，費先生認為吳江還有一些其他的經驗類型，只是還沒有被髮掘出來而已。「提出類型的目的，是為了突出這些城鎮的特點，使我們對小城鎮的概念不至於停在一般化的籠統概念上，而要注意到各個小城鎮的個性和特點……透過這樣的分類，使我們注意到各個城鎮有它的特點，而且這些特點是各個城鎮的具體歷史形成的，因此在建設這些城鎮時不應當一般對待。」[348] 由此可知，每一種類型都至少是一種功能的載體，

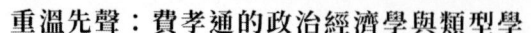

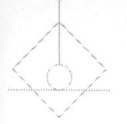

重溫先聲：費孝通的政治經濟學與類型學
費孝通先生的城鎮類型觀——兼論小城鎮與城鄉協同發展中的區域道義 [294]

而「功能」決定了城鎮與鄉村實現均衡的連接關係具有怎樣的實質內容。或者可以反過來說，城鄉之間的關係在某種程度上決定了城鎮的功能實質。

改革開放之前，費先生的城市類型學主要是對20世紀上半葉的現實描述。改革開放之後，各種類型的城市打開了相對封閉的閘門，標誌著中國進入了一個區域性城鄉經濟協調發展的新時期。費先生在城市類型學的基礎上，明確城鎮之間「層層包含」[349]的特性，進而展開區域的研究。例如他將以縣為基礎的區域之中的經濟聯繫體稱作「聯結型的經濟實體，」[350]這種聯結型的經濟實體，既有計劃經濟的調控功能，也不缺乏商品經濟的靈活性。

費先生總結的三種區域模式，即從社隊企業轉向鄉鎮企業的蘇南模式，從個體、家庭出發導致經商致富的溫州模式，以「三來一補」為動力的珠三角模式，[351]均是在農村、城鎮以及外來資本、國家權力聯繫分類的基礎上提出的區域聯動發展模式。這些被提升的區域聯動發展思維，還被運用到了中部農村地區和少數民族地區。每個區域的重點發展空間，不是一個孤立體，而是被賦予了帶動整個區域發展的道義責任。

區域間的道義經濟學繼續在費先生的新方案中發揮作用。「大城鎮與小城鎮的關係是大魚與小魚的關係，大魚要幫小魚，小魚要幫蝦米。我說這是社會主義的公式，有別於大魚吃小魚、小魚吃蝦米的資本主義公式」。[352]費先生拒絕任何單向度的攫取，城鄉關係應該是互惠的，區域間的道義倫理是鄉村和各種城鎮都應該兼具的品質。

在費孝通那裡，鄉村、都市、城鎮、市集等範疇均是複數的形式，同樣，城鄉關係的類型也是複數形式。我們能夠清楚看到，費先生提出的小城鎮發展道路並不是一個固定的單一程序，而是因地制宜的特定複雜模式，能夠同時開拓未來與繼承歷史，並在各個區域之中大小嵌套（這在無意中回應了馬克斯·韋伯基於簡單材料基礎上的中國城市類型學判斷）。如果我們對城鄉之間的農、工、商、政以及各種類型的貿易交流與人力交換進行細緻的考察，就會得出一種新的城鄉關係類型。而且，這種關係類型是具備道德倫理品質的。在費先生列示的所有鄉村、城鎮的類型中，每一種類型在總的區域空間裡都負有自身的發展責任。從費先生所推崇的有機城鄉關係論中，我們可以

看到農村與城鎮的發展經濟學與道義經濟學是並舉的。日本學者鶴見和子雖然沒有系統整理過費先生的城市類型學，但是卻十分恰當地將費先生的城鎮發展方案概括為「內發的發展」道路。內發的視野拒絕外來資本主導或買辦式的城市對農村的支配，就是一種以區域道義為本位的發展模式。

最後需要指出的是，費先生非常清楚僅從鄉村切入中國農村調查的弊端。美國人類學家雷德菲爾德曾經建議他要多關注城市，他誠懇地接受了：「研究一個文化較高的農民社區，應當注意到這個社區在經濟上和意識形態上與城鎮的聯繫。這就對我過去的方法指出了不足之處了。對中國農村的調查不能限於農村，因為在經濟上它是城鄉網絡的基礎，離開了上層的結構就不容易看清它的面貌。」[353] 因此，他在 20 世紀 40 年代，就已經在立足鄉土的同時，走出鄉土，期盼重建鄉土中國。那些急於給費先生貼上「鄉土研究者」標籤的同仁，不妨先仔細溫習一下費先生的「城觀」。費先生晚年在重讀馬林諾夫斯基為《江村經濟》所作的序言後說：

基層社區固然是中國文化和社會的基本方面，但是除了這基礎知識之外還必須進入從這基層社區所發展出來的多層次的社區，進行實證的調查研究，才能把包括基層在內的多層次相互聯繫的各種社區綜合起來。用普遍所熟悉的現成概念來說就是中國文化和社會這個實體必須包括整個城鄉各層次的社區體系。[354]

費先生的多元城觀及其多元關係的觀點，給當下中國各個區域展開的城鎮建設提供了理論借鑑。費先生不僅拒絕從人口、規模上去定義城市類型，而且拒絕從外來的、自上而下的視角去定義城市的功能，強調任何類型的城市都應該跟區域中的其他空間實現有機聯繫，形成順暢對流。他在內發視野中推動的區域道義經濟學，實際上就是要倡導區域內外都市、城鎮、鄉村之間的道義責任。這至少從另一個角度提醒城鎮建設者，不要一味從人口與空間等級及政治經濟屬性上定義城市，而應以區域內外、城鄉之間交互的視野來發展城鎮。

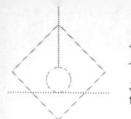

重溫先聲：費孝通的政治經濟學與類型學
漫談費孝通先生在中觀層次上的一些類型學概念

漫談費孝通先生在中觀層次上的一些類型學概念

一、引言：對類型學的偏好

費孝通先生對類型的偏好，是他一以貫之的方法論傾向。他在晚年總結說：「也許是受了我早年所學的動物學和解剖學的影響，我對客體事物存有類型（Type）的概念。」[355] 學醫的經歷與在史祿國門下的體制人類學經驗，[356] 確實讓他習慣性地從「類型」切入社會文化研究。在史祿國的影響下，費先生對本土人種學的分類展開過探討，如他早期的《體質研究與社會選擇》[357]《花籃瑤社會組織》等著述，以及晚年的關於中國人體質的分類[358]。但他在社會學與人類學研究領域中提出的各種類型學概念，並不是一種形式，而是基於實證調查歸納出的經驗，他的類型並不是呆板的。例如，在展開社區研究時，費先生「從希望產生一個普遍的而非特殊的知識體系的願望出發，產生了『文化分類學』的問題。一旦類型建立了，單個的深入研究就成了某個社區類別的代表」。[359] 當類型發生分化的基本特徵被甄別以後，社區民族志的基本任務就是去表現這些類型以及類型之間的關係（如《費孝通先生的城鎮類型觀——兼論小城鎮與城鄉協同發展中的區域道義》一文所述）。

費孝通強調：「我所說的類型只是指主要條件相同所形成基本相同的各個體。」[360] 即同一個類型之中的個別元素並不必然完全一樣，仍然存在一定的異質性，類別不是個別的眾多重複，每個個別元素的發生學條件不可能是完全一致的。因此，他在樹立各種類型學時，先找到「主要條件」，然後再展開「類」的劃分。例如，他在《親迎婚俗之研究》中用「婚姻儀式中是否親迎來劃分中國三大民俗區域」；他系統考察過周代的親屬組織分類系統；[361] 用「工商業的發展程度」進行農村社區劃分；用「居住地在鄉村還是城鎮」展開對「地主」的劃分；用施展權力的主體意識及方式展開對權力類型的劃分；用民族成分與互動方式展開民族走廊的劃分；用誰是受益主體展開其工業類

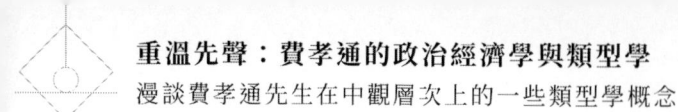

重溫先聲：費孝通的政治經濟學與類型學
漫談費孝通先生在中觀層次上的一些類型學概念

型的劃分；用代際關係或家庭分工展開家庭類型的劃分等。此外，還有其他眾多的分類，都是在這種方法指導下展開的。

需要注意的是，費先生絕不是要止步於分類以及簡單的描述，他的最終目標是解釋與綜合。例如，為了研究土地所有權，費先生選定了四種類型的社區，它們被用來代表不同程度的土地集中狀況。這種類型學方法最終還是要進入解釋的層面：

在整個研究過程中，我們是在兩個層次上同時進行的。首先是在分類學的層次上，特別參考了社區的土地體制來界定社區的特徵……當我們透過比較澄清了影響不同類型的土地制度的因素之後，我們就達到了第二個層次，即解釋的層次。用於說明這些類型的相似之處和不同之處的因素，也被用來解釋土地所有權集中程度的差異。[362]

對於當下社會學的學生來說，對費孝通的類型學的瞭解，主要侷限在對江村、祿村、易村、玉村的研究以及其他幾個相關的區域模式的研究；而對於民族學、人類學的學生來說，更加集中於費先生有關藏彝走廊、西北走廊、南嶺走廊的三大走廊類型上。筆者在前文已經述及費先生有關城市的類型以及分析單位的研究，但實際上，費先生對權力、經濟、工業、知識分子、家庭以及立足於功能論基礎上的要素分析，也都有十分獨到的類型學概括。只是這些類型學概括，還有待結合當下的經驗來觀察、討論，並以文化人類學與政治經濟學的雙重視野去進一步開拓。本文主要整理了《費孝通文集》中出現的一些類型學敘事片段，希望對關注相關問題的學人有所助益。

二、權力類型說：理解費孝通的政治社會觀

費先生劃分的權力類型，有兩種稍有差別的分類。一種主要是在《鄉土重建》之中的分類，分成皇權、民權、紳權、幫權。另一種主要是在《鄉土中國》之中的分類，分成橫暴權力、同意權力、教化權力、時勢權力。兩種分類關係巨大，但又不盡相同。

（一）皇權·民權·紳權·幫權

二、權力類型說：理解費孝通的政治社會觀

在二十世紀三四十年代，費先生非常關注政治與權力。當時，國外學者如托尼、卜凱等人分別指出了中國行政問題的冗繁拖沓特徵。「自從政治效率問題被視作中國是否還能得到國際尊重的關鍵後，朝野在不愉快的心情下對此似乎已有相當警惕」。[363] 中國國民政府的政治能力似乎變成了一個國際問題。同樣，費先生也十分關注當時政府的行政效率，不過他的學術性著作更多的是借古言今。

行政效能低下以及貪污腐敗的根源在哪裡？是吏治制度，還是文化根源上的問題？費先生選擇了一個迂迴的回答思路，他首先指出了傳統中國政治治理的「皇權—民權」結構。皇權的「無為主義」與民權的「自治」方式是共構社會秩序的政治框架。（因此，從政治社會學角度上來看，可以說他對權力的分類是從國家—社會這對分析範疇中展開的。）皇權與民權不論是消極還是積極，都必須合流成一股無為而治的「雙軌政治」，才能順暢運轉。任何一種權力出現問題，要麼導致揭竿而起、社會紊亂，要麼導致行政拖沓、政治腐敗。

在《鄉土重建》的第三篇《基層行政的僵化》一文中，便有兩種權力同等重要的敘事。[364] 在這篇文章中，費先生認為，中國以往的政治權力的傳達，表面上看似乎只有自上而下的一個方向，老百姓好似一個被動的受體，地方上的政治態度也好像無關緊要。這種判斷無疑將中國的政治社會看作死水一潭。果真如此的話，中國的政治也成了最專制的方式，似乎坐實了西方文史哲專家們對中國「靜止歷史」「專制歷史」「循環歷史」等單向度的判斷。但費先生並不認同這樣的說法，因為除非中國人是天生的奴才，否則這樣幅員遼闊的中國，如果沒有超強大的暴力機器，沒有比羅馬強上多少倍的軍隊和交通體系，這種統治不太可能維持。因此，一定還有社會文化層面上的其他原因。不論任何統治，如果要加以維持，即使得不到人民積極的擁護，也必須得到人民消極的容忍。人民自身的政治態度，便成了費先生自上而下的政治判斷的出發點。換句話說，政治絕不可能只是在自上而下的單軌上運行，人民的意見是任何性質的政治都必須要加以考慮的，這是自下而上的軌道。

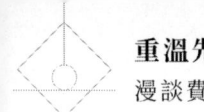

重溫先聲：費孝通的政治經濟學與類型學
漫談費孝通先生在中觀層次上的一些類型學概念

一個健全的、能持久的政治必須是上通下達、來往自如的雙軌形式。這在現代民主政治中看得很清楚，其實即是在所謂專制政治的實際運行中也是如此的。如果這兩軌中有一道淤塞了，就會發生桀紂之類的暴君。專制政治容易發生桀紂，那是因為自下而上的軌道是容易淤塞的緣故淤塞的緣故。可是專制政治下也並不完全是桀紂，這也說明了這條軌道並不是永遠淤塞的。[365]

因此，即使說中國以往的政治史是一部專制史，其中也存在著兩道防線。一是帝制權力本身的監察系統和有限管理（也就是無為主義），二是民權的消極政治系統，從而防止「暴君」的出現不會成為一個常態。「第一道防線是政治哲學裡的無為主義……在鄉土性的地方自足的經濟時代，這超於地方性的權力沒有積極加以動用的需要」。[366] 也就是說，皇權並不瀰漫，它有著自己的限度。皇權不下縣，自上而下的單軌修到縣衙門就打住了，而不是無止境地滲透到老百姓的家門口。從縣衙門到家門口的這一段權力銜接關係，在費先生看來最為有趣，也極為重要。因為這是考察、研究中國帝制皇權的集權專制體制與地方自治的民權體制如何交涉、結合、互動的關鍵點。要瞭解中國政治，僅僅關注神聖皇權，或單單關注底層政治，都是非常不足的。

按照費先生的意思，皇權築到縣一級的基層衙門，並不築到老百姓的家門口。到了衙門，就透過非正式的方式與鄉村自治組織的鄉紳對接。自治團體組織的管事就是鄉紳：「管事必須有社會地位，可以出入衙門，直接和有權修改命令的官員協商。這些人就被稱為中國社會中的紳士……紳士可以從一切社會關係：親戚、同鄉、同年等，把壓力透到上層，一直可以到皇帝本人。」[367] 所以，傳統社會中「皇權無為，衙門無訟」，是中央集權和社會自治雙重運作的結果，也是一種特殊的皇權與民權共存的現象。

但費先生也很清楚，自治社會不等於自發社會，民權的代表性問題仍然需要特別關注。費先生看到，基層百姓的「政治程度是極低的，他們怕事，他們盲從」，沒有自覺，必須有人代表他們。[368] 士紳階層的出現，同時銜接皇權與民權，成為雙軌政治的運轉樞紐。僅從皇權、民權、紳權的關係出發，我們就可以看清楚費先生的權力辯證法。

對於紳權，費先生的分析態度更具辯證性。一般來說，在《鄉土重建》《論紳士》《皇權與紳權》等著述中，有人可能會認為費先生在為紳權張目。這純然是誤讀。費先生只是強調具有紳權的一類人才確實有相當的作用，但對於人民來說，這種作用經常有兩面：剝削的與道義的。費先生表明：「我並不願為他們辯護，雖則我確知道有些紳士是熱心於公務的。我不願辯護的原因是在中國，傳統紳士是地主占絕對多數。地主的經濟基礎可以說是剝削農民的。」[369] 對於那些一味汲取鄉村社會資源而不知反饋的地主階層，費先生一直持否定的態度。

紳權是銜接皇權與民權的中介，但該階層並非只是被動的代理者而已，他們具有自身的監察功能，可是這種監察功能常常成為腐化的媒介。費先生說：

在傳統結構中，自下而上的軌道是脆弱的；利用無形的組織，紳士之間的社會關係，去防止權力的濫用，不但並不能限制皇權本身，而且並不是常常有效的。這也是紳士自身腐化的原因。他們可以利用這種政治上的地位去謀私利，甚至倚勢凌人，魚肉小民。這種軌道沒有理由加以維持，更談不到加強。從這方面說，我實在沒有對這種機構「戀戀不捨」。[370]

對紳權的態度體現了費先生的政治社會觀。這種政治社會觀要求政治軌道與社會合拍，讓權力嵌入社會，而非從社會中脫嵌出來，甚至反制社會。皇權和紳權有什麼樣的關係呢？費先生從紳權的性質出發，論述了紳權與皇權之間的兩種截然不同的關係：「簡單地說，對於紳權的性質有兩種看法：一是認為紳權乃是皇權的延長，它是統治人民的一種機構，紳和官是一體的。另外一種看法是紳權和皇權的來源不同，紳權是社會經濟的產物，握有傳統的勢力，而皇權卻是靠武力獲得的，建立在武力上，因之皇權和紳權可以發生衝突。」[371] 因此，那種能夠同時兼顧自上而下與自下而上兩種軌道的紳士階層，自然成為費先生所追求的政治社會的典範。

在《鄉土重建》一書的後記中，費先生建議從四種權力類型的總體關係視野，去瞭解中國傳統的政治結構。此外，他還著重批判了脫嵌的皇權所導致的暴力維穩和政治社會的紊亂。

重溫先聲：費孝通的政治經濟學與類型學
漫談費孝通先生在中觀層次上的一些類型學概念

「皇權」這名詞曾引起過問題，因為「皇」字可能只可指秦統一之後的中央統治權力，我想指的對象卻要包括秦統一以前一直到現在那種不向人民負責的政府權力。在《論師儒》一文中，我用了「皇權」一詞來說秦以前這種權力，但曾經朋友指出，「皇權」這名詞這樣用法是和歷史不合的……皇權本身是個複雜的結構。譬如說，漢代的皇權中可以分出：皇帝、重臣、宮廷、外戚、宦官和官僚，官僚中還有文武的分別……所以我在沒有找到比「皇權」更好的名詞前，只能在這名詞之下加上一個括弧，說明這種權力並不是一定指統一的中央權力，凡是根據武力取得和以武力維持的統治權力都可以歸入我這裡所謂的「皇權」。[372]

純粹單向度的武力皇權，沒有社會責任意識，從而為費先生所不齒。因此，一個健康的政治社會，必須要有較為充沛穩定的民權體系。但不知是受歷史與經驗所限，還是自身的關注不足，費先生對民權的論述比較稀薄、模糊。

在上述的四種權力中，在傳統社會中，民權是最不發達，不發達到有人認為並不存在。他們認為前三者交橫錯綜地統治著基層的人民……人民是一層沒有自身組織的被統治者。我的看法稍有不同。我承認民權很不發達，但是在基層還有著並不由上述三者權利所觸及的領域……在《鄉土中國》裡申引起四種不同性質的權力來：橫暴權力、同意權力、教化權力和時勢權力。民權的意思應當屬於同意權力的性質，但是在中國基層的宗族和地方組織中，同意權力極有限，主要是教化權力。[373]

費先生對民權的敘事止步於此。後來，他在有關訪美、訪英的著述中，不斷提及了現代民主權力的生成、運轉與制約，但與早期所謂的「民權」已不是一回事了。

下面，我們再來看看什麼是幫權呢？它與前三種權力有什麼樣的關係呢？費先生傾向於認為，幫權更加靠近皇權：

皇權的最後成分是暴力，它的形成是由於被需要安定的經濟力量所招安，以按期的報效代替週期的被劫掠。這過程是我們熟悉的，從上海乞丐頭兒造成大小幫會，以及邊地的保商組織，都是這一類。梁山泊那樣狠的好漢，也

難免招安的夢想。這其實是暴力集團升沉的自然史。中國歷史上貴為天子的，無論胡漢，還不都是以劫掠始而以收稅終嗎？[374]

從上述這段敘述來看，我們應該看到費先生所關注的幫權，一般處於政治社會大轉折的節點上。王朝創始和王朝沒落之時，幫權都是容易現世的權力形態。

幫權未必總是皇權的臂膀，也有可能成為皇權的「阿喀琉斯之踵」。地主階層一旦擁用了幫權，對皇權也是具有殺傷力的：

從地主階層來說，他們自己是不武裝的，但是利用著暴力集團間的矛盾，以暴制暴地選擇他們付保鏢費的對象。保鏢的目的在獲得這筆錢，如果有其他暴力集團興起了，最初是剿，剿不了則撫，撫不了就得拼，拼不了就讓位，這是改朝換代。[375]

（二）橫暴權力·教化權力·時勢權力·同意權力

與《鄉土重建》相比，《鄉土中國》一書對權力類型的論述較為零散，但仍然可以區分出費先生述及的另外四種相關的權力類型：即橫暴權力、同意權力、教化權力、時勢權力。橫暴權力即壟斷武力的暴力政治存在；教化權力是代際傳遞的，具有社會化的性質；時勢權力即那種出現在政治社會大轉型中的權力類型，是與主流橫暴權力、教化權力有所不同的，且具有時代特徵的卡里斯瑪權力類型；[376]同意權力則有些類似於民權，雖然費先生沒有論述這種權力的發生機制，但它顯然指向對自上而下無為而治權力的默會，以及對自身主體性政治權力的肯定——這種同意權力觀，交織著民主的傳統源泉，暗含了現代自由平等的個體自覺權力，是當代政治社會轉型需要面對的權力類型。

費先生比較關註上述四種權力類型的結構關係。例如，在鄉土社會繼替的過程中，長輩居於教化的位置，於是產生了長老統治和教化權力。因而費先生認為，在我們鄉土社會的權力結構中，「雖有著不民主的橫暴權力，也有著民主的同意權力，但是這兩者之外還有教化權力，後者既非民主又異於不民主的專制，是另有一工的。所以用民主和不民主的尺度來衡量中國社會，

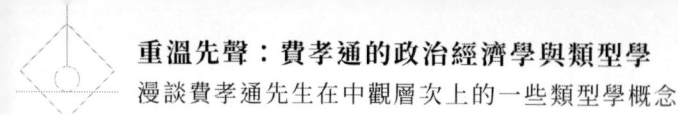

重溫先聲：費孝通的政治經濟學與類型學
漫談費孝通先生在中觀層次上的一些類型學概念

都是也都不是」。[377] 這樣一來，中國傳統政治社會的現代轉型就變成了一個極為複雜的政治社會學議題。

從傳統權力結構向現代權力結構過渡的過程中，費先生有過一段極為重要的敘述。

簡單地說，我所希望的是，皇權變質而成向人民負責的中央政權，紳權變質而成民選的立法代表，官僚變質而成有效率的文官制度中的公務員，幫權變質而成工商業的公會和職業團體，而把整個政治機構安定在底層的同意權力的基礎上。[378]

也就是說，費先生認為傳統的權力類型必鬚髮生變質，才能與現代秩序井然相處。在這裡，費先生的立場依然是立足民權，擴大同意權力；制止皇權的橫暴，建立有效率的、有代表性的中央政府；轉變官僚紳權，建立服務於公事的行政團體；截斷幫權，樹立因應時勢的法團權力。只有這樣，健康的政治社會才會來臨。

從皇權、民權、紳權、幫權到各種抽象的權力類型演變，意味著費先生嚮往推動傳統人治向民主法治的轉變。我們隱約可以看到，費先生在敘述傳統權力結構與現代權力結構時所運用的對應轉變思維。但是，這種對應非常不嚴格，在很多文字中，我們看到費先生給中國的「特殊性」留下了許多空間。

▌三、經濟類型

（一）節慾經濟·消遣經濟·匱乏經濟

人類學向來關注經濟的文化形態，或者說經濟在社會文化體系中的嵌入性特徵。摩爾根（Lewis Henry Moran）、莫斯（Marcel Mauss）、馬林諾夫斯基（Bronislaw Malinowski）、羅維（Robert H. Lowie）、圖恩瓦爾德（R. Thurnwald）、弗斯（Raymond Firth）、波蘭尼（Karl Polanyi）、格魯克曼（Max Gluckman）、薩林斯（Marshall Sahlins）等人類學家都有過經典的經濟研究。這些研究大體上都有一個共性，即從文

化多樣性的角度出發，批判西方將「排他性產權」或「自由市場」視作普遍經濟模式的獨斷看法，而「排他性產權」或「自由市場」的預設是個體主義社會的形成。在這個預設之前，還有一個經典判斷，即宗教對個體主義社會的形塑起了巨大推動作用。桑巴特（Werner Sombart）、韋伯（Marx Weber）、托尼（R.H.Tawney）又從社會學的角度論述了宗教與經濟的關係，這些均對費孝通先生影響巨大。

西方經濟學有個假定：人生來有種種慾望，慾望的滿足是快感，要得到快感，就需要物質來滿足慾望。物質是相對有限的，需要行動，費些手腳去蒐集和改造。

在這創造效用的過程中，我們得忍受一些痛苦。這樣說來，人生的快感是要以痛苦來換取的，在這矛盾上發生了經濟，經濟就是如何以最少痛苦來換取最大快感的打算。每個人都這樣打算、這樣考慮，相互間合作來達到這一目的而發生經濟行為。行為所循之方式固定化而成經濟制度，造成一個社會秩序。[379]

因此，費先生建議，我們不妨將西方近世以來的經濟稱之為「節慾經濟」。這種經濟希望以此世的節慾與世俗中的贖罪行動來換得彼世的快樂。「依這種說法，人類行為可以很明白地分為兩類：一類行為的目的是透過忍受現在的痛苦來創造將來可以享受的效用；一類行為是享受的本身。前者是生產行為，後者是消費行為……為了要追求人生的快樂，所以願意在塵囂中受罪。」[380] 費先生在這裡說的消費行為，是世俗的享受，而不是後現代抽象的消費主義行為。

節慾經濟是個體主義的，但從整個西方資本主義的時代來看，它又是要超越個人的。節慾經濟有一種此世和彼世的邏輯搭配，即在此世忍受痛苦，憧憬彼世的快樂——但實際上，憧憬和忍受都是同時發生的，都是此世的行為，但是在感官邏輯上，讓人覺得在時間上超越了個人的壽命，遠過於普通常識所能保證的限度，甚至遠過於尋常人世可以出現的機會。在這樣的理解基礎上，費先生對話桑巴特、韋伯、托尼等人，並認為：

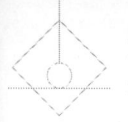

重溫先聲：費孝通的政治經濟學與類型學
漫談費孝通先生在中觀層次上的一些類型學概念

那種把利潤作為經濟的樞紐，作為企業的目的，作為人生的意義，本身是充滿著宗教色彩的，是忘卻了人本的結果。靠了這種宗教的信仰，他們在塵世之外，另設天堂，把痛苦和快樂兩端用肉身的死亡來作分界。今生是苦，來世是樂。於是今生只要從事於生產，再生產，消費不成了目的，只是成了刺激生產的作用。有上帝來保證，天國裡有永久的最上的無窮樂土，一個只有消費，沒有生產的經濟。[381]

當然，費先生明確了這種經濟觀「不是資本主義下勞動者的心跳，而只是控制這制度的企業家的精神」。[382]因此，節慾經濟具有很明顯的階層差異，也並非是西方普遍的思想態度。

費先生在中國的基層社會中，發現了完全不同的經濟。農村中的勞力為了避免勞動的痛苦，寧願消減其他方面的開支。雲南祿村的地方性知識告訴費先生另外一種人生觀：既不生產也不消費，不也是一種活法嗎？

資本主義的生產經濟在宗教熱忱減退的潮流中，已經被人看出了它那種非理性的假定。因之，我們看見了為提高生活程度，以消費為中心的計劃經濟的興起。這種趨向可以籠統說是以消費為中心的經濟，依舊是以快樂主義的人生態度為基礎。他們還是奉行多生產、多消費、多享受的三多主義。他們依舊認為要得到人生的意味，只有拼命生產，只是生產之後要求得到消費的兌現。

我在這裡要提出第三種經濟，我叫它作消遣經濟。[383]

因此，費先生在消費經濟、節慾經濟之外，提出了他的消遣經濟觀。在全球化徹底滲透至每個微觀社會之前，費先生所論述的這種消遣經濟，有其自身存在的合理性。

如果說費先生在《祿村農田》中提出的「消遣經濟」，還保留了對中國農民生存方式的合理性判斷的話，那麼在《鄉土重建》中論述「匱乏經濟」的文化根由時就變成了其時中國的「癥結」了。筆者在闡述費先生有關鄉土重建思想的起源時，提到了這種「匱乏經濟」。其主要表現在以下幾點：第一，中國的舊世界是個匱乏的世界，人多地少，眾人湧向土地求生，土地之上從

來不缺少耕作的人力，也就失卻了改造農技，提高效率的動力，「勞力便宜，節省勞力的工具不必發生……技術停頓和匱乏經濟互為因果，一直維持了幾千年的中國的社會」。[384]第二，農事是季候性的生產，消費卻是終年的常態，有限的生產果實，需要維持長久的生活延續，必定要抑制消費。第三，趨求穩定的農地生產方式與儒家的身份安排，讓人不會去輕易冒險。劉邦、項羽、朱元璋畢竟是少數，人人要取而代之，必定破壞契洽。「沒有機會的匱乏經濟中是擔當不起這一種英雄氣概的」。[385]所以，中國社會上上下下倡導克己復禮、安分知足，這一套價值觀念是和傳統的匱乏經濟相配合的，共同維持著這個技術停頓、社會靜止的局面。

中國傳統處境的特性之一是「匱乏經濟」（Economy of scarcity），正和工業處境的「豐裕經濟」（Economy of abundance）相對照。我所說的匱乏和豐裕，並不單指生活程度的高下，而是偏重於經濟結構的本質。匱乏經濟不但是生活程度低，而且沒有發展的機會，物質基礎被限制了；豐裕是指不住地累積和擴展，機會多，事業眾。在這兩種經濟中所養成的基本態度是不同的，價值體系是不同的。在匱乏經濟中主要的態度是「知足」，知足是慾望的自限。在豐裕經濟中所維持的精神是「無饜求得」。[386]

西方的節慾經濟造成了物質的豐裕，但這種豐裕經濟是希望擴展的，以解決生產剩餘的問題。費先生認為，豐裕經濟的運作邏輯與匱乏經濟的存在理由完全相悖。他對中西方經濟展開了全面的比較：

若匱乏經濟和豐裕經濟只是財富多寡之別，東方和西方正可以相鄰而處，各不相擾。貧而無諂，富而好施，還是可以往來無阻。但是這兩種經濟的不同卻有甚於此。匱乏經濟是封閉的、靜止的經濟，而豐裕經濟卻是擴展的、動的經濟。工業革命之後的西洋，代表著一個擴展的過程，一個無孔不入的進取性的力量。甘地想從個人意志上立下一道匱乏經濟的最後防線，顯然是勞而無功。這世界已因交通的發達而形成不可分割的一體，在這一體之內，手藝和機器相競爭，人力和自動力相競爭，結果匱乏經濟欲退無地，本已薄弱的財富，因手工業的崩潰、生產力的減少，而愈趨貧弱。在這方面說，確是個弱肉強食的場合。[387]

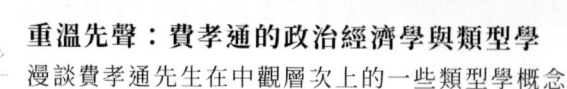

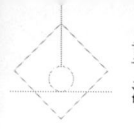

重溫先聲：費孝通的政治經濟學與類型學
漫談費孝通先生在中觀層次上的一些類型學概念

基督教傳統中的無饜求得的現代精神和豐裕經濟（節慾經濟）相匹配，而中國的匱乏經濟和儒家的知足教條配上了。這似乎變成了我們的經濟缺乏發展動力的原因。

費先生自己明確地表示要對匱乏經濟進行改造。因為匱乏經濟在面對世界潮流時，無法保留其生態原貌。即使傳統社會曾經給予若干人生活的幸福或樂趣，但費先生明確表示絕不願意對這傳統有絲毫的留戀。不過，不留戀並不是說要全盤拋棄。費先生還是保留了一些對中國文化「善」的判斷：「我們的傳統，固然使我們在近百年來迎合不上世界的新處境，使無數的人民蒙受貧困的災難，但是雖苦了自己，還沒有貽害別人。忽略技術的結果似乎沒有忽略社會結構的弊病為大……中國和其他東方國家傳統可能成為復興的底子。」[388] 費先生贊成在中國原有的鄉土社會中改造社會組織，尤其是在傳統鄉土工業破敗後，可以透過改良傳統社會中的人來適應新的工業秩序。他可以接受社會解組並重建社會，但不是接受全面潰敗。

（二）傳統工業類型與農民合作的分散型鄉土工業

中國的傳統工業大體上被費先生分成了三種類型：一是皇家的獨占工業，二是民間的作坊工業，三是家庭工業。[389] 舉凡鹽鐵、軍備以及宮廷用品大部分是由官方所獨占的，民間可以經營的偏於日用品的製造，分別在作坊和家庭中經營；家庭工業和作坊工業是傳統鄉土工業的兩種形式。費先生沒有著重論述皇家工業，但論述了家庭工業與作坊工業，而這兩種工業是相互聯繫的。

家庭工業的基礎是農業裡的剩餘勞力，鄉村的作坊工業卻不然，它的基礎是農業裡累積下來的資本。因為土地分配的不平均，一輩擁有較大農場的人家，還是能累積資金的，這筆資金如果不窖藏，在鄉村有三個利用的方法：（一）高利貸，（二）投資工業，（三）收買土地。第一項利息最高，第二項次之，第三項最少。依易村的材料說，高利貸是八分四，造紙工業是六分，地租是一分三。投資工業的吸引力相當高，於是發生了作坊工業。[390]

這些傳統工業在歷史河床中緩慢發展，同時在城市與鄉間分佈。但是，新的商業與工業體系很容易對傳統工業發生影響。傳統中國的大多數農村工

業是依靠當地原材料發展起來的，而且僅僅是對農產品的粗加工而已。但在那些交通方便，可以透過商行從外面購進原料的地方，新的工業形式發展起來。費先生對雲南三村的研究，就展開了工業類型的深度比較。在易村，兩種類型的工業——其中之一是為勞動階級提供就業，而另一種則提供可投資的機會——是分離的。但在玉村，這兩種工業在棉花工業中聯結了起來。

在這裡，資本家向勞動階級分發原料，並從他們手裡包買成品；而勞動階級則承擔了生產的過程。這是一個手工業的外放生產體系，其中資本家的功能在更大程度上是商業的和金融的，而非工業的。因此，商業的發展加速了財富集中的進程。[391]

其實，費先生更想說的是，商業資本造成了工業類型的變更，真正促成社會變動，因而要從源頭上做好工業佈局。

新興都會中的資本支撐的是新的工業類型，並首先打擊傳統鄉村手工業，從而摧毀農業文明。從理論上來說，農業和工業是相輔相成的。都市的興起，人口集中在都市裡，增加農產品的需要，促進工業製品的生產，都市的繁榮也就是農村的繁榮。這個理論本身沒有可以反駁的地方，可是在中國卻完全不合用，原因就在於中國農民並不是專業的農民，而是兼營手藝工人的農民。費先生明確看到：

在都市工業興起的過程中，農民身份中應得的利益尚沒有收到時，手藝工人中的打擊卻已經降臨。農村手工業的崩潰使農家經濟發生困難，因而過渡到農業經營本身；資本缺乏、肥料不足、生產降落、土地權外流。都市興起雖沒有直接打擊農業，但從手工業的橋樑上，這打擊終於降到農業本身。[392]

怎麼辦呢？費先生找到的答案是：推動一種由農戶合作組成的且分散在鄉村的鄉土工業類型。

如果我們意識到這一事實，擺在我們面前的道路就和許多世紀以來被廣泛採用的道路相類似——也就是以分散的工業作為農業的補充。在這一關聯中，我們必須清楚地表明我們的立場。在這裡我們並不關心工業的理想型，

重溫先聲：費孝通的政治經濟學與類型學
漫談費孝通先生在中觀層次上的一些類型學概念

或者最有效的工業組織，而是關心一種適合農民大眾的情況、適合逐漸惡化的情況的實際的工業類型……我們可以設置這樣一條原則，即中國今後的工業組織形式必須做到農民可以分享工業利潤，以便提高他們的生活水準，因為農業本身並不足以做到這一點。為了達到這一點，工業中的一部分必須分散，建立在村莊或村莊附近的集鎮；這樣，工業利潤就能在農民中間廣泛地分配了。[393]

這種基於分散性工業的社會重建建議，是費先生一貫的社會改良主張。早在20世紀30年代初期，費先生就認為工業要依著鄉土的性子，發展在地化的鄉村工業。他的姐姐費達生和他持相同的觀點，在為繅絲廠選址時，堅持在農村設廠，反對在都市中設廠而教農民離鄉，使絲業脫離農村。建廠的規模要與鄉土社會的人口規模相匹配。在費先生看來，這是都市工業和鄉村工業的一個根本分歧點。都市工業是以人去就機器，鄉村工業是以機器去就人，二者在追求人性的態度上，差異一目瞭然。[394]

在《江村經濟》中，青年費孝通為這種分散的鄉土工業觀作的註腳更加細緻。他首先論述了鄉村中的分散型工業有其自身的優點。一方面，原料、人力與重建的工廠類型相匹配，成本低。另一方面，基於合作組織建立起的鄉土工業具有伸縮性，保持了社會本體不被破壞的可能。

它使在裡面工作的人，不成為一個單純的工人。她們依舊是兒子的母親，丈夫的妻子，享受著各方面的社會生活。不使經濟生活片面發展，成一座生產的工具，失卻為人的資格。因為她們參加這種經濟活動，並不需要她們全部生活的新調試；工廠就在那鄉間，同伴就是本來的鄰里，每天回家可以享受家庭的幸福。在工作忙的時候，工人們都很自願的加工趕製，因為她們所具的態度和營業絲廠中的工人不同。她們的工作好像是為了自己，愈努力愈滿足，所以絕不會發生罷工的風潮。態度上的轉變，使許多都市中的勞工問題不會發生，同時使這種組織成一富於伸縮性的機體。[395]

在觀察江村繅絲工業的過程中，費先生發現只有將這種類型的工廠建立在農村，並以農民合作的方式來運行才是合理的。他認為，推動社會合作辦廠要比資本控廠更容易兼顧公平。之所以把合作社和營業絲廠相比較，是為

了說明中國要想和世界資本主義的經濟制度相競爭,這是可能的生路。工業合作的生產制度,根本上是要使經濟生活融合於整個生活之中,力求使鄉村社會能以生活程度的伸縮和資本主義的謀利主義相競爭。「我們政府的腐敗,不易使人有什麼希望,而我們實驗的制度的確亦是一條可以達到這目的的路,或許更適合於缺乏國家觀念、以家庭為基礎的中國社會。」[396] 費先生對自己提出的道路,雖然不是十分樂觀,但這條道路的確是依據十足的實證經驗展開的,不是虛無主義的建設道路。

值得一提的是,青年費孝通倡導的農民合作與分散的鄉土工業,與他早期的實證觀察以及對宗教與經濟間關係的判斷有關。青年費孝通期待的工業制度具有公平正義的屬性與宗教性質上的熱忱。他所設想的新制度,建設原則是很簡單的,就是要使每個參加工作的人,都能得到最公平的報酬;同時在經濟活動上,要能和資本主義經濟制度的營業絲廠相競爭而不致失敗。社會價值的問題是他考慮的重點。經濟生活和其他生活一般,不過是人類要達到某種目的而發生的活動方式。所以需要顧及家庭完整、人生美滿的目的,顧及不要犧牲一兩代人就能完成社會改良,這是社會價值論的真正表達。費先生深信一個為社會服務的人,至少一方面要有一種社會價值的鑒別力,一方面要有一種宗教性質的熱忱:「在我個人看來,除了一種宗教性質的熱忱之外,是沒有慰藉的。素來沒有宗教訓練的中國人,使他不能在血液中散發出一種不為自己打算而為人服務的熱忱,或是中國前途最大的一個障礙。」[397] 鄉土工業呼喚一群諸如費達生這樣具有犧牲精神、不謀一己私利的知識分子,要具有中國本土化的宗教熱忱才能完成這個事業。

四、家庭類型:費先生在半個世紀中對家庭結構的認識變遷

早在《江村經濟》一書中,費先生就開始了對家庭的關注。不過,他在該書中重點敘事了「擴大的家庭」,還沒有家庭類型學的分類敘事。在《鄉土中國》中,費先生開始嘗試用「家庭」結構去界定家庭類型。費先生指出所謂的「大家庭」和「小家庭」的差別既不在大小上,也不在該社群所包括

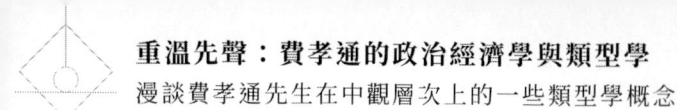

重溫先聲：費孝通的政治經濟學與類型學
漫談費孝通先生在中觀層次上的一些類型學概念

的人數上，而是在結構上：「一個有十多個孩子的家並不構成『大家庭』的條件，一個只有公婆兒媳四個人的家卻不能稱之為『小家庭』。在數目上說，前者比後者為多，但在結構上說，後者卻比前者更為複雜。」[398] 這是一種明確的社會分析態度。

到了 20 世紀 70 年代末 80 年代初，費先生開始系統論述家庭研究的重要性與家庭結構的類型。中國農村和城市家庭結構的變動是中國社會變動的一部分。家庭是中國社會的細胞，也是中國人民最基本的生活單位。大社會的變動必然會引起家庭各方面的變動。所以要瞭解中國社會的變動，不能不注意家庭的變動。

1982 年，他在《論中國家庭結構的變動》一文中，首先從語義學角度區分了中西之間的家庭概念差異。

> 我應當先說明，我這裡所說的「家庭」是指人們最基本的生活單位。更確切些，我應當說，中國人最基本的生活單位是「家」，它並不完全等同於西方社會學中所說的 family。在中國我們常用「家庭」作為 family 的譯文，但是嚴格地說，family 作為社會學概念只指夫妻及其未婚子女所形成的集團。在歐美現代社會裡，它是一個基本的生活單位，這種單位也被稱為「核心家庭」。我們中國的基本生活單位不少也是只有父母子女的核心家庭，但也有不少比核心家庭要大些，有些包括兩代重疊的核心家庭，有些可以包括幾個同胞的核心家庭，有些還可以包括其他社會關係的成員。所以我在《江村經濟》一書中用 chia（漢字「家」字的羅馬拼音）來指這個基本生活單位。為了使西方讀者容易瞭解它和 family 的差別，我把它解釋為「擴大了的家庭」（extended family），意思是中國的「家」是在核心家庭基礎上擴大的團體，它是中國人經營共同生活的最基本的社會團體。

> 從這個角度看去，我們可以把中國的家庭從結構上分出四個類型：（1）是不完整的核心家庭，指核心家庭原有配偶中有一方死亡或離去，或是父母雙亡的未婚兒女。這一類並不穩定，也不能說是正常的。（2）是指一對夫妻和其未婚的子女所構成的生活單位，即相當於西方的核心家庭，在中國一般稱『小家庭』。（3）是核心家庭之外還包括其他成員。這些成員都是不能獨

四、家庭類型：費先生在半個世紀中對家庭結構的認識變遷

自生活的人，他們大多是配偶死亡後和其已婚子女共同生活的鰥夫或寡母，也有些是其他較遠的親屬，甚至沒有親屬關係的人。（4）是聯合家庭，就是兒女成婚後繼續和父母在一個單位裡生活，即上面所說的兩代重疊的核心家庭；如果兄弟成婚後都不獨立成家，那就成了同胞的核心家庭聯合的家庭。這些過去統稱作「大家庭」。[399]

1983年，在《再論中國家庭結構的變動》一文中，費先生從中西文化角度比較了中西家庭的差異。中西之間的親子文化與家庭贍養關係是存在巨大差別的。他用兩種公式來概括中西之間贍養模式的差異：西方的公式是 $F1 \to F2 \to F3 \to Fn$，而中國的公式是 $F1 \leftrightarrows F2 \leftrightarrows F3 \leftrightarrows Fn$（F代表世代，→代表撫育，←代表贍養）。在西方，是甲代撫育乙代，乙代撫育丙代，是一代一代借力的模式，簡稱「接力模式」。在中國，是甲代撫育乙代，乙代贍養甲代，乙代撫育丙代，丙代又贍養乙代，下一代對上一代都要反饋的模式，簡稱「反饋模式」。這兩種模式的差別就在前者不存在子女對父母贍養這一種義務。

如果進一步分析西方的借力模式，在一個人的一生中可以分出三個連續的時代，第一期是被撫育期，他和父母構成一個生活單位；第二期是撫育子女期，他和子女構成一個生活單位；最後就留著一段撫育空白期，由老夫婦構成一個生活單位，那就是上面所說的「空巢」。中國的反饋模式如果相應地分成三個時期來看，第一期是被撫育期，第二期是撫育子女期，第三期是贍養父母期。當然，第二期和第三期有參差重疊的情況，因而也使生活單位的結構複雜多樣。[400]

中國的反饋模式就是中國代際更替的情況，不同代際的結合就能夠推論出家庭的類型。費先生透過三訪江村的材料，進行了一些歷時與共時結合的比較：

表1　江村在三個時期不同家庭類型的比例表

單位：%

重溫先聲：費孝通的政治經濟學與類型學
漫談費孝通先生在中觀層次上的一些類型學概念

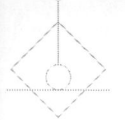

家庭類型	1936年	1964年	1981年
1.不完整的家庭(沒有成對的配偶)	27.6	32.1	19.6
2.小家庭(核心家庭)	23.7	45.9	38.7
3.擴大的家庭(一對配偶加父或母)	38.4	15.9	21.1
4.大家庭(兩對及兩對以上的配偶)	10.3	6.1	20.6

資料來源：表1材料引自費孝通：《家庭結構變動中的老年贍養問題——再論中國家庭結構的變動》，《費孝通文集》第9卷，第52頁。

1985年，在《三論中國家庭結構的變動》中，費先生再次修正了之前有關家庭結構類型的分類：「事實上，在江村農民都公認同胞兄弟成婚後應當分家，同胞多核心家庭是很少見的，所以不如把同胞多核心家庭和兩代重疊雙核心家庭劃分清楚。因之，我同意在分析中國家庭結構時，不妨把兩代重疊多核心家庭合併在（3）類裡，而稱之為主幹家庭。聯合家庭或大家庭則保留給原來（4）類裡的同胞多核心家庭。修正分類法的目的是在突出中國家庭以親子為主軸的特點。」[401] 於是，費先生又得到一個新表格（見表2）。

表2　江村在五個時期不同家庭類型的比例表

單位：%

家庭類型	1936年	1950年	1964年	1981年	1982年	1984年
1.殘缺家庭	27.6	27.4	34.4	19.6	19.9	17.3
2.核心家庭	23.7	32.3	44.7	38.7	37.8	39.0
3.主幹家庭	45.4	35.5	20.5	42.0	42.0	43.2
4.聯合家庭	3.3	4.9	2.4	3.2	3.2	0.4

資料來源：表2材料引自費孝通：《三論中國家庭結構的變動》，《費孝通文集》第10卷，第350頁。

在多次調查江村的家庭類型的基礎上，費先生發現江村的核心家庭十分穩定，但主幹家庭卻在不斷起落。他結合時代的總體變遷及政治經濟學的宏觀微觀情況來解釋「分家」狀況的變化，並從家庭社會學與家庭行動的角度進一步解釋主幹家庭的凝固力與分化力。20世紀90年代，費先生的學生麻

國慶全面繼承了費先生關於家的類型觀，系統寫作了《家與中國社會結構》一書，進一步深化了有關家庭的比較社會學研究。

五、知識與知識分子的類型

（一）規範知識·自然知識·技術知識或者真知識·假知識

要瞭解費先生在人生不同階段對知識與知識分子的類型學劃分，首先應該從其青年時代的社會觀以及所受的知識社會學影響來切入。

1934年，時年24歲的費孝通就對社會名分說或角色扮演理論感興趣。和後來的戈夫曼、特納等人類似，他很早就將社會視作一座大劇場，「各人粉墨登場，生旦淨醜」，各自按規定角色衣食住行。在他看來，一個社會人要如意生活，需要滿足兩個條件：「一是我們要有把握地預測他人會發生的行為，二是我們要能體察人家所期望於自己的動作。」[402]青年費孝通能夠有這樣深度的觀點，得益於他剛剛接受的社會學訓練。

費先生早期的社會擬劇論排除了絕對自由的理論，也拒絕了自生自發的社會觀點。他理解的「社會人」，是要追求確定性的，那種完全將社會看成自生自發的觀點，對於個體來說（尤其是對知識分子來說）是難以把握的。因此，青年費孝通說：

要是真的我們所處的世界，是前一刻不知下一刻的，試問我們如何能生活下去？事實上，我們隨時隨地都自以為自己對於未來是很有把握的。雖則，我們或許不肯承認，但我們的行為的確都是以這信念出發的，我們甚至把這種對未來的預測視作「當然」，若一旦發現和自己的預測不合時，一定要驚異，一定要去尋理由來解釋。[403]

這種觀點是費先生在動盪的20世紀，藉以看待社會的知識基礎。在社會轉型乃至失範的年代，社會規範或社會知識本身也將更替，新的社會危機需要新知識來應對。所以，要打破舊知識的束縛，尋求新知識應對新危機。因此，我們可以看到，青年費孝通的轉型社會哲學處於理性與非理性之間、

重溫先聲：費孝通的政治經濟學與類型學
漫談費孝通先生在中觀層次上的一些類型學概念

確定性與非確定性之間。文化社會學、經濟人類學的知識開始逐漸影響他的知識判斷。

兩年之後，費孝通去倫敦求學，並接觸了曼海姆的知識社會學。曼海姆對整體社會結構的強調，被費先生所接受。[404] 曼海姆的整體論視野在某種程度上契合了費先生的導師馬林諾夫斯基的功能觀，但更關鍵的是，費先生此後對知識分子群體進行審視時，更加關注於知識分子應該具有怎樣的政治經濟立場。這是因為，尋求富強之道一直是費先生追求知識的時代動力。

費先生是在《論知識階級》一文中，真正開始對知識進行分類的。他把人類所知範圍裡的知識，根據所知的性質分成兩類：一是知道事物是怎樣的，一是知道應當怎樣去處理事物。前者是自然知識，後者是規範知識。[405] 之所以這樣分類知識，在筆者看來，一定程度上是為了給知識階級的定位埋下一個伏筆。

在這種分類中，不同的知識類型對應著不同的社會層級。「自然知識和規範知識的分別包含著社會分化的意義，自然知識是農圃百工所賴以為生的知識。用普通的話說，是利用自然來生產的知識。規範知識是勞心者治人的工具，統治別人的可以『食於人』，由生產者供養，所以自己可不必生產；不事生產才能四體不勤，才能五穀不分，『焉用稼』？」[406] 由於主體和對象不同，知識的擔綱者就會有明確的社會文化差異，因而在社會文化系統中，這些差異轉化成了支配關係。

在費先生看來，傳統社會裡的知識階級是一個沒有技術知識的階級。作為社會規範的決定者，他們在文字上費工夫，在藝技上求表現，但是和技術無關；作為傳統社會中的既得利益者，他們的興趣不在提高生產，而在鞏固既得的特權。因之，他們著眼的是規範的維持，是衛道的。[407]

規範知識、自然知識、技術知識在傳統社會中不均衡的存在狀態，被 20 世紀初的「新文化運動」所衝擊。「新文化運動」之後，先進的西方技術知識湧進國門，讓保守的知識分子們惶恐得很。與此同時，中國也失乏一套與這些先進的技術知識相匹配的制度與規範。因之，在 20 世紀 40 年代的費孝通看來，從知識運用的層面來說，保守知識分子與現代知識分子在面對中國

現實時，幾乎總是處於一種斷裂的狀態。費先生吶喊道：「以整個中國歷史來說，也許從沒有一個時期，在社會上處於領導地位的知識分子曾像現在一般這樣無能，在決定中國運命上這樣無足輕重。」[408] 知識分子既不能生產合乎時宜的知識，又不能銜接社會秩序、推動社會重建，幾乎就算是寄生階層了。

在上述三種知識分類的基礎上，費先生結合知識分子的責任倫理，又進一步將知識分成「真知識」和「假知識」。重讀埃爾頓·梅耶的《工業文明的社會癥結》一書後，費先生認為學院派的社會科學工作者如果離開了社會實際，生產的知識又不面對社會，沒有責任，就是假知識。「因為到現在還是有很多自稱為學者的人，以清高來掩飾他的怯弱，把學術放在社會之外，忘卻『責任』和『知識』的不能分離」。[409] 這一言論，在今天也具有振聾發聵的作用。

(二) 三代知識分子與知識分子的責任倫理問題

新中國成立以後，現代化就成為所有知識分子必須面對的任務。費先生終其一生都在強調知識的應用問題，在新時代尤為注重知識分子的擔當。尤其是在改革開放後，知識分子應該更新自己的知識庫存，尤其要更新與實踐接壤的知識體系，將知識與應用對接，在現代化的過程中發揮自己的作用。但在 20 世紀晚期，中國不同代際的知識分子面臨的社會情境有所不同。費先生在 20 世紀 80 年代初就認為，知識分子不能一概而論：「他們有基本相同的一面，也有不同的一面。基本相同的一面，就是在十年浩劫裡面都受到了損害。我想這是普遍的、一般的、共同的。」[410]

不同的一面呢？費先生依據年齡，將同時代的知識分子分為老中青三代。他將自己歸入老一代的，主要是在抗戰以前接受教育，沒有十分系統的訓練，所以需要「補課」。1966 年前參加基礎學習的知識分子，業務要相對好些，能夠直接應對生產，但精度卻是不夠的。但 1966 年後出生的知識分子就不一樣了，他們受到的損害最大，應該同情他們。

費先生關於知識分子的論述，最有名的當屬《知識分子的早春天氣》《「早春」前後》兩文。但也正是因為這兩篇文章，他在「文革」中受到了

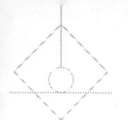

重溫先聲：費孝通的政治經濟學與類型學
漫談費孝通先生在中觀層次上的一些類型學概念

巨大的摧殘。不過，改革開放之後，費先生並未杯弓蛇影，而是號召知識分子要積極投入現代化，在現代化的過程中發揮自己的作用。在《關於當前知識分子狀況的調查》一文中，費先生重點闡述了當代知識分子的新狀況、新責任。[411] 而在《知識分子與社會主義建設》一文中，費先生除了呼籲知識分子要掌握現代知識外，還提出知識分子之間、知識分子與國家之間都要「肝膽相照」。[412]

在著名的《邁向人民的人類學》一文中，費先生痛斥了那些虛偽斷裂的知識分子在生產知識的過程中所產生的「惡」。其中一條就是，那些脫離廣大人民利益的社會調查，不僅是不科學的，而且是反科學的，只會給國家和民族帶來巨大的災難。而科學的、對人民有用的社會調查研究必須符合廣大人民的利益。也就是說，真正的人類學必須是為廣大人民利益服務的人類學。[413] 今天的人類學學生，尤其應該先去好好看看這篇文章，然後再去閱讀費先生的其他著作。

20世紀80年代，費先生圍繞知識智庫的開發，讓知識分子實現有機對接、有機傳承等問題，發表了不少講話。需要指出的是，費先生的知識從實踐中來，但不能僅僅束之高閣，尤其在現代化的重要時刻，「知識必須下鄉」。他還說過，知識傳遞就像打排球，光有郎平不行，還要有孫晉芳。知識分子隊伍中也要有「二傳手」。[414] 而知識傳遞有兩個重要的前提條件，一是知識的社會運用，二是知識的社會繼替。在《社會調查自白》一書中，費先生明確指出了知識的傳遞性與社會性：「人死了，他的知識也隨著去了，這是很可悲的。要知道，任何知識都不屬於哪一個人私有的。它是全社會實踐經驗的積累，是共同智慧的結晶。」[415] 每個人對知識的態度，都應該借鑑費先生，既得知於社會，又返知於社會。

知識分子不僅與國家、更與人民有著「共同的利益」。在現代化的過程中，哲學社會科學知識分子應該扮演好有機搬運工的角色；在國家與社會之間，重視社會的實際，不偏頗，不諂媚。這是費先生晚年一直強調的知識分子倫理。

六、社會動力學與社會靜態學：從「社會進化觀」「社會平衡觀」再到費氏四項法

（一）「社會進化觀」與「社會平衡觀」

早在本科階段學習社會學理論時，費孝通就接觸到了社會進化說。但他當時更青睞於功能論與結構論，而與進化學說保持了距離。在他的課堂筆記《人類學的幾大學派》中，就流露出對進化學派的不滿。因為進化論「很容易流入定命的社會進化論」，除非嚴謹運用，否則非常容易陷入「附會臆斷，各自為謀，無可對質」的窘境。功能學派則不一樣，它將人類學從歷史性質轉變為科學性質，從文化的整個性和要素的交互性需求來展開科學研究。[416]

在《從「社會進化」到「社會平衡」》一文中，青年費孝通再次批評進化論是一種「上帝意志」的視角。費先生雖然將「社會進化」定義為「有方向的社會變遷」，但質疑任何方向的必然性。例如，他從功能要素的分析角度出發，認為中國農村的土地經濟相成相剋，確實有其內在的矛盾，但矛盾並不意味著有向度的變遷。「人是能動的，他能在舊土地之外去尋新土地。一地人口密度不增加，則土地的漸減率亦不致逼出文化的複雜化。在這時候，社會可以停頓，可以『不進化』。」[417] 其實，不變化、不進化也是一種社會選擇。

費先生受了史祿國的巨大影響，在研究社會變遷時，重點考察人口、土地和文化之間的關係。人與土地的匹配程度與人的技術知識儲備直接相關。土地是指富源而言，所以是指廣義的土地，同時包括水，氣等自然界供給生物生活的資源。「計算土地時，是須以在該地上生活著的人，對於取用資源的知識程度來規劃的。譬如不知道耕種方法的民族中的百畝土地，並不能說是和有耕種知識的民族中的百畝土地相等，有精細採礦技術民族的礦藏，不能和沒有精細技術者的礦藏相提並論。」[418] 也就是說，研究出人口、土地、文化知識之間的具體匹配類型或地方性知識架構，本身就有可能得出社會類型的判斷。

重溫先聲：費孝通的政治經濟學與類型學
漫談費孝通先生在中觀層次上的一些類型學概念

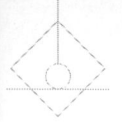

這樣一來，費先生將人口、土地和文化視作一種具有關係的「定值」。（史祿國研究北方通古斯社會組織時，曾提出一個公式用來判斷人口、土地、文化三者之間的關係。）三項之中的任何一項或兩項發生變動，其他必將隨之而動。這個定值的表現就是「社會平衡」與「生活健全」。費先生的社會平衡論與他所學的功能論是完全契洽的，二者都必須考慮內在要素的功能與合理的搭配。這種理論考慮的是整個人群的相對靜態生活，具有全局的視野。社會進化觀所構造出的進化路線與之相比，就顯得過於侷促了。

（二）社會變遷的「二三四」分析法：史祿國的二分動向、馬氏三項法與費孝通的四項分析

史祿國的通古斯社會組織平衡觀，深刻影響了費孝通有關瑤族社會變遷的研究。費先生在分析花籃瑤的社會組織變遷時，認為社會變遷是以族團間的關係為樞紐的。他曾借用史祿國的「兩種動向」視角來解釋變遷，一是向心動向，一是離心動向。在向心動向成為族團關係的主要節奏時，合作的關係就會較為顯著。這就與上述的社會平衡觀直接勾連。

在一族團所受外族壓力強烈時，向心動向較勝於離心動向，則內部的文化和語言趨於統一，團體意識增強，內婚範圍明顯，因為這樣才能增進該族團的向外抗力，以維持原有的族團間的關係網。在外在壓力減輕時，離心動向漸趨強烈，內部文化、語言、團體意識及內婚範圍，因處境殊異，而發生分離狀態，至其極，導致舊有族團的分裂，新族團的形成。事實上，因族團間的關係不易達到一個平衡的狀態，固定的族團單位很少成立，我們所能觀察的只是在族團關係網中，族團單位分合的歷程而已。這樣的歷程史教授稱作 Ethnos。[419]

費先生繼承的史祿國二分動向理論是較為辯證的。但是，在費孝通有關社會變遷的研究譜系中，史祿國的二分動向分類法後來讓位給了馬林諾夫斯基的「馬氏三項法」。費孝通將現實社會中的「歷史」分為兩種，一種是「已死的歷史」，透過保守勢力不斷重現；另一種是「活著的歷史」，這是革新勢力的湧現。兩種歷史承載體不斷交鋒，就構成了「接觸的事實」。這是馬林諾夫斯基在研究文化變遷時所倡導的視角，也即「馬氏三項法」。

六、社會動力學與社會靜態學：從「社會進化觀」「社會平衡觀」再到費氏四項法

「馬氏三項法」是要在一個現實「接觸情境」中去明了這變遷過程。他把這情境分成三項來分析，第一項是推動這變遷的新環境及新勢力，在這新勢力中常包含著一個方向；第二項是保存在現實社區中的傳統勢力和環境，是活著的歷史；第三項是這兩種勢力相消相成的場合所造下的一切狀態。[420]

費先生不但要用「馬氏三項法」展開具體研究，而且還要摒棄各種主義、進化論以及社會史研究的本本主義。[421] 在《江村經濟》中，費孝通立刻展開了「馬氏三項法」。他強調傳統力量與新的動力具有同等的重要性，因為中國經濟社會生活的變遷，既不是從西方社會制度直接轉渡的過程，也不僅是傳統的平衡受到了干擾而已。20世紀30年代的形勢中所發生的問題，就是這兩種力量相互作用的結果。

江村經濟的傳統力量，就是依附在家庭、親屬以及村落各種社會組織之內的文化慣性，因此，費先生著重從文化人類學的功能角度討論了「舊勢力」的影響，以及各種社會文化要素如何相互聯繫、互相轉化。但是，外來工業資本與新興的不在地主、改良型的鄉土資本家等新勢力不斷侵入農村，形成了大轉變的現狀。於是，「馬氏三項法」初步在江村找到了對應。在至為重要的「蠶絲業」一章中，費孝通圍繞絲業改革的現狀，用了整整三頁的篇幅列了一個三項的表格，系統說明了蠶絲業所面臨的：「A. 促使變革的外界力量；B. 變化的情況；C. 承受變化的傳統力量。」[422] 在系統分析的基礎上，費先生介入性地提出了更為明確的方案：發展合作組織，變革鄉土工業，面向人民展開富民實踐。因此，在江村的民族志實踐中，費孝通在「馬氏三項法」的基礎上，加了一項「變遷估值」。（見表3）

表3　社會變遷研究的費氏四項法表格

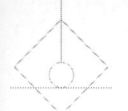

重溫先聲：費孝通的政治經濟學與類型學

漫談費孝通先生在中觀層次上的一些類型學概念

費氏四項	動變勢力	抗變勢力	變遷事實	變遷估值
具體內容	A.中國社會所遭遇的新處境 B.在這新處境中所發生的新需要 C.動變分子（包括政府、改良運動者）對於新需要的解釋，及所欲達到的目的 D.根據上述解釋所擬成的動變方案 E.實施動變方案的機關及方法	A.活在現實中的傳統處境 B.傳統處境中所有的需求 C.滿足此等需要的社會制度 D.抗變分子對於傳統勢力的態度及解釋 E.抗變勢力所採取的手段	A.新舊需要相成還是相克 B.新需要所引起的新制度和舊制度是添加性還是代替性 C.實施方案所發生的困難 D.實施的方案自身的修改，及變動分子的解釋及態度的變遷 E.舊有制度的解組及其所產生的副作用 F.舊有制度解組時各方面的相關性	A.動變分子對新處境的解釋是否正確 B.根據其解釋所擬成的動變方案是否正確 C.動變方案實施的機關及方法是否有效 D.在動變事實中所引起的新舊衝突是否必須 E.新舊交替時所產生的副作用所發生的影響，與變動分子所欲達到的目的是否相合 F.這種副作用是否可以免除的 G.新制度是否可以滿足新處境中所發生的需要

　　費先生之所以要加上「變遷估值」，就是為了說明知識分子與專業學科應該介入社會變遷發展方案，並展開具體評價。這既是一種有勇氣的實踐人類學，也是知識分子對時代責任的擔當。

　　在接下來的《祿村農田》研究中，費先生繼續實踐這種「費氏四項法」，繼續摒棄進化觀的命定論色彩，並希望為中國找到一個特殊的、本土的應對方案。當時國內探討社會變遷的人，因為受西洋19世紀傳下來的進化論派的影響太深，常認為社會形態的變化是有一定不變的程序：從甲階段到丙階段，一定要經過乙階段。這個程序是放之四海，證之今古而皆準的。

　　依著這個「鐵律」，若我們要知道一個社區的前途，只要能在這不變的程序中，找到它現有的進化階段，過去未來便一目瞭然了。因之在二十年代社會史論戰曾鬧得鑼鼓喧天，不幸的就是他們所奉行的「鐵律」並沒有事實的根據。連馬克思自己對於他深信的進化程序能否通用於東亞，尚且存疑不論。何況代公式的本領還沒有深通的人，自然更難有精彩的表現。[423]

　　很顯然，對進化論的排斥和對本土社會的特殊觀察，使得費先生不會輕信任何計劃的軌道，既對這個世界有自身的歷史判斷，也對不確定性的世界充滿敬畏。但知識分子不能因此裹足不前，而應該在自身的歷史情境中作出估計、判斷，從而干預這個社會。

喬健先生將費孝通的社會變遷功能分析稱為「垂直的」歷史分析方法，並認為費孝通給西方功能論做了一個脫胎換骨的改造。

費先生認為西方功能論者觀念中的整體是平面的，他卻認為

應該把它轉換成垂直的，即加入歷史的因素。經他這一轉換再融入中國文化洗禮之後，功能論猶如脫胎換骨，在包容度與詮釋力方面都同時增厚與加強。[424]

由此可見，費孝通的「四項法分析」，不僅同時考慮了文化的巨大慣性與當下現實社會的出路，更有力地批判了進化論的研究進路。

此外，費孝通的「四項分析法」，對我們今天的學科與具體方法仍有啟發。他提倡人類學、社會學的公共性，反而對所謂價值中立的立場保持了一定距離。實際上，知識分子很難保持真正的中立，如果不是所謂的底層立場，就會眼光唯上。他的具體四項分析，對於今天仍在不斷奔向各個實體田野的青年學者來說，仍有借鑑的意義。只要稍加延伸與擴展，費先生基於史祿國、馬林諾夫斯基基礎上改造的分析框架就能獲得當下時代的新內容。

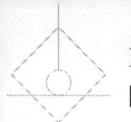

附錄 工業民族志的魁閣學統及其對全球化的回應[425]

一、引言：工業民族志與全球工業化語境中的他者

　　工業民族志，即以參與觀察的方式深描勞動現場與勞動過程，書寫與工人、工業、工場有關的文化實踐、身體知識、社會結構與運轉週期的民族志分支。[426] 在中國社會學界，受邁克·布若威勞工研究三部曲、保羅·威利斯《學做工》以及潘毅、李靜君、沈原等學者的影響，經過十多年的學術實踐，工業民族志已經不算是一個新鮮的體例。在這些民族志研究中，對工廠生產形態、勞資關係及其張力的描述，已成為重點書寫的內容；圍繞追求平等的馬克思主義研究旨趣，對各式各樣的資本展開批判，也是這些民族志最為重要的取向。此外，中國的各種非正式就業者、城市職業群體、鄉村手工業者以及各個區域的少數民族勞動者，也成了工業民族志的描述對象——「文化」是這類研究必不可少的維度。不論如何，工業民族志已經超越了過去社會學、人類學有關「工業社會——前工業社會」的刻板分工，成了人類學直接進入當代關懷、面對全球化的一條重要研究路徑。在筆者看來，對工業社會的描述不應只是主流社會科學的學術實驗場或量化數據演練場，民族志對工場、工業發展史、生產形態、微觀勞動、生命意義等研究內容的敏感性，將為現代工業乃至後工業社會的總體觀察提供有力的突破點。況且，民族志對文化多樣性的研究經驗、研究方法同樣適合於工業社會。在中國民族學、人類學的大學課堂中，充滿太多研究「前工業社會」的古典教案，我們希望稍稍離開這些古典教案，以工業民族志的方式邁向對新時期勞動者的系統深描。

　　如果從改革開放的時間節點算起，中國發展全球性現代工業體系剛滿40年。在這40年裡，不同區域的勞動者不斷捲入「世界工廠」之中，並波及了各種社群。工業民族志如何在全球化時代或中國語境中理解這段歷史中的「他者」？又何謂工業民族志的「他者」？在我們看來，工業民族志立足的核心在於一道巨大的現實裂痕：即現代工業需要的標準勞動力形象，與從不

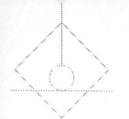

重溫先聲：費孝通的政治經濟學與類型學
附錄 工業民族志的魁閣學統及其對全球化的回應 [425]

同區域背景中走出來的勞動者之間，存在相當大的文化距離。對於市場經濟中的工廠主來說，不消除區域、文化、社會的部分棱角，就很難符合現代工業對標準勞動力的需求。各種差異巨大的傳統行為慣習，在實現整齊劃一之前，將會面臨標準化的生產與管理，這意味著多種文化形態的交匯乃至交鋒。如果站在那些具有特殊社會文化背景的勞動者立場上，現代工業市場體系中的機器、流水線、廠房、管理體制、工廠主及其代理人等，就是一定意義上的「他者」；而站在現代都市、工業的立場上，生產線上未經「馴化」的各種「工業族群」，也是某種「他者」。當然，對於研究者來說，不應預設兩種「他者」的對立，因為二者之間已經實現了某種市場結合，甚至是社會結合。不論是對立還是結合，工業民族志都可以給出具體的觀察與回應，以微觀素描來展現國家或全球化的宏觀語境。

實際上，早在二十世紀三四十年代，費孝通關於江村的絲織工業研究及其帶領的「魁閣學派」就已經開始了工業民族志的探索。他在《復興絲業的先聲》一文中就提出了工業發展方案，在《江村經濟》中則直接以民族志的方式，指出現代工業體系將會改變原有的社會文化結構。後來，費孝通又繼續指導張之毅、史國衡、田汝康等「魁閣學派」的重要成員，在昆明完成了一系列工業民族志。費先生自身對「工」的觀察及其指導的工業民族志，都是能夠兼顧政治經濟學的分析方法與地方性文化維度的，這是「魁閣學派」的工業民族志學統。不過遺憾的是，費先生創立的這一學統後來中斷了。20世紀晚期，中國出現的各種工業民族志，大多侷限在勞資對立的研究範疇之內，缺乏了「魁閣時代」的內發文明視野。但從世界範圍內的角度來看，工業民族志的敘事體例是延續的，只是很多經典的研究成果沒有順暢地在社會學、人類學兩個學科之間開放流動。本文希望簡要整理費孝通及「魁閣學派」的工業民族志，並指出20世紀下半葉，在馬克思主義人類學以及世界體系學派的政治經濟學理論影響下，工業民族志對全球資本與權力的回應具有怎樣的當代價值，從而結合前人的研究，為開啟當下中國工業民族志的新方向提供一點淺見。

二、費孝通與工業民族志的「魁閣學統」

　　《甜與權力：糖在近代歷史上的地位》的作者西敏司（Sidney W.Mintz），在回憶他 20 世紀 40 年代在波多黎各的田野調查經歷時，談到了費孝通的《江村經濟》，認為該書是他最為讚賞的文獻之一。「費孝通描寫了江村絲織業的女性勞動力如何貢獻於世界市場，而大蕭條又如何切斷了這種聯繫，使這些婦女失去了工作」。[427] 也就是說，費孝通不僅呈現了微觀社區與全球世界的聯繫，而且指出了聯繫中斷之後將導致怎樣的後果。不過，20 世紀早期的全球化，是大的世界體系對小型傳統農工社區的單邊性支配：江村蠶絲業之所以衰退，農戶收入之所以銳減，主要是因為日本及其他外圍產業資本透過政治經濟上的霸權對中國農村手工業展開掃蕩的結果。費孝通對現代社會與工業社會的民族志關懷，就是在這樣的全球化背景下展開的。

　　江村工業的成功與否，取決於國家工業發展的總體前景，需要在村莊、國家與全球之間尋找到一個協調的供求比例。用經濟學的術語來說，歷史上的江村經濟蕭條的原因在於鄉村工業和世界市場之間的供求關係發生了失衡問題。在《江村經濟》全書的敘事中，費孝通的筆法能夠有效地實現微觀描述與宏觀分析之間的靈活切換。《江村經濟》一書最為關鍵的一章是對「繅絲廠」的描述（馬林諾夫斯基將這章視為最成功的章節）。費孝通描述了繅絲廠的組織、制度、資金及勞力來源，並細膩地指出了工廠成立後導致的家庭經濟分工如何改變了傳統的性別關係乃至親屬關係，全球性的蠶絲業市場又如何主宰了社區內的繅絲生產。《江村經濟》結合了文化人類學與政治經濟學的雙重視野，開創了書寫微觀社區對宏觀世界如何回應的民族志載體（參見《〈江村經濟〉與〈祿村農田〉——民族志的政治經濟學》一文）。這與他的導師馬林諾夫斯基不同，後者在《西太平洋上的航海者》中描繪的庫拉圈和特羅布里恩德群島人，彷彿與全球體系絕緣一樣。

　　到了雲南昆明的「魁閣時期」，費孝通便全面展開了系統的工業社會研究工作，其中不僅包括他自身對農業系統中的「工」的觀察，還包括了對鄉村手工業、對昆明的現代工廠以及對女工群體的工業民族志研究。

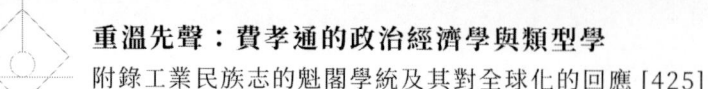

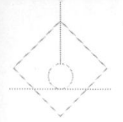

重溫先聲：費孝通的政治經濟學與類型學
附錄 工業民族志的魁閣學統及其對全球化的回應 [425]

費孝通在雲南農村的研究中，找到了一個地方性價值概念——「工」。在《祿村農田》一書中，費孝透過重點分析「工」這個地方性勞力計量單位，從而找到了衡量區域價值體系的分析切入點。「工」是西南農村地區普遍出現的、用以計量勞力乃至農田面積的單位。在祿村，人們用「工」來丈量農田面積，同樣，勞動力的單位也是「工」。

祿村人民若向你說，哪種工作中，哪塊農田上要費多少人工，他的意思不是指需要幾個人在一天內盡力工作，而常是指要雇多少人來工作而已。一個人工並不是指一個人在一天內可以供給的勞力，而是指一天內普遍認為應該供給的勞力。[428]

雖然「工」的計量具有伸縮性，但是在社區內，人力與土地的計算是擁有共識的。當雇傭勞力或轉讓農田時，人們都是圍繞地方性共識來展開估算的。有關「工」的知識，是每一個祿村人在成為農業主力後必須掌握的。由此，費先生為鄉村金融研究準備了一個地方性的價值概念，並準備好與全球資本價值體系進行對話。

張之毅的《玉村農田與商業》《易村手工業》兩本民族志專著，就是在費先生的具體指導下完成的[429]。尤其是《易村手工業》，是具有開拓性的工業民族志先聲。張之毅對易村的篾匠、造紙業的具象觀察，目的是要討論手工業經濟與整個農村乃至城鄉金融的完整性關係。他對農村中的金融體系與勞動價值的觀察，同樣考慮了村莊共同體與世界體系的雙重影響。

此外，城市工業化進程與社會變遷之間的關係也是費孝通以及「魁閣學派」的關鍵議題。20世紀40年代，「魁閣」的部分成員在昆明呈貢進行了中國最早的城市工業民族志研究，史國衡先生的《昆廠勞工》一書就是其中的代表。《昆廠勞工》是針對一家500餘人的國營軍需廠的工業民族志。調查期間，該書作者與工人共同生活長達兩個多月，並認為該研究「是對於農村社區研究的一個引申」。[430] 費孝通在洋洋萬字的序言中，介紹了該調查的預定研究方案和調查社區的選擇過程，還分析了具體的工作效率、社會分層等問題，足見他對該書的重視程度。他在指導史國衡的研究時，就有意提

二、費孝通與工業民族志的「魁閣學統」

醒中國工業建設者,「工業建設不只是蓋廠房、裝機器,而是一種新社會組織的建立……是一個個人生活的改造,和生活理想的蛻化」。[431]

「魁閣時期」的勞工研究,對當下的農民工研究來說具有參照意義。民國時期,大量流動勞動力的產生,根源在於勞動者迫於「不得不」討生活的壓力,工廠對農民來說是收容所和避難所,而不是有希望的出路,做工只是短暫維持生活的過渡期。費孝通認為,新工業之所以不能擁有穩定的人力基礎,是因為中國農業文明的慣性看不起工業勞動。[432] 勞工社會地位的低落,是農業文化留在工業發展道路上的障礙。穩固勞工的根本就在於讓勞工有尊嚴,改變農業文明對工業勞動的鄙視。「工業的建立不能單靠機器的購買,廠房的建築,重要的、基本的還是要建設一個能使機器順利有效活動的社會環境,創造一個和新工業相配的精神」。[433]

另一位重要的「魁閣成員」田汝康,則基於調查資料,預見到女性勞動力將成為中國工業的建設基礎。動員幾十萬女子到工廠裡去工作,不但是工業史上的一件大事,也是中國社會變遷的一大動力。田汝康撰寫的《內地女工》的調查報告,試圖從中國家庭制度著眼,去分析女工的心理,研究她們精神上的需求,呼籲工廠能夠改善女工的情感生活。

現代僱用女工的工廠附帶著擔負解放女子的責任。若是工廠方面忽視了它的社會責任,使一般女工在出廠之後,誤用她們的自由,在社會上造成不良的生育,一輩真正要求解放的婦女不敢進廠,或是女工的家長謹防女兒進入工廠,這對於將來中國工業前途,免不了會發生不良影響。[434]

在《昆廠勞工》的序言中,針對參與方法以及存在的調研問題,費孝通提出了他的看法。「在昆廠,國衡是住在工人宿舍裡,在工人食堂包飯,因之他和昆廠工人的接觸機會較多,而且接觸的場合亦較自然」,[435] 這是徹底的「參與觀察」式調查。用自己的身體展開參與式的體驗,記錄在機器旁邊或生產線上的微觀感受,是工業民族志的不二法門。但費孝通對工廠裡的參與觀察方式另有非常微妙的提醒。

在工廠裡調查就得實際做工人,這是不能,亦不必的……以往人類學者喜歡說他怎樣被當地土人認為親屬,怎樣容許他參加秘密集會,用以表明他

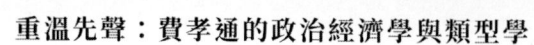

重溫先聲：費孝通的政治經濟學與類型學
附錄 工業民族志的魁閣學統及其對全球化的回應 [425]

觀察的可靠。其實這只是表面上的親熱，實際上一個已長成的人在短期內想變成另一社區中的分子是不可能的。在工廠裡研究，研究者可以在廠做工，成為工人。可是既做了工人，再想進行調查時，就會引起誤會。[436]

因此，費孝通建議用「客人」的身份住在所要觀察的工廠裡去，這樣一來就可以和多方面的群體同時往來。如今看來，或許費孝通的建議值得再討論，但是由這一具體到操作層面上的思索，可以推論費孝通已經開始準備有關中國工業研究的方法論基礎。

後來費孝通出訪美國時，進一步看到了「人在機器的威力下被磨難，被奴役」[437]的現代工業病症。他批評現代工業生產：「為了各種生產活動的配合，犧牲了參加這活動的每個人生活上的配合，這些人失去了生活的完整，不但影響到生產活動的效率，而且容易發生個人人格的失調和由這些人所組成的社會的波動和不安。」[438]費孝通認為，因為手工業配合於家庭、鄰里關係之中，又配合於其他生產活動之中，所以成為保全人的完整性的重要力量。[439]他不忍看到機器生產導致手工業的崩潰，所以積極倡導培養技工人才，形成技術的保護，讓工人有尊嚴，「要讓藝徒不成為一座機器，而成為一個人」。[440]

晚年的費孝通在香港看到，未來將出現「一個由經濟規律決定的社會經濟秩序，一個韋伯所闡述的理性世界。珠江模式的出現看來是誰也擋不住的」。[441]雖然後來的中國工業化道路與費先生的工業設想之間有一定的差距，但是他對於中國工業化未來的關懷，依然遠遠超出了他自己所處的那個時代。

作為一個歷史見證人，我很清楚地看到，當引進機器的工業化道路還沒有完全完成時，已經又進入了一個新的階段，即訊息時代。以電子產品作為媒介來傳遞和溝通訊息，這是全世界都在開始的一個大變化。雖然我們一時還看不清楚這些變化的進程，但我們可以從周圍事物的發展事實中確認，由於技術、訊息等變化太快，中國顯然已碰到了許多現實問題。[442]

這些問題當然也是工業民族志所要回應的內容。

「魁閣學派」在他們的工業研究範式中，沒有特意去使用某種馬克思主義的分析框架，但他們對中國、對「人」的關懷，是與馬克思主義式的工業民族志相同的。費孝通在與巴博教授的對話中談道：

中國作為一個農業國家的系統不能適應現代世界，必須改變，我們必鬚發展一種不同的生產方式。這就是馬克思主義的生產力、經濟基礎決定論的思想，而這個假設早在我瞭解馬克思之前，就已經成為我所有的工作的基礎。[443]

他為中國設計的種種工業化方案，根本上都在於對「人」的關懷，無論是開展鄉村工業，還是進行工業化大生產，都是基於一種可以保全人的完整性的方案。但是目前，中國人類學的工業民族志遠遠沒有描述清楚海內外正在發生的各種熱火朝天的工業進程，對形形色色的勞工的關懷相對有限。此外，中國人類學對當代中國工業的內在結構、動力、網絡、價值體系以及其他與政治經濟學有關的要素都知之甚少，也未從內發的文明視野出發去充分描述現代工人，這是當前民族志知識累積過程中的一個遺憾。如果能重視費孝通及「魁閣學派」留下的相關學術遺產，繼續在「全球化的長波進程」中把握中國社會轉型的脈動，將有深遠的理論與現實意義。

三、世界體系與西方工業民族志傳統

與中國相比，西方工業民族志具有很強的理論傳統。尤其是在馬克思主義者的研究譜系中，工業民族志是對資本展開批判性反思的重要載體。馬克思在《資本論》第一卷中就使用大量西歐工業調查資料和各種勞工的生活故事，來闡述工人階級的勞動狀況以及殖民時代的資本主義問題。恩格斯的《英國工人階級狀況》一書，不論是方法還是內容，都可以視作西方工業民族志的先聲。正是因為恩格斯長期的田野觀察，才促成了這部揭露工業社會底層工人疾苦的民族志成果。不過，恩格斯並沒有細緻地分析出底層工人的文化背景，工人被當作一個階級整體來對待，文化的細枝末節被刪減或忽視了。在理論的抽象層面，該書又不如《資本論》深刻有力。因此，E.P. 湯普森認為馬克思和恩格斯的經典理論都缺失文化史的視角，並且過度地預設了階級

重溫先聲：費孝通的政治經濟學與類型學
附錄 工業民族志的魁閣學統及其對全球化的回應 [425]

的形成，而忽略了其形成之前的歷史過程，因此他寫了大部頭的《英國工人階級的形成》[444]。該書是一部歷史人類學或歷史社會學的民族志，補充了馬克思和恩格斯的經典理論的不足。

工業民族志的大量生產是在現代世界體系理論出現之後。1974年，沃勒斯坦的世界體系理論一經提出，就刺激了全球的社會科學研究者。人類學對世界體系與政治經濟學理論尤其敏感，政治經濟學的視角在民族志中被廣泛引入，成為人類學現代轉型的重要環節。「工業民族志」作為一個文本類型在大轉變時代的學術舞臺上湧現，有著其內在的歷史動力。資本主義力量的全球擴張，刺激了人類學對政治經濟學的敏感性，從而促成了民族志體例的轉換。此後，民族志的地方性知識敘事只有放在世界體系的框架中才能獲得理解，這甚至成了檢驗一個社區研究是否「開放」的標準。

《甜與權力：糖在近代歷史上的地位》[445]《歐洲與沒有歷史的人民》[446]兩本書，被馬庫斯和費徹爾冠為「民族志的政治經濟學」的經典。兩書分別從政治經濟學的分析視野出發，發現了此前一直被學界忽視的底層勞動者的生活和勞動境況的歷史——馬庫斯稱之為「世界體系理論框架的人類學變體」。[447] 但遺憾的是，這兩部作品的敘事框架並沒有促進文化分析和政治經濟學解釋在民族志細節上的完美融合。文化被埋沒在了資本主義歷史的結構性進程中，被「降級為一個附屬結構」，成為政治經濟體系的折射。

不過，西敏司和沃爾夫的思想也一直處在轉變之中。他們在牙買加、墨西哥的蔗糖生產和咖啡種植業研究中，更加微妙地處理了種植園內部的支配關係與生產過程。莊園代表土地所有者和底層勞動者經營的農業生產形態，其中各種細微的生產要素不僅用於資本積累，也是莊園主地位的支撐。[448] 基於這次田野觀察，沃爾夫與西敏司合作，系統思考了種植園體系中的亞文化細節與階級之間的關係。而西敏司基於這次田野，更加詳細地描寫了種植園中黑人蔗糖工人的生活習俗、醫療實踐，以及從傳統家長制到現代產業制的轉換中的糖業生產工作體驗。西敏司更新了《甜與權力：糖在近代歷史上的地位》的敘事方式，新的民族志文本還講述了沒有身份的波多黎各無產者，

三、世界體系與西方工業民族志傳統

如何轉換為復興派教徒的過程。[449] 西敏司後來有關文化生成的「克里奧爾化」的理解也是基於對蔗糖種植業勞動過程的考察。[450]

1980年前後，民族志的解釋學傳統與政治經濟學的批判發生了合流。美國人類學家納什（June Nash）的《我們吃礦，礦吃我們》[451]一書基於對玻利維亞礦工的人類學考察，將文化解釋的範式與資本主義外圍地帶的政治經濟現實的嚴肅描述融合起來。在納什筆下，我們看到了這樣的學術追問：在沒有脫離本土文化框架的前提下，以世界資本主義體系界定出的玻利維亞礦工社區到底具有怎樣的形態？這一點鮮明地體現在礦工的宗教性「階級意識」中：礦工們是以宗教和政治話語來抵制資本的非人性對待的，資本主義及與其相配的宗教，將會受到地方性知識的抵抗。從方法論上來看，若只是單憑資本、技術、效率等這些適用於先進工業社會的分析性概念，或只是憑藉象徵、符號性的意義闡釋，都不能達到納什那樣的解釋水平。因此，呈現礦山社會中的文化價值體系，需要兼顧解釋學與批判學兩個學統。

邁克陶西格（Michael T.Taussig）的《南美洲的「魔鬼」和商品拜物教》[452]一書，堪稱工業民族志的經典。陶西格根據馬克思在《資本論》第一卷第一章提出的拜物教理論，深描了現代拜物教與地方文化體系的並接、衝突。在資本主義體系中，農民社會中因地而異的「魔鬼」文化，可以因為工業商品社會的普遍存在，而呈現為普遍的文化衝突。這部民族志系統地呈現了哥倫比亞礦工和玻利維亞農民的多重轉型過程，其中社會文化轉型與政治經濟轉型是同時發生的。生活在這種大轉型時代底層的小人物，對於大工業、大機器、大生產，充滿了「異乎尋常」的恐懼。

邁克·布若威（Michael Burawoy）是馬克思主義社會學的代表性學者之一，他對贊比亞銅礦工人、蘇維埃時代匈牙利國企工人以及美國本土大型聯合機工廠工人的關注，都是用工業民族志完成的。[453] 尤其是在《製造同意》一書中，布若威揭示了一個具有極大反思性的結論：壟斷時期的剩餘價值，根本不需要資本家用冷冰冰、血淋淋的暴力姿態來獲取，而僅僅擁有現代工業制度與國家政體的塑造力量，就能製造工人對剝削自身體制的「同意」（consent）。

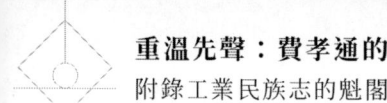

重溫先聲：費孝通的政治經濟學與類型學
附錄 工業民族志的魁閣學統及其對全球化的回應 [425]

與陶西格、布若威相比，保羅·威利斯（Paul Willis）則賦予了勞工階級更加鮮明的能動性。作為伯明翰文化研究中心的成員之一，他選擇用民族志方法寫成的《學做工：工人階級子弟為何繼承父業》一書，更具體地描繪了對抗資本主義政治經濟力量的工人主體，究竟擁有怎樣的自主文化意識。基於此，從而能夠理解社會文化再生產的具體機制，考察工人階級子弟「傢伙們」對學校主流文化的反叛細節。[454]

上述的陶西格與威利斯等人，他們寫作的新型工業民族志發生了一個轉向，即在寫文化中展開了對文化研究的精英立場的批駁，促使民族志對工人的文化自主性進行反思。在亞洲、非洲、美洲等地，具有這種反思精神的工業民族志的研究體例也逐漸擴散。例如，具海根的《韓國工人》一書，就受到 E.P. 湯普森、威利斯等人的影響，側重於從生活經歷、民族文化形態和國家傳統等層面，展示出韓國工人感知工業的具體經驗，從而賦予了工人極大的文化主體性。[455] 再如，王愛華基於馬來西亞女工的田野調查，寫成的《資本規訓與反抗的靈魂》一書，非常類似陶西格與納什在南美洲的研究範式。[456] 該書作者的問題是：「為什麼馬來西亞女工在現代化工廠的車間會發生階段性的靈魂附體？」女工雖然是世界資本主義體系的依附者和被現代治理體系抽離的對象，但是，少女們的身體並不是單向地受壓迫，她們在生產過程內外不斷地進行反抗。面對監控與規訓，自在又自覺的女性，不斷地用「魂靈附體」的地方文化形式來展開精神性的抵抗。

上述在全世界範圍內湧現的大部分工業民族志，幾乎都具有同一個表述特徵，即政治經濟學式的批判性關懷。由政治經濟學促成的民族志，之所以能夠在相對主義的文化解釋學傳統之外，對 1960 年、1989 年前後的重大政治事件作出有力回應，關鍵在於資本主義全球化中的多重支配結構，被考慮進總體的社會文化分析框架中來，從而展開文化批評。就此而言，民族志在經驗層面上，就從人類學內部打開了政治經濟學的視野。工業民族志避免了純粹文化分析的取向，也就避免了將人類學僅僅視為一種獵奇式學問的取向。如文化闡釋主義者克利福德·格爾茨就認識到：探尋意義的文化分析很容易因為失去與政治、經濟的聯繫而滑向「社會唯美主義」的危險。[457]

總之，工業民族志將資本主義全球化中的生產、勞動、工作等政治經濟因素帶到了民族志「寫文化」的核心地帶，而不是只將「文化」視作一個被衝擊的「變量」。人類學的書寫在某種程度上要比布若威、威利斯等社會學的民族志專家更加細膩，更加立體地呈現了「文化」的複雜性。工業民族志立足於對工人階層文化意識、文化形態的歷史刻畫與整體描述，可以更有深度地理解政治經濟體系的形成過程。

四、改革開放以來中國工業民族志的實踐與對全球化的回應

在過去的 40 年間，關注中國工場、工人、工業的民族志逐漸增多，這與各種工業勞動形態、工業族群的數量激增有關。如埃裡克沃爾夫所說：「資本主義積累仍然繼續在世界範圍內製造著新的工人階級，從各種不同的社會與文化背景中招募這些工人階級，將之安置到不同的政治和經濟等級秩序當中。」[458] 在中國 40 年來的工業實踐中，數量龐大的「工業族群」是社會主義國家的新生代勞動者，逐漸成為海內外研究者眼中突出的「民族志景觀」。

20 世紀 80 年代，社會學、人類學等學科恢復重建，國內幾乎沒有學者展開工業民族志研究。一些國外學者基於各類史料以及各種訪談資料，寫出了一些具有歷史社會學意義的工業民族志。例如，美國學者尼格的《姐妹們和陌生人：上海紗廠女工，1919—1949》[459] 一書，敘述並分析了紗廠女工勞動群體的社會地位和生產境況，揭示出工頭制下的女工之間如何產生分化。她的意圖在於將歷史上的中國女工帶入全球視野，並展開全球性的比較。再如，Gail Hershatter 的《天津工人：1900—1949》[460] 同樣聚焦於民國時期的天津女工，指出地緣性因素在生產中的重要性，修正階級概念簡單化的問題。該書指出民國時期的工人們參與各類運動的程度有限，仍未脫離農民的身份、意識及農村的生活及生命週期，與鄉村聯繫極密切。這一點對於理解改革開放之後的農民工群體來說，也同樣至關重要。

1992 年以後，「世界工廠」已經在中國南方沿海地區鋪開，一些授學於西方且精通理論的社會學者希望以民族志的方式在世界舞臺上展示部分中國

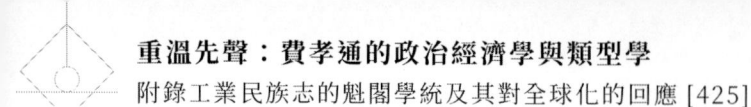

重溫先聲：費孝通的政治經濟學與類型學
附錄 工業民族志的魁閣學統及其對全球化的回應 [425]

工人形象。如潘毅、謝國雄、李靜君等人的工業民族志，均影響巨大。而裴宜理（Elizabeth Perry）基於歷史資料寫就的《上海罷工》一書，[461] 在理論上與同時代的工業民族志相互呼應。尤其是圍繞勞工在技術、性別、行業、地域、利益等層面上的衝突與分化問題，深入揭示現代工人的行動機制，以彌補經典馬克思主義對當代工人解釋的不足。

潘毅在深圳一家工廠調查完成的《中國女工》，是一部極具經驗概括力和理論反思力的工業民族志。作者透過把握女工勞動前後的心路歷程，描述了資本與機器如何試圖創造女性的「社會性身體」，「即溫順、馴服而且具有生產能力的打工妹」。[462] 作者在田野調查的過程中，詳細考察了地方、血緣、族群和城鄉之間的差異，如何在機器、車間及宿舍之中被重新激活、被再塑造。在「異化」之外，為了尋求真正屬於女性的主體性，作者深入體察女工的「夢魘」和「尖叫」，從而尋求到一種「抗爭的次文體」。雖然說《中國女工》沒有關注到社會層面大範圍的結構性力量，但是作為現代工業民族志的具體嘗試，可以啟發很多工業研究的初學者。2010 年，潘毅、盧暉臨等學者合著的《大工地》一書，[463] 以 E.P 湯普森那樣的歷史筆調，聚焦於當前中國建築業的農民工，展示了他們的工作狀態和日常生活。

中國臺灣學者謝國雄，詳細考察了臺灣製造業的家庭代工網絡。他指出中國臺灣的勞動力並不是直接在市場中自由流動、自我經營，而只是家庭代工體制中的一個外部零件，從而揭示了現代自由市場的虛假性及其對底層勞力的壓制。[464] 此外，中國臺灣學者戴伯芬從研究自雇型工人的角度，揭示了臺灣各種小攤販的勞動經營歷史與地方政治之間極為複雜的糾葛。[465] 同樣來自中國臺灣的學者藍佩嘉，基於 1998 年的訪談和觀察，以「同理心」式的方式描述了被全球化聯繫起來的東南亞女傭與臺灣女性僱主，並寫成了《跨國灰姑娘》一書。[466] 該書揭示了這些東南亞家務移工的兩難處境：她們與僱主的關係在地理上親密但在地位上疏離；她們的遷移之旅既是一種解放也是一種壓迫。總而言之，「灰姑娘」的美滿結局仍如童話般夢幻。

美籍華裔社會學者李靜君以田野調查為主要方法，分析了中國改革開放時期的新工廠政體及工人的階級經驗。李靜君的重要觀點是：國家、政府權

威在工廠治理中的作用逐漸減弱,部分讓位給資本權威或廠內的經營管理者,黨組織及工會在企業內幾乎全受命於管理的權力,從而使得勞動者實際處於舊體制已消失、新體制未建立起來的裂縫中。[467]

在 20 世紀 90 年代末的北京郊區,也有類似的工業民族志成果。例如,項飚描述了一批來自浙江溫州的作坊式商人與雇工,如何在北京的行政、社會空間中經商、務工、過日子。[468] 但由於作者過度關心地緣概念,使得這部民族志對整個世界性的政治經濟體系的敏感性非常低。該研究對浙江商人經商、拉關係的行動描述得十分詳細,但缺少一種世界範圍內的宏觀政治經濟學視野。隨後,項飚彌補了這一缺憾。在《全球「獵身」》一書中,他透過對印度 IT 訊息勞工輸出管理系統的觀察,回應了世界經濟體系的不確定性問題。全球化過程中,IT 工人的生活狀況「向我展示了真實生活中的矛盾和諷刺,也讓我進一步看到全球化並不僅僅是加強了全球範圍內的聯繫,更多的是重新安排,甚至是重新強化了人類社會的不平等關係」。[469]

進入 21 世紀,「工業族群」的多樣性進一步顯現。例如,周大鳴教授研究了廣州、廈門、杭州、南寧等地的城市散工,揭示了這些散工在城市中的生存邏輯。[470] 秦潔對重慶市的城市苦力——「棒棒」的研究,力圖展示底層勞動者如何在城市中實踐其鄉土的生存邏輯。[471] 美國學者愛芙斯（Jacob Eyferth）系統調查了四川夾江造紙業的歷史與現狀,並透過對手工作坊的微觀深描,揭示了鄉村手工業的技術傳承、性別分工以及「具身化」的過程,為當下鄉村手工業研究提供了重要參考。[472] 美籍華裔人類學者張鸝的《城市裡的陌生人》一書,就是基於北京「浙江村」的田野考察,描寫了溫州商人在陌生的環境裡,如何利用血緣、親緣、地緣等關係來建立新的社會網絡的過程。[473] 澳洲學者杰華同樣以北京的城郊村為田野,極為關注流動的鄉村女性勞動者如何在城市中追求、釋放自身的主體性,揭示全球化如何體現在底層勞力的身體體驗之中。[474] 上海大學的賈文娟博士利用長達 8 個月的時間,體察了廣東一家國有企業的治理邏輯,並透過與私營企業和外資企業的比較,勾勒出同時嵌入在社會主義政治體制和市場經濟體制中的國有企業,是如何展開有選擇的工廠治理的。[475] 中央民族大學的劉東旭博士對流向珠三角地區的涼山彝族人進行了持續的田野考察,呈現了這部分彝族人在被商

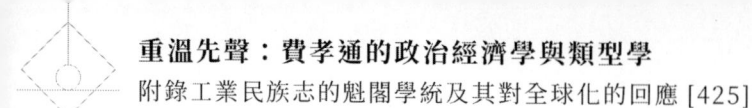

品化的同時，又如何在當地進行了以「家支」為中心的群體秩序的再造。[476] 筆者基於對工廠外的農業勞動力的深度觀察，呈現了世界工廠中不同勞動形態之間的支配關係，尤其是底層勞動者被捲入大轉變的浪潮之後，身處「多重支配」與「無相支配」的境地。[477] 此外，透過底層的視角，筆者也自下而上地展現了底層勞動者日常生活的實踐策略，並對資本主義全球化的主體能動性問題給予了極大的關注。

總之，工業民族志的知識生產雖然呈現了「井噴」的現象，但作為學科方向的「工業民族志」概念卻尚付闕如。不過，無論是燕京學派，還是當下的工業問題研究者，雖然一直沒有使用「工業民族志」這一學科概念，但他們在旨趣上是相同的，即以民族志的方式回應現實的問題和全球化的走向。隨著中國工業模式進一步轉型升級並走向海外，工業民族志的研究對象與研究內容必將會進一步豐富，且其對地方問題與全球問題的回應將會更加迫切。因此，結合燕京學派的研究傳統，將工業民族志放置於更寬廣的全球化視野中，將會是中國民族學、人類學的一個可開拓的新趨向。

五、獲得全球性：批判性工業民族志的價值立場與文化追求

批判性的工業民族志在回應全球化問題時，有一個基本的追求，那就是讓針對工業、工人、工場的當代寫文化獲得一種辯證的全球性。所謂辯證的全球性，就是在開放的社區中，同時以地方性文化知識和全球政治經濟體系的雙重視野，追求平等的價值立場，獲得一種能夠見微知著的文化形態的認識。「全球化」與「全球性」不同，前者是以一種由外而內、由上至下的霸權姿態來「化約」地方性的社會文化規範，而後者希望在開放的社區中，同時保留全球與地方的合理關懷，是一種綜合且開放的現代社會特質。工業民族志希望以文化人類學與政治經濟學的綜合性研究立場，透過對勞動現場、勞資關係的細微審視，來獲得這種辯證的全球性。在這裡，「地方」與「全球」不是兩極而是相通的，論證這種相通性的目的，就是為了追求相對平等的基本人文關懷。

五、獲得全球性：批判性工業民族志的價值立場與文化追求

在筆者看來，工業民族志只有兼具以下三種方法論的視野，才能全方位地深描現代工場、工業、工人。首先是深描勞動現場、勞動過程以及勞資關係的微觀細節，浮現勞動實踐中的日常情感或文化意義。其次是關照宏觀政治經濟體系中的價值標準與運轉週期，並將這種關照帶入具體而開放的研究空間或研究對象上去。最後是浮現地方性知識中的文化框架，並將這種地方性價值標準與宏觀的、由外而內的全球性價值理論相比照，以評判全球金融與貨幣體系的虛擬化過程是否會虛化地方文化視野中的價值衡量標準。

只要擁有了上述幾種工業民族志的研究視野，就可以和過去一些封閉且孤立的文化研究、勞動與物的研究告別了。在西敏司看來，過去人類學家追求異域文化的信念，使得他們故意繞開普遍聯繫的現代世界。他批評馬林諾夫斯基：

在他的大部分工作中，西方在所有的偽裝下都被弱化或者被忽略了，只有所謂的最純粹的原始性，才被英雄般的人類學家進行冷靜的觀察……這是一種奇怪的對比，一邊是未被汙染的原住民，另一邊是高唱聖歌的童子軍；但它並不是孤立的現象，透過一些巧妙的手法，一本又一本的人類學論著抹除了當下現實的印記以及這一現實背後的來龍去脈。[478]

西敏司認為應該邁出一步，建立「新的人類學」方向。這種「新的人類學」應該擁有對現代「平凡」世界中的人與物的敏感性，捕捉身邊或遠或近的普遍客觀現象，而非追求獵奇的民族志。工業民族志或許就是這種「新的人類學」方向，它能完整描述現代工場文化意義的整合方式。

與量化的工業問題研究不同，工業民族志是另一種研究路徑，但二者並不衝突。在 20 世紀 90 年代，加州大學伯克利分校的布若威與埃裡克·賴特互為倚重，前者以工業民族志方法，後者以量化方法共同研究工業、勞動與階級問題。「在那些對埃裡克·賴特的馬克思主義分析不夠滿意的研究生眼裡，民族志成了馬克思主義的方法」。[479]

顯而易見的是，民族志的方法更具批判性，並且是量化、演繹與抽象方法的前提。「民族志方式的抽象化的基礎是民族志，即基於長期實地調查而寫成的系統的、細緻的描述，但是在同時，它力求分析性、解釋性和批判性」。

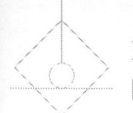

重溫先聲：費孝通的政治經濟學與類型學
附錄 工業民族志的魁闊學統及其對全球化的回應 [425]

[480] 如何獲得這種批判性？那就是需要進入老百姓日常生活和勞動過程，去發現那種隱藏的、不被日常重視的邏輯。項飆在寫作全球「獵身」系統的民族志的過程中，就力圖將民族志的細節融入政治經濟學的分析當中，「老百姓在理解他們日常生活的時候，通常是徹底的政治經濟學家，倒是外來學者要對社會現象作出文化解釋」。[481] 政治經濟學的批判與工業民族志的描述是互相依賴、彼此顯現的。工人在勞動或日常生活中，對現實有很多「當然化」的判斷與接受，展示這些「當然化」的細節，分析相關的生活狀況、勞動感受乃至不滿情緒，就能在抽象與具像兩個層面同時展開批判。

特別需要強調的是，工業民族志應該在開放的關係結構中，繼續保持對勞動主體的文化能動性的思考。保羅·威利斯在寫《學做工》時，不斷提醒我們應該在一種現代「關係」的思維中去觀察乃至判斷新的社會走向。他尤其關注底層工人如何理解、創製、看待自己及周邊的文化或實踐。要完成這個任務，工業民族志就必須在宏觀關懷之下更敏感、更微觀地展開田野。「若要復原底層被統治群體及他們的人性，學者必須和他們一起，在共處和互動的過程中以開放、人性的態度去理解他們」。[482] 威利斯在《學做工》一書的中文版前言中寫給中國讀者幾句誠懇的話：

> 致力於打破並跨越學科的邊界，尤其是社會學和人類學的邊界。在我內心，我希望鼓勵中國的研究者，特別是博士研究生，跨越學科界限，並擔當起重塑民族志這一艱巨而美好的任務。[483]

最後，用工業民族志來理解當下的全球社會，不僅要展示開放工場中各種勞動實踐的文化意義，理解各種勞動實踐的文化旨趣，還有一個更為重要的擔當，那就是揭示出以往的民族志在多大意義上具有諷刺性地維護了某種保守的、支配的或者說是某隱藏的文化意識形態。在全球社會的工場繼續波動、更新乃至變革的21世紀，工業民族志既要守衛跨學科的文化議題，也要保持其批判與再現文化意義的本色。此外，工業民族志要將地方文化體系與全球文化體系並接的過程展示出來，審視新時期的新工人、新勞動、新工場。新的民族志批判者要嘗試去浮現這些新的階級、性別和倫理關係，再

現全球化世界的象徵秩序和實質性的價值分配結構。對有不同擔當選擇的人類學學生和人類學學者來說，它是一個重要研究方向。

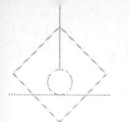

重溫先聲：費孝通的政治經濟學與類型學

從「不在地主」到「不在農民」——百年中國鄉村困局與嵌入式的鄉村振興

從「不在地主」到「不在農民」——百年中國鄉村困局與嵌入式的鄉村振興

▋一、「不在地主」與中國鄉村的發展困局

　　20 世紀，中國農村經歷了兩次較為巨大的困局。一個是從 20 世紀 20 年代至 40 年代，中國東、中部地區的大量鄉族地主遷往城市，與世居城鎮的地主一起，攫取鄉村資源，學界將這些城居地主籠統稱為「不在地主」。不在地主集團對鄉村地權的遠距離控制與其時的鄉村社會發展危機息息相關。另一個是 20 世紀末的改革開放深化以來，農民普遍地離土離鄉，使得鄉村社會出現空心化、空巢化的現象，筆者將其稱之為「不在農民」鄉村發展困局。兩個困局之間，是從《中國土地法大綱》頒布至家庭聯產承包責任制施行的集體主義建設歲月。這段歲月強烈地回應併力圖解決前一個鄉村困局，又為解決後一個困局提供了有益借鑑，但也埋下了城鄉區隔的伏筆。在本文中，筆者先整理了 20 世紀上半葉出現的「不在地主」現象及其相關解決方案，再對比當下的「不在農民」問題，最後提出了「鄉村振興」的新思路。

　　學界所稱的「不在地主」，是指不在土地鄰近的鄉村居住，而在城鎮居住的地主集團。明朝中後期，基於自發性商品經濟的發展和江南地區城鎮的繁榮，鄉族地主開始遷往城鎮。不過明清之際，城鎮中的地主集團仍以皇族、縉紳、商人等身份性地主為主體。[484] 但是，到了二十世紀二三十年代，無論是商品經濟發達的地區，還是經濟相對封閉的地區，地主從鄉村遷往城市開始成為一種普遍現象。[485]「不在地主」概念成為研究 20 世紀上半葉中國鄉村地權及城鄉關係問題的核心概念。

　　黃宗智根據日本的「慣調材料」發現：「在華北平原，很多村莊根本沒有地主。華北地主主要是居住在城市之中的不在地主。」[486] 美國農經研究學者珀金斯也根據日本的「慣調材料」，推算出北方 8 省 37 村的鄉村地權

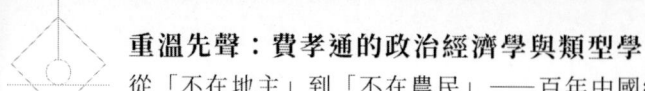

重溫先聲：費孝通的政治經濟學與類型學
從「不在地主」到「不在農民」——百年中國鄉村困局與嵌入式的鄉村振興

中，有75%的地權不在當地村莊之內。[487] 同樣，1935年，金陵大學農學院農業經濟系對鄂、皖、贛3省41縣的農村調查顯示，不在地主所占地權的比例也高達75%左右。[488] 徐暢細緻整理了蘇、浙、湘、鄂、皖、贛6省地主離村的情況後，發現地主們離土離鄉的現象十分普遍。[489] 在華南地區，「不在地主」現象更為常見。陳翰笙發現，在20世紀30年代的番禺縣，超過75%的耕地是租地，有50%以上的農戶沒有土地所有權，地權分配的差異非常大。[490]

不在地主的現像在20世紀上半葉的中國鄉村社會中之所以普遍產生，其原因是十分複雜的。有學者指出，華北農村的地權紛紛從鄉村流入城市，主要有以下三個原因。一是王朝體系的崩潰和商品經濟浪潮的衝擊，導致了傳統地權優先購買權慣習的衰微，土地不像以往那般，只是優先賣給血親姻親或同鄉同裡；二是華北地區的軍閥混戰和土匪猖獗，大大加速了地權從鄉村流向城市，地主從鄉村遷往城鎮；三是自然災害、家庭支出的壓力，迫使貧弱小農紛紛出售土地。[491] 而陳翰笙由此認為，不在地主現象的頻繁出現，實際上就是帝國資本與封建勢力壓迫、剝削中國小農的縮影。

從城鄉關係的角度來分析，「不在地主」現象實際上是一種土地制度，即土地所在地與地權所有者在時空上發生相對分離的土地制度，直接體現為鄉村地權向城鎮的流動，並導致城鎮對鄉村地權的控制。而所謂「不在地主」的困局，是指不在地主集團透過控制城鄉金融、工商與借貸系統，間接控制地權，導致鄉村的相對獨立性喪失及傳統社會結構、經濟來源被破壞，農民生存的命脈被轉移至更大的政治經濟體系之中，從而使得鄉村中充滿了不確定性的秩序危機。對於「不在地主」現象及相應的鄉村危機，諸多社會學者都有過分析與診斷，尤以托尼、陳瀚笙、費孝通等幾位先生的研究最具代表性。

托尼認為，中國的租佃關係在20世紀20年代發生了質變，城市之中出現了大量的不在地主，他們透過對土地進行金融投資，從而試圖遙控地權。由於空間上的隔離以及階層之間的交往變得單調，地主與農民的傳統租佃關係被轉化成了更為冷冰的金融關係。托尼在《中國的土地與勞動》一書中指

出,在一個資金奇缺且以小農耕作為核心經濟來源的農業國度裡,圍繞農業經營為主的資金借貸問題,是追問城鄉社會能否均衡運轉的真正法門。但是托尼看到:「中國的資本卻並不拿來用之於農業改良,反而是在上海轉用於土地價格投機。」[492]「不在地主」的土地投機行為使得小農更為直接地暴露在資本面前,成為資本漁獵利息的對象。在許多靠近城市的鄉村中,農民的生存道義經濟學被破壞,20世紀初的中國農業首次遭受了前所未有的危機。托尼認為,最好的應對方法便是在振興城市工業的同時,從國家層面推動農業合作與土地的集約經營,使農民免受不在地主或中間商的盤剝。

1940年前後,費孝通在繼承托尼命題的基礎上,提出了進一步的鄉村振興方案。費先生在江村收集的調查資料,顯示了「不在地主」現象的嚴重:該村有66%左右的田底權被城鎮中的不在地主集團所占有。鄉村「土地」不再是生存手段、社會身份、文化榮譽等方面的多重來源,而是被簡單地虛擬化為貨幣。傳統鄉村社會中地主與農民之間的可視關係,變成了不在地主集團與農民階層之間的「無相支配」,[493]實體的道義關係邁向了形式主義的支配邏輯。費先生說:

> 田底所有權僅僅表明對地租的一種權利,這種所有權可以像買賣債券和股票那樣在市場上出售……由於城裡土地市場的交易自由,地主和他們占有的土地之間的個人關係縮減到最小的程度。大多數不在地主對於土地的位置、土地上種的莊稼,甚至對於交租的人都一無所知。他們的唯一興趣就是租金本身。[494]

城鄉之間金融投資關係的出現,導致了鄉土社會的一系列問題。不在地主集團意味著世界政治經濟體系在最具社會深度的中國農村社區裡有了新型的代理或買辦,傳統社區內的土地經濟閥門被打開,從而讓小農面向了更廣大的資本市場。

在《鄉土重建》中,費先生從城鄉關係的角度出發,回應了近代中國最大的鄉村發展困局。他認為中國的城市向來是依靠鄉村的補給而得以延續的,尤其是不在地主集團代表的城市社區是個消費體,而不是生產性的社區。因此,費先生提出要重建中國的鄉土社會,首先應該是重建城鎮,規避以往不

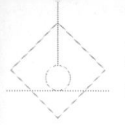

重溫先聲：費孝通的政治經濟學與類型學
從「不在地主」到「不在農民」——百年中國鄉村困局與嵌入式的鄉村振興

在地主靠地租生活的方式。「在都市方面，最急的也許是怎樣把傳統的市鎮變質，從消費集團成為生產社區，使市鎮的居民能在地租和利息之外找到更合理、更穩定的收入」。[495] 與此同時，費孝通與托尼一樣，倡導在鄉土社會中建立起資金借貸、農工生產、消費分配的合作組織。倡導合作組織，不僅是為了應對農業生產，而且是希望建立鄉土工業。但這種鄉土工業並非完全要按照傳統手工業的內容來展開，而是借助以往「分散的鄉土工業」之形式，重建一個全面且互助的工農關係與城鄉關係。此外，除了社會建設與鄉土經濟的發展，傳統的「雙軌政治」治理方式（即皇權不下縣的無為而治以及自下而上的鄉村紳士代理政治）衰落後，國家必須推動自身的有機建設，同時鼓勵知識分子和鄉紳賢能重返鄉土，才能實現全面的鄉土重建。

比較而言，托尼與費孝通的診斷方案稍有差異，但均偏向改良的立場，兩人都寄希望於民國政府的自省與自救，同時在中觀層面希望鄉紳、官員、資本良心發現，重返並回饋鄉村。但與梁漱溟、晏陽初、董時進等較為保守的鄉村建設家以及秦暉等當代學者所提出的「關中無地主」等判斷不同，而是認為只有先建立一個強而有力的政治國家，才可以進行大刀闊斧的改革。

陳翰笙先生基於廣東地區不在地主與佃農的分佈比例資料，直接批評了托尼的「改良主義幻想」。他認為中國農民同時受到了帝國主義、封建買辦、資本主義的多重壓迫，唯有透過一場民族解放運動，才能化解中國的農村問題和農業危機。[496] 相比之下，陳翰笙對「不在地主」集團的研究更為細化。他不僅將從鄉村遷往城市的非身份性地主稱為「不在地主」，而且將城市中熱衷於置地的資本家、軍閥、官僚、買辦、商人以及部分華僑，還有各種變質的集團地主，統統歸入不在地主集團，從而細緻地分析了華南農民所受的多重壓迫，為20世紀的土地革命埋下了科學實證分析的伏筆。難能可貴的是，按照陳翰笙的觀點，我們還能清楚地看到，20世紀初發生的下南洋、闖關東、走西口等鄉村人口外溢現象，都是因不在地主集團引起的中國總體困局的表現。

無論如何，因不在地主集團引起的鄉村發展困局，既是社會主義土地革命前，資本進入鄉村進行單向度攫取的危機，也是國家與知識分子與當時的

鄉村社會脫嵌的危機：一方面，知識分子與賢能鄉紳的缺失，代表著具有道德意義的「保護性經紀」以及鄉村秩序樞紐的缺失；另一方面，國家公器雖然在很大程度上沉降至農村，但面對鄉村的斷裂狀態，並沒有具體推動鄉村的復興。因此，不在地主集團造成的鄉村社會危機，成了社會主義土地革命的客觀背景。不過，社會主義土地革命時期的實踐與國家的鄉村建設，也造成了城鄉之間進一步的戶籍區隔、經濟分工與政治治理方式的殊異。在改革開放初期，由於鄉村總體的社會結構仍然是充盈的，只是有少部分人外出務工經商，加上離土不離鄉的鄉鎮企業發展道路的推行，中國鄉村在20世紀80年代至90年代初期都未浮現明顯的社會性困局。1992年之後，隨著發展戰略向東部沿海城鎮全面傾斜，大量農民離土離鄉，從而使得鄉村社會結構發生了巨變。

二、「不在農民」與當代鄉村的「脫嵌」困局

從20世紀90年代開始，伴隨著改革開放的進一步深化，中國鄉村出現了第二個困局：「不在農民」現象的不斷加劇，導致鄉村社會結構再次發生巨變。中國國家統計局於2016年發佈的《2015年農民工監測調查報告》顯示，2015年，中國農民工總量為27747萬人，其中遠距離外出農民工16884萬人，本地農民工10863萬人。[497]鄉村社會內部的青壯年不斷被抽離，中國鄉村逐漸演變為青壯年群體稀缺的鄉村。跟20世紀初期的鄉族地主大量遷入城鎮一樣，今天中國的農民也在不斷地向城鎮集中。20世紀80年代，費先生提出要發展在地化的城鎮化與工業化，不教農民離鄉背井。但今天來看，離土離鄉已成為一個普遍的狀況。

具體來說，當下「不在農民」的鄉村困局，是指大量農民進城務工或遷居城鎮，導致土地缺人耕作、公務缺人管理、村事缺人解決等一系列問題。「不在農民」的鄉村社會與「不在地主」的時代不同，前者表現為當代鄉村中的人口主要被「留守老弱婦幼」概念所概括，總體社會人口結構在時空上表現出巨大的分離或過渡的特徵，而後者只是占鄉村人口少數的「地主」離村，其總體性的社會人口結構仍保留在鄉村之中，表現為城鎮對鄉村的地權

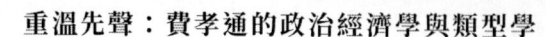

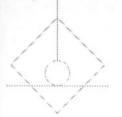

重溫先聲：費孝通的政治經濟學與類型學
從「不在地主」到「不在農民」——百年中國鄉村困局與嵌入式的鄉村振興

控制。從學理上來看，當代「不在農民」的鄉村社會，體現為賀雪峰教授所言的「半熟人社會」或吳重慶教授所指的「無主體熟人社會」。所謂「半熟人社會」，是指村民之間的交往不再像以往那樣頻繁，村民之間相識卻不相通，知悉卻不熟悉。吳重慶教授提出的「無主體熟人社會」，則更加洞穿了「不在農民」時代的鄉村困局。鄉村中失卻了具有代表性意義的「話事」主體，導致「無主體熟人社會」的產生，這是因為「青壯年乃農村社區裡最為活躍的成員，是家庭的頂樑柱，是社區公共事務的參與者以及利益衝突的當事人」。[498] 村莊的「無主體狀態」伴生了多個維度的「缺失」：作為生活場域的村莊缺失了主體性感受；作為社會交往的村莊缺乏了公共事務的參與性建設；作為生命意義和價值載體的村莊失卻了歸屬感。留守的兒童、老人、婦女在總體上無法與政府以及外來資本對接，因此與外來資源的對接權容易落入外部實踐者或本地極少數人手裡。這樣一來，很多鄉村發展與振興的方案難以體現鄉村社會的總體意志。

進入 21 世紀後，中共中央「一號文件」連續十多次聚焦「三農」，再加上近幾年的扶貧攻堅戰與中共十九大的「鄉村振興」戰略，國家對「三農」的關注不可謂不明顯。但是除了東部沿海地區的農村，在中西部大量的「無主體鄉村」之中，普遍的農業小戶除了得到一些滴水漫灌的政策惠及效應，實際上難以獲得長久的發展動力。相反，一些農業龍頭企業、資本主導的農業產業基地以及一些套取政策紅利的形式主義專業合作社，透過與基層政府的「項目」聯結，攫取了大部分的國家政策紅利。國家面臨的新問題，是面對農民主體缺失的鄉村，如何約束資本與基層政府之間的關係。該問題至少有兩個取向，一是將公權與資本同時嵌入現代鄉村社會之中，嘗試展開具有代表意義的鄉村建設；二是限制公權與資本的觸角進一步延伸，讓小農戶集體或真正的合作社組織控制主導權，進行在地化的選擇性引進。兩個取向之中，前者需要強大的有關總體「善」的政府判斷，後者需要鄉村之中存在具有代表性的集體或合作組織。孰優孰劣應該具體而定，但毋庸置疑的是，鄉村社會自我的主體性必須重新充實起來。

在上述問題發生的同時，中國鄉村社會經歷了數種發展話語的洗禮。以往的發展模式，幾乎都是以經濟為主要向度的發展主義，並擱置了以「不在

農民」為主要人口特徵的鄉村社會大背景。所謂的「跨越式發展」或「參與式發展」等發展路徑，堅持以「落後—先進」「主導—引導」「中心—邊緣」等作為認識框架，較為空洞地在「無主體」鄉村社會中大談文化與經濟、鄉村與政府、小農與資本的關係。在舊的發展語境之中，脫離「不在農民」的實質性社會背景，去談文化相對主義或經濟平等問題，容易掉入偏形式主義的實踐模式。雖然，近年來中國努力推動了鄉村文化復興運動與鄉村社會主體的重建工作，但這些工作的可持續性總是顯得動力不足，其根源就在於所有發展話語背後的真正邏輯仍然是以經濟為向標，[499]對總體社會結構的實質性診斷還不夠具體全面。相應的，中國社會科學界的有些研究也變成了形式主義的附和，如有些人仿照法國社會學家布迪厄的分析框架，把中國鄉村社會中的社會結構與文化網絡看作與經濟和政治並行的資本類型，並可以相互「交換」，而從實質上泯滅了鄉村社會與文化的總體性意義。

　　鄉村社會中「不在農民」現象的另一面，是在村農民的社會離散。集體約束力的下降，加上傳統的社群、家族文化聯繫紐帶的弱化，導致農戶的個體化和相互分化的程度有所加劇。面對新時期建設鄉村的大舉措，鄉村社會顯得準備不足。「不在農民」導致的「弱社會」結構現象，使得很多由外而內、自上而下的美好鄉村建設項目得不到真正的社會支持。相反，有不少鄉村建設項目處於一種迷茫的實踐情境之中。在離散的鄉村社會中，功利成為鄉村實踐者的核心導向——這本身並不是問題，關鍵的是，兼顧效率與公平的競爭法則一直未充分建立。因此，村莊內的社群與社群、個體與個體之間非常容易產生糾紛。

　　在由外而內的市場發展主義語境中，「消費」是發展的核心動力。雖然青壯年群體不在鄉村中，但老幼婦孺仍是重要的消費主體，各種現代工商業產品，尤其是假冒偽劣產品不斷湧入鄉村。問題是，面對新的消費情境時，目前的鄉村社會無法建立一種具有主體性的自我消費框架，對各種不平等、不友好的消費現象缺乏辨別力和抵抗權，只能由發展主義的消費話語來主導消費行動。一旦新的消費主義取代了地方性的村落生活知識，哈貝馬斯所擔心的「公共文化領域轉型危機」就會出現。

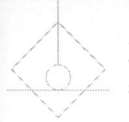

此外，從基層政治的角度來看，不完整的鄉村社會結構也大大降低了鄉村基層自治的效率。很多村幹部或「掛村」工作者，都不在村莊而在城鎮居住，對村莊事務主要是「反應式」的，即等諸種問題出現之後，再反應式地消極處理。並且，村幹部還要面對上級機關分派的各種任務，幾乎無法主動、直觀、有效地展開村莊社會文化建設。不僅如此，當代鄉村幹部還面臨著代表性的問題——由於評價村莊能人的標準日益多元化，鄉村幹部的領導魅力總是很難實現總體覆蓋。

與二十世紀二三十年代相比，值得注意的是，當下鄉村社會中「不在農民」的現象與「不在地主」的現象是疊加存在的，其具體體現在以下兩個方面。一方面，擁有土地承包權的農民不在鄉村。近幾年，國家一直在推動鄉村地權的「三權分置」政策。雖然地權的最終所有者是國家，但是擁有承包權的地權所有者——家庭戶主——卻經常外出務工，地權因此轉化成各式各樣的經營權。另一方面，與過去的「不在地主」群體類似，當代的賢士、精英都不願返回鄉村，而是在大都市、城鎮居住，鄉村中的文化知識主體處於缺失的狀態。因此，鄉村社會主體的重新凝聚和鄉村文化的復興就成為一種空談。

綜合來看，「不在農民」現象是中國社會大轉型的一個面向，但其中隱藏的問題卻比「不在地主」的時代更加艱深而立體。已經出現的各種「脫嵌危機」，很難僅僅依靠過去的發展路徑或目前的項目制方案來解決。新時代的鄉村振興，必須要重視鄉村主體的回歸與反嵌，並將農民和小城鎮居民的關注重心轉移到建設鄉村的社會文化體繫上來。筆者倡導一種嵌入式的鄉村振興戰略，這種戰略要規避以往發展模式的政治、經濟中心向度，立足於鄉村社會主體建設的內在視野，與城鎮互為中心，將發展軌道嵌入於社會文化的整體規範系統之中。

三、推動嵌入式鄉村振興的幾條建議

為了回應鄉村發展不充分、不均衡的問題，中國社會科學界，尤其是「三農」研究領域的學者提出了諸多方略。例如，很多「自由市場派」的學者希

望持續推進鄉村社會土地、勞力、商品的自由流動,透過自發的社會組合方式,讓社會建設處於一種動態的調整過程當中。而專注於「三農」研究的學者更關注國家角色與制度調配。溫鐵軍在制度建設層面上呼籲降低管理成本和發展代價的鄉土製度安排,希望透過傳統精英的實踐以及綜合性的合作運動來推動村莊整體利益。[500] 嚴海蓉面對各種形式的資本下鄉以及農業資本化問題,提出應該重新思考合作性的社會主義道路來應對社會分化的危機。[501] 吳重慶在解釋「無主體」的村莊空心化危機時,提出的方案是「重返群眾路線」,排除資本以及虛假地方社團的項目制運作方式,讓農民自身來組織社會建設。[502] 黃宗智提出要解決普遍性的農業發展問題,應該是堅持「勞動和資本雙密集化、小而精」的家庭農場模式,從而推動「中國的隱形農業革命」。[503]

但是,無論是自由配置、國家調整、合作化還是自主發展的道路,都需要一個充盈的社會結構作為前提,這是各種鄉村振興方略的邏輯起點和現實起點。例如,黃宗智先生提出的方案是立足於實證知識的基礎上的,其啟發性可謂振聾發聵。但問題是,面對「不在農民」的危機,在「隱形農業革命」和「家庭農場」推行之前,已經確切地發生了家庭空心、斷代的問題。因此我們要反問的是,如果鄉村社會中的家庭都是殘缺的,如何建立家庭農場?即使透過增加經營家庭農場的經濟吸引力,可以重建鄉村家庭與社會,但這種思路有一個前提條件,即農業經營的利潤要超過城鎮務工和經商的收益;而且,小而精的家庭農場的生存和延續仍然要倚賴大量的城居消費人口。如果不能調整城鄉經濟重心、人口結構以及巨大的「剪刀差」,黃宗智先生的鄉村振興方案就容易陷入循環論證。筆者在珠三角、北京郊區展開的代耕農研究,證明了中國小農在小規模農田上的驚人生產力,所以,筆者也特別認可黃先生的農業發展方案。但是,隱形的農業革命能否成功,更取決於中國鄉村社會主體性重建的深度。

面對當代鄉村社會的困局,譚同學在《雙面人》一書中,以辯證的方式總結了鄉村經濟與當代農民的特點:

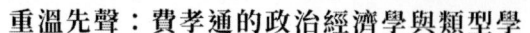

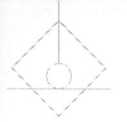

重溫先聲：費孝通的政治經濟學與類型學
從「不在地主」到「不在農民」——百年中國鄉村困局與嵌入式的鄉村振興

在經濟上，鄉村從自給自足開始成為外界更為宏觀經濟循環的一部分，農民不再被拴在土地上，農戶變成半農半工狀態。這種「兩棲」式的生活使得農民對於村莊社區的依賴開始降低，但除極少數人外，他們又不可能徹底擺脫土地生存。在「兩棲」流動的過程中，又或者不進城打工，農民也成為現代媒體無時無刻地灌輸「消費經濟」意識的對象。小農「消遣經濟」日益消失，即是農工混合經濟和現代媒體「教育」的結果。[504]

譚同學認為，如果要重建鄉村社會秩序，就必須恢復每個小農在「日常生活中的希望」，重建一種心態秩序，這將涉及從國家到個體的系統性社會建設。而筆者認為，如果這種心態秩序並非僅僅是自發而來的，而是需要國家與社會的總體調配，那麼，嵌入式的充盈社會秩序是這種心態秩序的前提。透過建設一種充盈的鄉村社會結構，來振興鄉村社會的心態秩序。

鑒於前述兩個困局的分析，本文倡導一種嵌入式的鄉村社會振興，並希望從鄉村社會主體結構、分散性鄉土商業、自下而上的政治嵌入以及有機的城鄉道義建設四個方面來展開。

首先，要推動鄉村社會主體結構的建設，調整城鄉區域內各階層在鄉村的行動密度。鄉土振興要同時復原鄉土精英與農民主體的雙重在場，將不在地主與不在農民同時轉化為在地精英、在地小農。這種「在場」未必要「生死於斯」，但至少不是一種類似於農民工的候鳥式巡遊，也不應是村莊「兩委」的幹部以形式主義的方式來展開的反應型實踐，而是要有足夠的時間和精力參與村務，共同維持鄉村正常秩序的運轉。完整的村莊社會網絡需要有足夠多樣的行動密度才能全面運行，從橫向層面來看，村莊中的大部分家庭能對村事有所關注和自覺，即使身在城鎮，也可心繫鄉村；從縱向層面來看，不同年齡、代際、階層的人都能在村莊事務的實踐中實現接續。從總體上看，促進「不在農民」與「不在精英」返鄉或關注家鄉，需要在制度、道義、名望以及功利等多個層面上，提高鄉村振興與社會重建的吸引力。「不在農民」與「不在精英」的雙重回歸，是嵌入式發展的最大前提。嵌入式發展就是希望將不同的社群以及基本的生產資料重新整合進一體的社會中去，社會文化的完整性既是嵌入式發展的基礎，也是嵌入式發展的終點。

其次，借鑑費孝通先生曾經提出的「分散的鄉土工業」，結合當代的現實語境，我們要倡導「分散的鄉土商業」。費先生在20世紀40年代和20世紀80年代倡導「分散的鄉土工業」，是希望農民不要背井離鄉外出務工，應當就近實現工業生產，讓手工業分散在各個鄉鎮之中，並與四時農業相互配合。分散式的鄉土工業是極具彈性的，其弱點是難以實現大規模的工業累積，農民也只能是適當、被動地完成工業生產。今天，現代工業產品已經是消費世界的主角了，它幾乎夷平了以往的手工業生產體系。但是，隨著網絡化、訊息化的爆炸式推進，農村還有一條「分散的鄉土商業」道路可走。今天，各種社區網商或鄉村網店已經被各路資本所關注，在筆者看來，在各種精英和小農俱在、鄉村社會結構相對完整的前提下，社區網商經營權應由農民或代表農民的合作組織來控制。如果能在鄉村之中建立一種分散的鄉土商業，就能以村莊為交換樞紐，完成鄉村內外的商品對流。更重要的是，分散的鄉土商業的建設邏輯與完整的社會建設邏輯是相通的，它不會讓農民離土離鄉，反而能夠透過商業，凝聚成有系統、有分工的鄉村生產體系。總之，借助當下網絡訊息社會的潮流，推動「分散的鄉土商業」，讓村民自主掌握社區網店的主控權，是嵌入式發展的經濟內核。

再次，國家與基層政府除了供給公共產品與服務，也應該重視鄉村社會主體結構的建設，擺正自身在資本、項目引進過程中的位置，並給資本規劃好行動框架，確保村莊地方的主體性地位。鄉村青壯年群體與精英群體的「不在場」，鮮明襯託了資本與權力的「在場」。此外，國家和基層政府雖然可以透過項目制引進資本來建設鄉村，但其前提是不應該進一步引發當代「不在農民」的問題，社會建設項目與經濟發展項目必須同時推進。在政治治理層面，應高度重視村莊自治機構與社會合作組織的建設，提高基層社會的代表性與實踐效率，為總體的嵌入式振興做好政治鋪墊。

最後，實現嵌入式的鄉村振興，需要恢復城鄉之間的有機道義聯繫，促進城鄉之間人與物的均衡流動。新時期振興鄉村社會的戰略，更離不開城鎮這個重要角色，中國當下的城鎮已經具備了費孝通先生所期盼的「生產性社區」功能。在城鄉並重的視野中，城鎮與鄉村應該互為主體、互為中心，城與鄉同時都是生產體和消費體。但需要指出的是，一旦城鄉之間的傳統聯繫

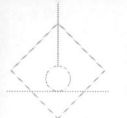

重溫先聲：費孝通的政治經濟學與類型學
從「不在地主」到「不在農民」——百年中國鄉村困局與嵌入式的鄉村振興

被切斷，小農經濟試圖蜷縮回自給自足狀態的可能性很低。也就是說，城鄉斷裂性的不均衡將會導致鄉村沒有退路。改革開放之後，各種類型的城市打開城鄉區隔的閥門，標誌著中國進入了區域性城鄉經濟協調發展的新時期。改革開放之初，費孝通先生推動的以縣為基礎的區域經濟聯繫體具有明顯的聯結性特徵，每個區域雖然都存在一個重點發展空間，但該空間並不是一個孤立體，而是被賦予了帶動整個區域發展的道義責任。「大城鎮與小城鎮的關係是大魚與小魚的關係，大魚要幫小魚，小魚要幫蝦米。我說這是社會主義的公式，有別於大魚吃小魚、小魚吃蝦米的資本主義公式」。[505] 建設具有道義倫理的城鄉區域發展體系，就是要拒絕任何單向度的攫取，城鄉之間應該是互惠的關係。要言之，區域間的道義倫理，應是各類鄉村和城鎮在發展過程中都應具備的品質。強調城鄉之間的有機道義聯繫，不僅是嵌入式鄉村振興的應有之義，也是破除目前城鄉之間的發展不均衡、不充分狀態，推動人與物的均衡流動的重要途徑。城鄉之間勞力均衡，「不在農民」充分關注家鄉建設，那麼就能實現鄉村社會主體結構的充分重建；「分散的鄉土商業」體系一旦建立，商品在城鄉之間均衡流動，就能破除以往單向度的商品流動與消費體系。即使農民群體、精英群體在城鎮生活，只要其對鄉村的關注及相應的鄉村社會行動密度足夠支撐鄉村社會的生產、消費以及互動網絡，就有望走出當代鄉村困局。

參考文獻

一、中文專著

陳翰笙著,馮峰譯:《解放前的地主和農民——華南農村危機研究》,中國社會科學出版社,1984年。

陳光興:《去帝國——亞洲作為方法》,行人出版社,2006年。

陳心想:《走出鄉土:對話費孝通〈鄉土中國〉》,生活讀書新知三聯書店,2017年。

丁瑜:《她身之欲》,社會科學文獻出版社,2016年。

費孝通:《費孝通在2003:世紀人類學遺稿》,中國社會科學出版社,2005年。

費孝通:《芒市邊民的擺》序,載田汝康:《芒市邊民的擺》,雲南人民出版社,2008年。

費孝通、張之毅:《雲南三村》,社會科學文獻出版社,2005年。

費孝通:《鄉土中國 生育制度》,北京大學出版社,1985年。

黃宗智:《長江三角洲小農家庭與鄉村發展》,中華書局,2000年。

黃志輝:《無相支配——代耕農及其底層世界》,社會科學文獻出版社,2013年。

賀雪峰:《新鄉土中國——轉型期鄉村社會調查筆記》,北京大學出版社,2013年。

賈文娟:《選擇性放任:車間政治與國有企業勞動治理邏輯的形成》,中國社會科學出版社,2016年。

藍佩嘉:《跨國灰姑娘》,吉林出版集團,2011年。

李友梅:《費孝通與20世紀中國社會變遷》,上海大學出版社,2005年。

參考文獻

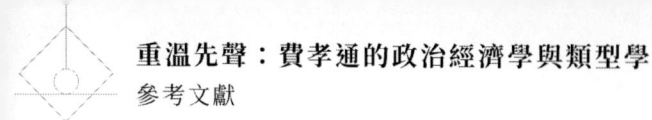

陸學藝：《內發的村莊》，社會科學文獻出版社，2001 年。

魯迅：《破惡聲論》，載氏著：《魯迅全集》第 8 卷，人民文學出版社，2005 年。

陸益龍：《後鄉土中國》，商務印書館，2017 年。

麻國慶：《家與中國社會結構》，文物出版社，1999 年。

麻國慶：《人類學的全球意識與學術自覺》，社會科學文獻出版社，2016 年。

潘光旦：《派與匯》，載費孝通：《鄉土中國生育制度》，北京大學出版社，2005 年。

潘毅、盧暉臨、張慧鵬：《大工地：城市建築工人的生存圖景》，北京大學出版社，2010 年。

沈原：《市場、階級與社會》，社會科學文獻出版社，2007 年。

史國衡：《昆廠勞工》，商務印書館，1946 年。

王俊敏：《鄉村生態社區的衰變與治理機制：理論與個案》，科學出版社，2013 年。

王銘銘：《從江村到祿村：青年費孝通的「心史」》，載李友梅主編：《江村調查與新農村建設研究》，上海大學出版社，2007 年。

王銘銘：《超越「新戰國」：吳文藻、費孝通的中華民族理論》，生活·讀書·新知三聯書店，2012 年。

徐杰舜：《新鄉土中國——新農村建設武義模式研究》，中國經濟出版社，2007 年。

項飆：《跨越邊界的社區：北京「浙江村」的生活史》，生活·讀書·新知三聯書店，2000 年。

項飆著，王迪譯：《全球「獵身」：世界訊息產業和印度的技術勞工》，北京大學出版社，2012 年。

楊清媚：《最後的紳士：以費孝通為個案的人類學史研究》，世界圖書出版公司，2010年。

張冠生：《費孝通》，群言出版社，2011年。

張宏明：《土地象徵——祿村再研究》，社會科學文獻出版社，2005年。

張鸝：《城市裡的陌生人》，江蘇人民出版社，2014年。

二、中文期刊

丁元竹：《費孝通城鎮化思想：特色與啟迪》，《江海學刊》2014年第1期。

戴伯芬：《誰做攤販？——臺灣攤販的歷史形構》，《臺灣社會研究季刊》1994年第17期。

方芳：《費孝通的城鄉關係思想研究》，《淮海工學院學報》2016年第10期。

甘陽：《中國社會研究本土化的開端——〈江村經濟〉再認識》，《書城》2005年第3期。

黃宗智：《家庭農場是中國農業的發展出路嗎？》，《開放時代》2014年第2期。

黃志輝：《「嵌入」的多重面向：發展主義的危機與回應》，《思想戰線》2016年第1期。

黃家亮：《基層社會治理轉型與新型鄉村共同體的構建》，《社會建設》2014年第1期。

麻國慶：《費孝通先生的第三篇文章：全球化與地方社會》，《開放時代》2005年第4期。

麻國慶：《作為方法的華南：中心和周邊的時空轉換》，《思想戰線》2006年第4期。

參考文獻

麻國慶：《文化、族群與社會：環南中國海區域研究發凡》，《民族研究》2012年第2期。

麻國慶：《類別中的關係：家族化的公民社會的基礎》，《文史哲》2008年第4期。

麻國慶：《小城鎮是城鄉協調發展的關鍵點》，《南方日報》2010年2月2日。

梁捷：《托尼：不該被遺忘的經濟史家》，《博覽群書》2007年第2期。

李培林：《小城鎮依然是大問題》，《甘肅社會科學》2013年第3期。

劉豪興：《「江村調查」的歷程、傳承及「江村學」的創建》，《西北師大學報》2017年第1期。

劉能：《重返空間社會學：繼承費孝通先生的學術遺產》，《學海》2014年第4期。

劉東旭：《流動社會的秩序》，博士學位論文，中央民族大學，2013年。

盧暉臨、李雪：《如何走出個案——從個案研究到擴展個案研究》，《中國社會科學》2007年第1期。

潘毅：《為什麼要談社會經濟？——新烏托邦從理論到實踐的跨越》，《中國圖書評論》2014年第7期。

喬健：《試說費孝通的歷史功能論》，《中央民族大學學報》2007年第1期。

孫秋雲：《從鄉村到城鎮再到區域——談費孝通的微型社會學研究方法及其反思》，《中南民族大學學報》2010年第3期。

田汝康：《內地女工》，《中國勞動月刊》1942年第1期。

譚同學：《類型比較視野下的深度個案與中國經驗表述——以鄉村研究中的民族志書寫為例》，《開放時代》2009年第8期。

譚同學：《再論作為方法的華南——人類學與政治經濟學的交叉視野》，《思想戰線》2010年第5期。

溫鐵軍：《綜合性合作經濟是一種發展趨勢》，《中國合作經濟》2011年第1期。

吳重慶：《從「熟人社會」到「無主體熟人社會」》，《讀書》2011年第1期。

吳重慶：《農村「空心化」狀態下的公共產品供給》，《學習時報》2015年9月3日。

王富偉：《個案研究的意義與限度》，《社會學研究》2012年第5期。

王小章：《「鄉土中國」及其終結：費孝通「鄉土中國」理論再認識——兼談整體社會形態視野下的新型城鎮化》，《山東社會科學》2015年第2期。

王小章：《費孝通小城鎮之「辯證」——兼談當下中心鎮建設要注意的幾個問題》，《探索與爭鳴》2012年第9期。

王銘銘、張瑞：《費孝通佚稿〈新教教義與資本主義精神之關係〉整理後記》，《西北民族研究》2016年第1期。

王銘銘：《三圈說：另一種世界觀，另一種社會科學》，《西北民族研究》2013年第1期。

王君柏：《托尼的中國研究及對費孝通鄉村研究的影響》，《中國農業大學學報》2015年第5期。

王斯福：《社會自我主義與個體主義：一位西方的漢學人類學家閱讀費孝通「中西對立」觀念的驚訝與問題》，《開放時代》2009年第3期。

汪暉：《跨體系社會與區域作為方法》，第三屆東亞人文學論壇（暨兩岸清華大學人文社會科學研討會）論文，2012年。

汪丹：《負重任而走遠道——費孝通先生的治學精神與思想啟迪》，《江蘇社會科學》2017年第2期。

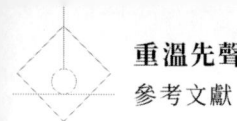

參考文獻

聞翔：《以擴展個案法書寫「公共民族志」》，《中國社會科學報》2013年8月30日。

聞翔：《「鄉土中國」遭遇「機器時代」》，《開放時代》2013年第1期。

吳志明、趙倫：《人口流遷與城市化：理解費孝通與霍華德》，《城市發展研究》2010第12期。

夏希原：《馬克思·格拉克曼的社會人類學》，碩士學位論文，中央民族大學，2010年。

夏學鑾：《中鎮和江村：中外社區研究比較》，《學習與實踐》2008年第7期。

謝國雄：《隱形工廠：臺灣的外包點與家庭代工》，《臺灣社會研究季刊》1992年第13期。

謝國雄：《勞動力是什麼樣的商品？——計件制與臺灣勞動者主體性的形塑》，《臺灣社會研究季刊》1994年第17期。

謝國雄：《事頭、頭家與立業基之活化：臺灣小型製造單位創立及存活過程之研究》，《臺灣社會研究季刊》1993年第15期。

嚴海蓉、陳義媛：《中國農業資本化的特徵和方向：自下而上和自上而下的資本化動力》，《開放時代》2015年第5期。

楊清媚：《費孝通讀韋伯》，《讀書》2016年第7期。

楊清媚：《在紳士與知識分子之間：費孝通社會思想中的鄉土、民族國家與世界》，博士學位論文，中央民族大學2009年。

張小軍：《復合產權：一個實質論和資本體系的視角——山西介休洪山泉的歷史水權個案研究》，《社會學研究》2007年第4期。

張敦福：《「消遣經濟」的迷失：兼論當下中國生產、消費與休閒關係的失衡》，《社會科學》2015年第10期。

張帆：《費孝通的三種經濟類型及現代意義》，《知識經濟》2015年第6期。

趙旭東：《從「問題中國」到「理解中國」——作為西方他者的中國鄉村研究及其創造性轉化》，《社會科學》2009年第2期。

周大鳴：《告別鄉土社會——廣東改革開放三十年的思考》，《中南民族大學學報》2010年第4期。

三、譯著

（美）卜凱：《中國土地利用》，上海商務印書館，1937年。

（美）埃裡克·沃爾夫著，趙丙祥等譯：《歐洲與沒有歷史的人民》，上海人民出版社，2006年。

（美）小巴林頓·摩爾著，安佳譯：《中國的土地與勞動》序言，商務印書館，2014年。

（英）保羅·威利斯著，秘舒等譯：《學做工：工人階級子弟為何子承父業》，譯林出版社，2013年。

（美）大衛·阿古什著，董天明譯：《費孝通傳》，河南人民出版社，2006年。

（美）牟復禮：《元末明初時期南京的變遷》，載（美）施堅雅主編，葉光庭等譯：《中華帝國晚期的城市》，中華書局，2000年。

（美）杜贊奇著，王福明譯：《文化、權力與國家：1900—1942年的華北農村》，江蘇人民出版社，2008年。

（英）E.P. 湯普森著，錢乘旦等譯：《英國工人階級的形成》，譯林出版社，2001年。

（德）恩格斯：《英國工人階級狀況》，載中共中央馬克思恩格斯列寧斯大林著作編譯局編譯：《馬克思恩格斯全集》第2卷，人民出版社，2005年。

參考文獻

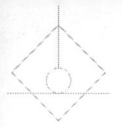

（美）弗蘭西斯·福山著，黃勝強、許銘原譯：《國際學術前沿觀察：歷史的終結及最後之人》，中國社會科學出版社，2000 年。

（英）莫里斯·弗裡德曼著，劉曉春譯：《中國東南的宗族組織》，上海人民出版社，2000 年。

（德）貢德·弗蘭克著，劉北成譯：《白銀資本：重視經濟全球化中的東方》，中央編譯出版社，2008 年。

（日）溝口雄三著，孫軍悅譯：《作為方法的中國》，生活·讀書·新知三聯書店，2011 年。

（德）哈貝馬斯：《現代性：未完成的方案》，載汪民安等主編：《現代性基本讀本》，河南大學出版社，2005 年。

（德）哈貝馬斯：《歐洲是否需要一部憲法？》，載曹衛東主編：《歐洲為何需要一部憲法？》，中國人民大學出版社，2004 年。

（美）哈雷·拉姆利：《修築臺灣三城的發軔與動力》，載（美）施堅雅主編，葉光庭等譯：《中華帝國晚期的城市》，中華書局，2000 年。

（日）橫山廣子：《離開「土」範疇——關於白族守護神總稱的研究》，載北京大學社會學人類學研究所編：《東亞社會研究》，北京大學出版社，1993 年。

（澳）杰華著，吳小英譯：《都市裡的農家女》，江蘇人民出版社，2006 年。

（美）克利福德·格爾茨著，納日碧力戈等譯：《文化的解釋》，上海人民出版社，1999 年。

（德）卡爾·馬克思：《資本論》第 1 卷，載中共中央馬克思恩格斯列寧斯大林著作編譯局編譯：《馬克思恩格斯全集》第 10 卷，人民出版社，2005 年。

（匈牙利）卡爾·波蘭尼著，馮鋼譯：《大轉型——我們時代的政治與經濟起源》，浙江人民出版社，2007 年。

三、譯著

（法）羅蘭·巴特著，屠友祥譯：《文之悅》，上海人民出版社，2002年。

（法）羅蘭·巴特：《作者之死》，載趙毅衡編選：《符號學文學論文集》，百花文藝出版社，2004年。

（英）李約瑟著，勞隴譯：《現代中國的古代傳統》，生活·讀書·新知三聯書店，1987年。

（英）理查德·R.托尼著，安佳譯：《中國的土地與勞動》，商務印書館，2014年。

（德）馬克斯·韋伯著，康樂、簡惠美譯：《非正當性的支配——城市的類型學》，廣西師範大學出版社，2005年。

（俄）馬林諾夫斯基：《江村經濟》序言，載費孝通：《費孝通文集》第2卷，群言出版社，1999年。

（美）喬治E.馬爾庫斯、（美）米開爾M.J.費徹爾著，王銘銘、藍達居譯：《作為文化批評的人類學》，生活·讀書·新知三聯書店，1998年。

（美）邁克爾·布若威著，李榮榮譯：《製造同意：壟斷資本主義勞動過程的變遷》，商務印書館，2008年。

（美）邁克爾·沃爾澤著，褚松燕譯：《正義諸領域》，譯林出版社，2002年。

（法）米歇爾·福柯：《什麼是作者》，載趙毅衡編選：《符號學文學論文集》，百花文藝出版社，2004年。

（英）佩裡·安德森著，劉北成等譯：《絕對主義國家的譜系》，上海人民出版社，2001年。

（美）裴宜理著，劉平譯：《上海罷工：中國工人政治研究》，江蘇人民出版社，2012年。

（美）薩義德著，王宇根譯：《東方學》，生活·讀書·新知三聯書店，2007年。

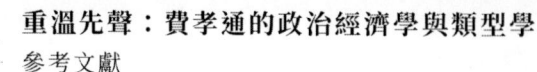

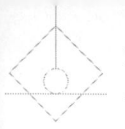

（美）塞繆爾·亨廷頓著，周琪等譯：《文明的衝突與世界秩序的重建》，新華出版社，2002 年。

（美）施堅雅：《十九世紀中國的地區城市化》，載（美）施堅雅主編，葉光庭等譯：《中華帝國晚期的城市》，中華書局，2000 年。

（美）施堅雅著，史建雲、徐秀麗譯：《中國農村的市場和社會結構》，中國社會科學出版社，1998 年。

（俄）史祿國著，杜實、田夏萌譯：《ethnos（民族）及其變遷過程》，《滿語研究》2015 年第 1 期。

（美）魏特夫著，徐式谷等譯：《東方專制主義》，中國社會科學出版社，1989 年。

（美）西敏司著，王超、朱健剛譯：《甜與權力：糖在近代歷史上的地位》，商務印書館，2010 年。

（美）伊曼紐爾·沃勒斯坦著，羅榮渠譯：《現代世界體系》第 1 卷，高等教育出版社，1998 年。

（美）伊曼紐爾·沃勒斯坦著，劉峰譯：《開放社會科學》，生活·讀書·新知三聯書店，1997 年。

（日）竹內好著，孫歌編，李冬木等譯：《近代的超克》，生活·讀書·新知三聯書店，2005 年。

（美）詹姆斯·C. 斯科特著，程立顯等譯：《農民的道義經濟學：東南亞的生存與反叛》，譯林出版社，2005 年。

四、英文文獻

Michael Burawoy，The Politics of Production：Factory Regimes Under Capitalism and Socialism，Verso，1985.

Michael Burawoy，Manufacturing Consent，The University of Chicago Press，1979.

四、英文文獻

Burton Pasternak,「A Conversation With Fei Xiaotong」, Current Anthropology, 1988 (29).

Ching Kwan Lee, Gender and the South China Miracle: Two Worlds of Factory Women, University of California Press, 1998.

Eric R. Wolf olf, Sidney W.Mintz,「Haciendas and Plantations in Middle America and the Antilles」, Social and Economic Studies, 1957 (6).

Jacob Eyferth,「De-Industrialization in the Chinese Countryside: Handicrafts and Development in Jiajiang (Sichuan), 1935-1978」, The China Quarterly, 2003 (173).

Clifford Geertz, The Interpretation of Cultures, Basic Books, 1973.

Adam B. Seligman,「R.H.Tawney and scholarship」, Society, September/October, 1998.

Emily Honig, Sisters and Strangers: Women in the Shanghai Cotton Mills, 1919-1949, Stanford University Press, 1986.

Gail Hershatter, The Workers of Tianjin, 1900-1949, Stanford Univer-sity Press, 1986.

Edmund Leach, Social Anthropology, Fortana Paperbacks, 1983.

June Nash, We Eat the Mines and the Mines Eat Us: Dependency and Exploitation in Bolivian Tin Mine, Columbia University Press, 1993.

Michael Taussig, The Devil and Commodity Fetishism in South America, The University of North Carolina Press, 2010.

參考文獻

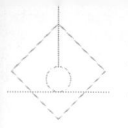

Ngai Pun,Made in China:Women Factory Workers in a Global Workplace,Duke University Press Books,2005.

R. H.Tawney,The Agrarian Problem in the Sixteenth Century,London-Longmans,Green and Co.,1912.

Sidney W. Mintz,Worker in the Cane:A Puerto Rican Life History,W.W.Norton&Company,1974.

Sidney W. Mintz,Three Ancient Colonies:Caribbean Themes and Variations,Harvard University Press,2012.

Aihwa Ong,Spirits of Resistance and Capitalist Discipline:Factory Women in Malaysia,State University of New York Press,1987.

G T Trewartha,「Chinese Cities:Origins and Functions」,Annals of the Association of American Geographers,1952(42).

M Sidney,JT Thomas,「Interview:And the Rest Is History:A Conversation with Sidney Mintz」,American Anthropologist,2014(3).

Yengoyan,Aram A,「Foreword:Culture and Power in the Writings of Eric R. Wolf」,In Pathways of Power:Building an Anthropology of the Modern World,by Wolf Eric R.and Silverman Sydel,Berkeley;Los Angeles;London:University of California Press,2001.

鶴見和子,『內発的発展論によるパラダイム転換（単行本）』,コレクション鶴見和子曼荼羅 IX 環の巻,藤原書店 1999,32 頁.

五、《費孝通文集》（群言出版社，1999—2004年）中的文獻

《人類學的幾大學派》，《費孝通文集》第1卷，1933年。

《我們在農村建設事業中的經驗》，《費孝通文集》第1卷，1933年。

《社會變遷研究中的都市和鄉村》，《費孝通文集》第1卷，1933年。

《社會學家派克教授論中國》，《費孝通文集》第1卷，1933年。

《親迎婚俗之研究》，《費孝通文集》第1卷，1933年。

《論社會組織》，《費孝通文集》第1卷，1934年。

《從「社會進化」到「社會平衡」》，《費孝通文集》第1卷，1934年。

《復興絲業的先聲》，《費孝通文集》第1卷，1934年。

《知我，罪我》，《費孝通文集》第1卷，1934年。

《宗教熱忱》，《費孝通文集》第1卷，1934年。

《周族社會制度及社會組織一考》，《費孝通文集》第1卷，1934年。

《體質研究與社會選擇》，《費孝通文集》第1卷，1934年。

《桂行通訊》，《費孝通文集》第1卷，1934年。

《江村通訊》，《費孝通文集》第1卷，1936年。

《花籃瑶社會組織》，《費孝通文集》第1卷，1936年。

《再論社會變遷》，《費孝通文集》第1卷，1937年。

《從社會變遷到人口分析》，《費孝通文集》第1卷，1937年。

《書評·讀曼海姆的思想社會學》，《費孝通文集》第1卷，1937年。

《江村經濟》，《費孝通文集》第2卷，1938年。

《西南工業的人力基礎》，《費孝通文集》第2卷，1940年。

參考文獻

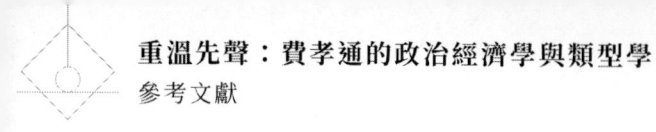

《勞工的社會地位》，《費孝通文集》第 2 卷，1941 年。

《祿村農田》，《費孝通文集》第 2 卷，1945 年。（英文版出版時間為 1945 年，中文版為 1990 年）

《雲南三村英文版導言·社區分析的方法》，《費孝通文集》第 2 卷，1945 年。

《雲南三村》結論，《費孝通文集》第 2 卷，1945 年。

《中國鄉村工業》，《費孝通文集》第 3 卷，1941 年。

《新工業中的藝徒》，《費孝通文集》第 3 卷，1942 年。

《戰後經濟問題討論》，《費孝通文集》第 3 卷，1943 年。

《旅美寄言》，《費孝通文集》第 3 卷，1944 年。

《〈昆廠勞工〉書後》，《費孝通文集》第 3 卷，1944 年。

《初訪美國》，《費孝通文集》第 3 卷，1945 年。

《勞工的社會地位》，《費孝通文集》第 3 卷，1945 年。

《人性和機器》，《費孝通文集》第 3 卷，1946 年。

《重訪英倫》，《費孝通文集》第 3 卷，1947 年。

《生育制度》，《費孝通文集》第 4 卷，1946 年完稿。

《土地里長出來的文化》，《費孝通文集》第 4 卷，1946 年。

《內地的農村》，《費孝通文集》第 4 卷，1946 年。

《鄉土重建》，《費孝通文集》第 4 卷，1948 年。

《鄉土重建》後記，《費孝通文集》第 4 卷，1948 年。

《鄉土中國》，《費孝通文集》第 5 卷，1948 年。

《科舉與社會流動》，《費孝通文集》第 5 卷，1948 年。

《皇權與紳權·論知識階級》，《費孝通文集》第 5 卷，1948 年。

五、《費孝通文集》（群言出版社，1999—2004 年）中的文獻

《城鄉聯繫的又一面》，《費孝通文集》第 5 卷，1948 年。

《人性和機器》，《費孝通文集》第 5 卷，1948 年。

《真知識和假知識——一個社會科學工作人員的自白》，《費孝通文集》第 5 卷，1948 年。

《關於「鄉土工業」和「紳權」》，《費孝通文集》第 5 卷，1948 年。

《話說呼倫貝爾草原》，《費孝通文集》第 6 卷，1954 年。

《開展少數民族調查研究工作》，《費孝通文集》第 6 卷，1956 年。

《知識分子的早春天氣》，《費孝通文集》第 7 卷，1957 年。

《對中國少數民族改革的一些體會》，《費孝通文集》第 7 卷，1978 年。

《邁向人民的人類學》，《費孝通文集》第 7 卷，1980 年。

《現代化與社會問題》，《費孝通文集》第 7 卷，1980 年。

《略談中國的現代化》，《費孝通文集》第 8 卷，1981 年。

《論中國家庭結構的變動》，《費孝通文集》第 8 卷，1982 年。

《現代化與知識分子》，《費孝通文集》第 8 卷，1982 年。

《關於當前知識分子狀況的調查》，《費孝通文集》第 8 卷，1982 年。

《論知識分子與社會主義建設》，《費孝通文集》第 8 卷，1982 年。

《略論知識分子問題》，《費孝通文集》第 8 卷，1982 年。

《我看人看我》，《費孝通文集》第 8 卷，1982 年。

《做活人口這塊棋》，《費孝通文集》第 9 卷，1983 年。

《家庭結構變動中的老年贍養問題——再論中國家庭結構的變動》，《費孝通文集》第 9 卷，1983 年。

《農村工業化的道路》，《費孝通文集》第 9 卷，1983 年。

《小城鎮，再探索》，《費孝通文集》第 9 卷，1983 年。

參考文獻

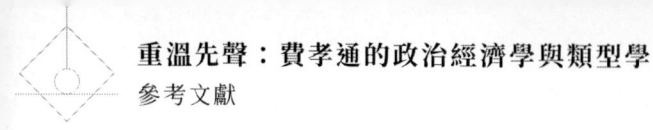

《小城鎮，大問題》，《費孝通文集》第 9 卷，1983 年。

《小城鎮，再開拓》，《費孝通文集》第 9 卷，1984 年。

《繼續開展江蘇小城鎮研究》，《費孝通文集》第 9 卷，1983 年。

《推動鄉鎮企業繼續前行》，《費孝通文集》第 9 卷，1984 年。

《知識分子要做好二傳手》，《費孝通文集》第 10 卷，1985 年。

《社會調查自白》，《費孝通文集》第 10 卷，1985 年。

《三論中國家庭結構的變動》，《費孝通文集》第 10 卷，1985 年。

《說草根工業》，《費孝通文集》第 10 卷，1985 年。

《小商品，大市場》，《費孝通文集》第 10 卷，1986 年。

《包頭篇》，《費孝通文集》第 10 卷，1986 年。

《貧困與脫貧》，《費孝通文集》第 10 卷，1986 年。

《小城鎮研究的新發展》，《費孝通文集》第 10 卷，1986 年。

《因地制宜，多種模式》，《費孝通文集》第 10 卷，1986 年。

《關於扶貧和發展商品生產的幾點意見》，《費孝通文集》第 11 卷，1987 年。

《皓首低徊有所思》，《費孝通文集》第 11 卷，1987 年。

《雲南三村》序言，《費孝通文集》第 11 卷，1987 年。

《社會學的歷史使命》，《費孝通文集》第 11 卷，1987 年。

《經歷·見解·反思——費孝通先生答客問》，《費孝通文集》第 11 卷，1987 年。

《全國一盤棋》，《費孝通文集》第 11 卷，1988 年。

《論梁漱溟先生的文化觀》，《費孝通文集》第 11 卷，1988 年。

《中華民族的多元一體格局》，《費孝通文集》第 11 卷，1988 年。

五、《費孝通文集》（群言出版社，1999—2004 年）中的文獻

《從小培養二十一世紀的人》，《費孝通文集》第 11 卷，1989 年。

《異軍突起的中國鄉鎮企業》，《費孝通文集》第 11 卷，1989 年。

《對中國城鄉關係問題的新認識——四年思路回顧》，《費孝通文集》第 11 卷，1989 年。

《從小書齋到新型圖書館》，《費孝通文集》第 11 卷，1989 年。

《經濟全球化和中國「三級兩跳」中對文化的思考》，《費孝通文集》第 11 卷，1989 年。

《重建社會學和人類學的回顧和體會》，《費孝通文集》第 11 卷，1989 年。

《人的研究在中國——缺席的對話》，《費孝通文集》第 12 卷，1990 年。

《紅場小記》，《費孝通文集》第 12 卷，1990 年。

《開發大西北》，《費孝通文集》第 12 卷，1990 年。

《珠江模式的再認識》，《費孝通文集》第 12 卷，1992 年。

《孔林片思》，《費孝通文集》第 12 卷，1992 年。

《中國城鄉發展的道路——我一生的研究課題》，《費孝通文集》第 12 卷，1992 年。

《對「美好社會」的思考》，《費孝通文集》第 12 卷，1993 年。

《關於教育的思考》，《費孝通文集》第 12 卷，1993 年。

《個人·群體·社會——一生學術歷程的自我思考》，《費孝通文集》第 12 卷，1993 年。

《略談中國社會學》，《費孝通文集》第 13 卷，1993 年。

《面向世紀之交，回顧傳統文化》，《費孝通文集》第 13 卷，1993 年。

《人不知而不慍——緬懷史祿國老師》，《費孝通文集》第 13 卷，1994 年。

參考文獻

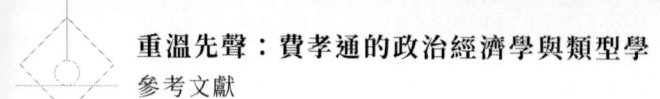

《從史祿國老師學體質人類學》，《費孝通文集》第 13 卷，1994 年。

《農村、小城鎮、區域發展——我的社區研究歷程的再回顧》，《費孝通文集》第 13 卷，1995 年。

《東方文明與二十一世紀和平》，《費孝通文集》第 14 卷，1996 年。

《重讀〈江村經濟〉序言》，《費孝通文集》第 14 卷，1996 年。

《簡述我的民族研究經歷和思考》，《費孝通文集》第 14 卷，1996 年。

《反思·對話·文化自覺》，《費孝通文集》第 14 卷，1997 年。

《人文價值再思考》，《費孝通文集》第 14 卷，1997 年。

《完成「文化自覺」使命，創造現代中華文化》，《費孝通文集》第 14 卷，1998 年。

《從反思到文化自覺和交流》，《費孝通文集》第 14 卷，1998 年。

《中國文化與新世紀的社會學人類學——費孝通、李亦園對話錄》，《費孝通文集》第 14 卷，1998 年。

《中華文化在新世紀面臨的挑戰》，《費孝通文集》第 14 卷，1998 年。

《我對中國農民生活的認識過程》，《費孝通文集》第 15 卷，1999 年。

《必須端正對異文化的態度》，《費孝通文集》第 15 卷，1999 年。

《小民族，大家庭》，《費孝通文集》第 15 卷，1999 年。

《重建社會學與人類學的回顧與體會》，《費孝通文集》第 15 卷，1999 年。

《新世紀，新問題，新挑戰》，《費孝通文集》第 15 卷，2000 年。

《創建一個和而不同的全球社會》，《費孝通文集》第 15 卷，2000 年。

《關於「多元化的西部文化」和「文化生態失衡問題」的談話》，《費孝通文集》第 15 卷，2001 年。

《人類學與二十一世紀》，《費孝通文集》第 15 卷，2001 年。

五、《費孝通文集》（群言出版社，1999—2004年）中的文獻

《試談擴展社會學的傳統界限》，《費孝通文集》第16卷，2003年。

《對文化的歷史性和社會性的思考》，《費孝通文集》第16卷，2003年。

[1] 潘光旦：《派與匯》，《鄉土中國　生育制度》代序，北京大學出版社，2005年，第292—298頁。

[2] 潘光旦：《派與匯》，《鄉土中國　生育制度》代序，北京大學出版社，2005年，第313頁。

[3]（日）橫山廣子：《離開「土」範疇——關於白族守護神總稱的研究》，載北京大學社會學人類學研究所編：《東亞社會研究》，北京大學出版社，1993年，第109—120頁。

[4] 麻國慶：《費孝通先生的第三篇文章：全球化與地方社會》，《開放時代》2005年第4期。

[5] 譚同學：《再論作為方法的華南——人類學與政治經濟學的交叉視野》，《思想戰線》2010年第5期。

[6] 本文大部分內容發表於《思想戰線》2017年第2期。文字內容的形成得益於2016年底張亮在雲南大學組織的小型學術研討會，感謝譚同學、關凱、高朋、張亮、張振偉、劉東旭等學友對有關「民族志的經濟學」研究方向提供的所有建議。

[7] 甘陽：《中國社會研究本土化的開端——〈江村經濟〉再認識》，《書城》2005年第3期。

[8] 夏學鑾：《中鎮和江村：中外社區研究比較》，《學習與實踐》2008年第7期。

[9] 參考王俊敏：《鄉村生態社區的衰變與治理機制：理論與個案》，科學出版社，2013年。

[10] 劉豪興：《「江村調查」的歷程、傳承及「江村學」的創建》，《西北師大學報》2017年第1期。

[11] 劉能：《重返空間社會學：繼承費孝通先生的學術遺產》，《學海》2014年第4期。

[12] 參見麻國慶：《人類學的全球意識與學術自覺》，社會科學文獻出版社，2016年。

[13] 參見（英）理杰德·H.托尼著，安佳譯：《中國的土地與勞動》，商務印書館，2014年。

[14] 費孝通：《江村經濟》，載氏著：《費孝通文集》第2卷，群言出版社，1999年，第84頁。為行文簡便，本書凡引自《費孝通文集》之處，僅標明文章標題、文集卷號及頁碼等關鍵訊息。

[15] 費孝通：《江村經濟》，《費孝通文集》第2卷，第126—127頁。

參考文獻

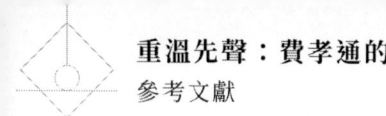

[16] 費孝通：《江村經濟》，《費孝通文集》第 2 卷，第 129 頁。

[17] 參見（美）詹姆斯·C. 斯科特著，程立顯等譯：《農民的道義經濟學：東南亞的反叛與生存》，譯林出版社，2005 年。

[18] 費孝通：《江村經濟》，《費孝通文集》第 2 卷，第 156—159 頁。

[19]（英）馬林諾夫斯基：《江村經濟》序言，載費孝通：《費孝通文集》第 2 卷，第 218—219 頁。

[20] 費孝通：《江村經濟》，《費孝通文集》第 2 卷，第 145 頁。

[21] 費孝通：《祿村農田》，《費孝通文集》第 2 卷，第 334 頁。

[22] 費孝通：《祿村農田》，《費孝通文集》第 2 卷，第 238 頁。

[23] 費孝通：《祿村農田》，《費孝通文集》第 2 卷，第 240 頁。

[24] 費孝通：《祿村農田》，《費孝通文集》第 2 卷，第 242 頁。

[25] 費孝通：《祿村農田》，《費孝通文集》第 2 卷，第 243 頁。

[26] 費孝通：《祿村農田》，《費孝通文集》第 2 卷，第 243 頁。

[27] 費孝通：《祿村農田》，《費孝通文集》第 2 卷，第 318 頁。

[28] 費孝通：《祿村農田》，《費孝通文集》第 2 卷，第 318 頁。

[29] 費孝通：《祿村農田》，《費孝通文集》第 2 卷，第 350 頁。

[30]（美）喬治·E. 馬爾庫斯、（美）米開爾·M.J. 費徹爾著，王銘銘、藍達居譯：《作為文化批評的人類學》，生活·讀書·新知三聯書店，1998 年，第 113 頁。

[31] 費孝通：《江村經濟》，《費孝通文集》第 2 卷，第 3—4 頁。

[32] 費孝通：《江村經濟》，《費孝通文集》第 2 卷，第 215 頁。

[33] 費孝通：《江村經濟》，《費孝通文集》第 2 卷，第 216 頁。

[34] 費孝通：《江村經濟》，《費孝通文集》第 2 卷，第 201 頁。

[35] 費孝通：《江村經濟》，《費孝通文集》第 2 卷，第 136 頁。

[36] 費孝通：《江村經濟》，《費孝通文集》第 2 卷，第 146—147 頁。

[37] 潘毅：《為什麼要談社會經濟？——新烏托邦從理論到實踐的跨越》，《中國圖書評論》2014 年第 7 期。

[38]（美）喬治·E. 馬爾庫斯、（美）米開爾·M.J. 費徹爾著，王銘銘、藍達居譯：《作為文化批評的人類學》，生活·讀書·新知三聯書店，1998 年，第 117 頁。

[39] 本文大部分內容發表在《開放時代》2018 年第 2 期。感謝譚同學、關凱、高朋、張亮、郭偉和、蕭樓等師友的討論、鼓勵，尤其感謝《開放時代》匿名評審老師細緻、中肯的建議。

五、《費孝通文集》（群言出版社，1999—2004 年）中的文獻

[40] 費孝通：《從反思到文化自覺和交流》，《費孝通文集》第 14 卷，第 374 頁。

[41] 美國學者巴博德（Burton Pasternak）曾經問費先生，在 LSE 真正極大影響了自己的人，是不是馬林諾夫斯基？費先生給予了正面回答後，馬上補充道：「還有托尼。」參見費孝通：《經歷·見解·反思——費孝通先生答客問》，《費孝通文集》第 11 卷，第 154 頁。

[42] 王銘銘、張瑞：《費孝通佚稿〈新教教義與資本主義精神之關係〉整理後記》，《西北民族研究》2016 年第 1 期。

[43] 參見王銘銘：《從江村到祿村：青年費孝通的「心史」》，載李友梅主編：《江村調查與新農村建設研究》，上海大學出版社，2007 年。

[44] 楊清媚：《在紳士與知識分子之間：費孝通社會思想中的鄉土、民族國家與世界》，博士學位論文，中央民族大學，2009 年。

[45] 楊清媚：《費孝通讀韋伯》，《讀書》2016 年第 7 期。

[46] 楊清媚：《中國的土地與勞動：費孝通與托尼的比較》，雲南士恆教育基金會主辦的「哲學與文化中國」主題系列講座論文，2016 年 6 月 15 日；楊清媚：《土地與勞動：基於費孝通與托尼的比較》，費孝通教授「江村調查」八十週年學術紀念會論文，2016 年 10 月 22 日。

[47] 王君柏：《托尼的中國研究及對費孝通鄉村研究的影響》，《中國農業大學學報》2015 年第 5 期。

[48]《鄉土中國》沒有列入本文的討論範圍，主要是因為該書只是費先生的一本講稿，並且關懷的主題以及核心概念較多。

[49]（美）小巴林頓·摩爾：《中國的土地與勞動》序言，載（英）理杰德·H. 托尼著，安佳譯：《中國的土地與勞動》，商務印書館，2014 年。

[50] Adam B.Seligman，「R.H.Tawney and scholarship」，Society，September/October，1998。

[51] 托尼代表國際聯盟來中國調查時，費孝通曾與其有過一面之緣。托尼此次調查的成果就是《中國的土地與勞動力》一書。1947 年初，英國文化協會邀請費先生演講，「托尼主持了這次演講，表示他對我的交情」。參見費孝通：《經歷·見解反思——費孝通先生答客問》，《費孝通文集》第 11 卷，第 154 頁。

[52] 梁捷：《托尼：不該被遺忘的經濟史家》，《博覽群書》2007 年第 2 期。

[53] 參見（美）卜凱著：《中國土地利用》，商務印書館，1937 年。

[54] 費孝通：《祿村農田》，《費孝通文集》第 2 卷，第 394 頁。

[55] 費孝通：《祿村農田》，《費孝通文集》第 2 卷，第 394 頁。

參考文獻

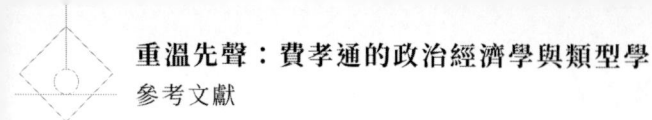

[56] 費孝通：《祿村農田》，《費孝通文集》第 2 卷，第 394 頁。

[57] 費孝通：《祿村農田》，《費孝通文集》第 2 卷，第 395 頁。

[58] 費孝通：《祿村農田》，《費孝通文集》第 2 卷，第 396 頁。

[59] 費孝通：《祿村農田》，《費孝通文集》第 2 卷，第 397 頁。

[60] 費孝通：《祿村農田》，《費孝通文集》第 2 卷，第 397 頁。

[61]（英）理查德R.托尼著，安佳譯：《中國的土地與勞動》，商務印書館，2014 年，第 29 頁。

[62] 費孝通：《祿村農田》，《費孝通文集》第 2 卷，第 398 頁。

[63] 費孝通：《祿村農田》，《費孝通文集》第 2 卷，第 392 頁。

[64] R.H.Tawney，The Agrarian Problem in the Sixteenth Century（London：Longman，Green and Co.1912）。在筆者看來，該書比韋伯的《經濟與社會》更接地氣，而托尼的《宗教與資本主義的興起》又比韋伯的《新教倫理與資本主義精神》更為理性客觀。

[65]（美）小巴林頓·摩爾：《中國的土地與勞動》序言，載（英）理查德·R.托尼著，安佳譯：《中國的土地與勞動》，商務印書館，2014 年，第 2 頁。

[66]（英）理查德R.托尼著，安佳譯：《中國的土地與勞動》，商務印書館，2014 年，第 208 頁。

[67]（英）理查德R.托尼著，安佳譯：《中國的土地與勞動》，商務印書館，2014 年，第 3 頁。

[68]（英）理查德R.托尼著，安佳譯：《中國的土地與勞動》，商務印書館，2014 年，第 4—5 頁。

[69] 費孝通：《社會學家派克教授論中國》，《費孝通文集》第 1 卷，第 122 頁。

[70] 這個比喻後來被美國人類學家詹姆斯·斯科特引為其《農民的道義經濟學》一書的開篇引言。

[71]（英）理查德R.托尼著，安佳譯：《中國的土地與勞動》，商務印書館，2014 年，第 74 頁。

[72]（英）理查德R.托尼著，安佳譯：《中國的土地與勞動》，商務印書館，2014 年，第 42 頁。

[73]（英）理查德R.托尼著，安佳譯：《中國的土地與勞動》，商務印書館，2014 年，第 42 頁。

[74] 黃宗智：《長江三角洲小農家庭與鄉村發展》，中華書局，2000 年，第 11—12 頁。

五、《費孝通文集》（群言出版社，1999—2004 年）中的文獻

[75] 參見（美）魏特夫著，徐式谷等譯：《東方專制主義》，中國社會科學出版社，1989 年；（英）莫里斯·弗裡德曼著，劉曉春譯：《中國東南的宗族組織》，上海人民出版社，2000 年。

[76]（英）理查德R. 托尼著，安佳譯：《中國的土地與勞動》，商務印書館，2014 年，第 99 頁。

[77]（英）理查德R. 托尼著，安佳譯：《中國的土地與勞動》，商務印書館，2014 年，第 84 頁。

[78]（英）理查德R. 托尼著，安佳譯：《中國的土地與勞動》，商務印書館，2014 年，第 89 頁。

[79]（英）理查德R. 托尼著，安佳譯：《中國的土地與勞動》，商務印書館，2014 年，第 176 頁。

[80]（英）理查德R. 托尼著，安佳譯：《中國的土地與勞動》，商務印書館，2014 年，第 191 頁。

[81]（英）理查德R. 托尼著，安佳譯：《中國的土地與勞動》，商務印書館，2014 年，第 194—195 頁。

[82]（英）理查德R. 托尼著，安佳譯：《中國的土地與勞動》，商務印書館，2014 年，第 199—201 頁。

[83]（英）理查德R. 托尼著，安佳譯：《中國的土地與勞動》，商務印書館，2014 年，第 188 頁。

[84] 費孝通：《江村經濟》，《費孝通文集》第 2 卷，第 134 頁。

[85] 費孝通：《江村經濟》，《費孝通文集》第 2 卷，第 198 頁。

[86] 費孝通：《江村經濟》，《費孝通文集》第 2 卷，第 200 頁。

[87] 費孝通：《江村經濟》，《費孝通文集》第 2 卷，第 200 頁。

[88] 費孝通：《祿村農田》，《費孝通文集》第 2 卷，第 222—223 頁。

[89] 費孝通：《祿村農田》，《費孝通文集》第 2 卷，第 388 頁。

[90] 費孝通：《祿村農田》，《費孝通文集》第 2 卷，第 390 頁。

[91] 費孝通：《祿村農田》，《費孝通文集》第 2 卷，第 424 頁。

[92] 費孝通：《祿村農田》，《費孝通文集》第 2 卷，第 390 頁。

[93] 費孝通：《祿村農田》，《費孝通文集》第 2 卷，第 429 頁。

[94] 費孝通：《祿村農田》，《費孝通文集》第 2 卷，第 421 頁。

[95] 費孝通：《祿村農田》，《費孝通文集》第 2 卷，第 427—429 頁。

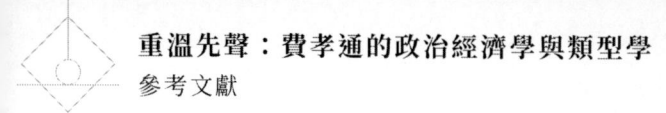

[96] 費孝通：《祿村農田》，《費孝通文集》第 2 卷，第 318 頁。

[97] 費孝通：《祿村農田》，《費孝通文集》第 2 卷，第 319 頁。

[98] 費孝通：《鄉土重建》，《費孝通文集》第 4 卷，第 303 頁。

[99] 費孝通：《鄉土重建》，《費孝通文集》第 4 卷，第 304 頁。

[100] 費孝通：《鄉土重建》，《費孝通文集》第 4 卷，第 305 頁。

[101] 費孝通：《鄉土重建》，《費孝通文集》第 4 卷，第 318 頁。

[102] 「癱瘓」不是「崩潰」，這兩個概念截然不同：一個意味著改良，另一個意味著革命。

[103] 費孝通：《鄉土重建》，《費孝通文集》第 4 卷，第 435 頁。

[104] 費孝通：《鄉土重建》，《費孝通文集》第 4 卷，第 374 頁。

[105] 本文發表於《世界民族》2015 年第 1 期。

[106] 費孝通：《孔林片思》，《費孝通文集》第 12 卷，第 298 頁。

[107] 費孝通：《「美美與共」和人類文明》，載氏著：《費孝通在 2003：世紀人類學遺稿》，中國社會科學出版社，2005 年，第 169 頁。

[108] 參見（德）哈貝馬斯：《現代性：未完成的方案》，載汪民安等主編：《現代性基本讀本》，河南大學出版社，2005 年；（德）哈貝馬斯：《歐洲是否需要一部憲法？》，載曹衛東主編：《歐洲為何需要一部憲法？》，中國人民大學出版社，2004 年。

[109] 參見王銘銘：《超越「新戰國」：吳文藻、費孝通的中華民族理論》，生活·讀書·新知三聯書店，2012 年。

[110] 費孝通：《「美美與共」和人類文明》，載氏著：《費孝通在 2003：世紀人類學遺稿》，中國社會科學出版社，2005 年，第 165 頁。

[111] 參見（美）薩義德著，王宇根譯：《東方學》，生活讀書新知三聯書店，2007 年。

[112] 費孝通：《人類學與二十一世紀》，《費孝通文集》第 15 卷，第 375—388 頁。

[113] 參見（美）弗蘭西斯·福山著，黃勝強、許銘原譯：《國際學術前沿觀察：歷史的終結及最後之人》，中國社會科學出版社，2003 年。

[114] 參見（美）塞繆爾·亨廷頓著，周琪等譯：《文明的衝突與世界秩序的重建》，新華出版社，2002 年。

[115] 費孝通：《小民族 大家庭》，《費孝通文集》第 15 卷，第 107 頁；《人類學與二十一世紀》，《費孝通文集》第 15 卷，第 383 頁；費孝通：《「美美與共」

五、《費孝通文集》（群言出版社，1999—2004 年）中的文獻

和人類文明》，載氏著：《費孝通在 2003：世紀人類學遺稿》，中國社會科學出版社，2005 年，第 157、166 頁。

[116] 費孝通：《「美美與共」和人類文明》，載氏著：《費孝通在 2003：世紀人類學遺稿》，中國社會科學出版社，2005 年，第 158 頁。

[117] 費孝通：《「美美與共」和人類文明》，載氏著：《費孝通在 2003：世紀人類學遺稿》，中國社會科學出版社，2005 年，第 159—160 頁。

[118] 費孝通：《人類學與二十一世紀》，《費孝通文集》第 15 卷，第 384 頁。

[119] 費孝通：《面向世紀之交回顧傳統文化》，《費孝通文集》第 13 卷，第 55 頁。

[120] 費孝通：《中國文化與新世紀的社會學人類學——費孝通、李亦園對話錄》，《費孝通文集》第 14 卷，第 393 頁。

[121] 費孝通：《中華文明的啟迪》，載氏著：《費孝通在 2003：世紀人類學遺稿》，中國社會科學出版社，2005 年，第 183 頁。

[122] 費孝通：《中華文明的啟迪》，載氏著：《費孝通在 2003：世紀人類學遺稿》，中國社會科學出版社，2005 年，第 183—184 頁。

[123] 費孝通：《關於「多元化的西部文化」和「文化生態失衡問題」的談話》，《費孝通文集》第 15 卷，第 347 頁。

[124] 費孝通：《孔林片思》，《費孝通文集》第 12 卷，第 297 頁；《略談中國社會學》，《費孝通文集》第 13 卷，第 18 頁；《關於「多元化的西部文化」和「文化生態失衡問題」的談話》，《費孝通文集》第 15 卷，第 347 頁。

[125] 費孝通：《個人·群體·社會——一生學術歷程的自我思考》，《費孝通文集》第 12 卷，第 495 頁；《略談中國社會學》，《費孝通文集》第 13 卷，第 17 頁。

[126] 費孝通：《孔林片思》，《費孝通文集》第 12 卷，第 295 頁。

[127] 費孝通：《略談中國社會學》，《費孝通文集》第 13 卷，第 4 頁；《人不知而不慍——緬懷史祿國老師》，《費孝通文集》第 13 卷，第 85 頁；《簡述我的民族研究經歷和思考》，《費孝通文集》第 14 卷，第 104 頁；《我對中國農民生活的認識過程》，《費孝通文集》第 15 卷，第 13 頁。

[128] 費孝通：《略談中國社會學》，《費孝通文集》第 13 卷，第 4 頁。

[129] 費孝通：《略談中國社會學》，《費孝通文集》第 13 卷，第 4 頁。

[130] 費孝通：《中國城鄉發展的道路——我一生的研究課題》，《費孝通文集》第 12 卷，第 315 頁。

[131] 費孝通：《對「美好社會」的思考》，《費孝通文集》第 12 卷，第 462—463 頁。

[132] 費孝通：《面向世紀之交回顧傳統文化》，《費孝通文集》第 13 卷，第 55 頁。

[133] 費孝通：《關於教育的思考》，《費孝通文集》第 12 卷，第 430 頁。

[134] 費孝通：《面向世紀之交回顧傳統文化》，《費孝通文集》第 13 卷，第 56 頁。

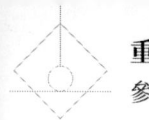

[135] 費孝通：《略談中國社會學》，《費孝通文集》第 13 卷，第 18 頁。

[136] 費孝通：《略談中國社會學》，《費孝通文集》第 13 卷，第 2 頁。

[137] 費孝通：《略談中國社會學》，《費孝通文集》第 13 卷，第 3 頁。

[138] 費孝通：《略談中國社會學》，《費孝通文集》第 13 卷，第 4 頁；《面向世紀之交　回顧傳統文化》，《費孝通文集》第 13 卷，第 56 頁。

[139] 費孝通：《略談中國社會學》，《費孝通文集》第 13 卷，第 3—4 頁。

[140] 費孝通：《東方文明與二十一世紀和平》，《費孝通文集》第 14 卷，第 5 頁；《從反思到文化自覺和交流》，《費孝通文集》第 14 卷，第 377 頁。

[141] 費孝通：《必須端正對異文化的態度》，《費孝通文集》第 15 卷，第 45 頁；《重建社會學與人類學的回顧與體會》，《費孝通文集》第 15 卷，第 77 頁。

[142] 費孝通：《東方文明與二十一世紀和平》，《費孝通文集》第 14 卷，第 6—7 頁。

[143] 費孝通：《東方文明與二十一世紀和平》，《費孝通文集》第 14 卷，第 7 頁。

[144] 費孝通：《人文價值再思考》，《費孝通文集》第 14 卷，第 194 頁。

[145] 費孝通：《交融中的文明》，載氏著：《費孝通在 2003：世紀人類學遺稿》，中國社會科學出版社，2005 年，第 179 頁。

[146] 費孝通：《論梁漱溟先生的文化觀》，《費孝通文集》第 11 卷，第 341 頁；《從小培養二十一世紀的人》，《費孝通文集》第 11 卷，第 525 頁；《中國城鄉發展的道路——我一生的研究課題》，《費孝通文集》第 12 卷，第 315 頁；《交融中的文明》，載氏著：《費孝通在 2003：世紀人類學遺稿》，中國社會科學出版社，2005 年，第 182 頁。

[147] 費孝通：《開發大西北》，《費孝通文集》第 12 卷，第 19 頁。

[148] 費孝通：《對「美好社會」的思考》，《費孝通文集》第 12 卷，第 464 頁。

[149] 費孝通：《費孝通在 2003：世紀人類學遺稿》，中國社會科學出版社，2005 年，第 170—179 頁。

[150] 費孝通：《反思·對話·文化自覺》，《費孝通文集》第 14 卷，第 161—166 頁。

[151] 費孝通：《完成「文化自覺」使命，創造現代中華文化》，《費孝通文集》第 14 卷，第 341 頁；《中華文化在新世紀面臨的挑戰》，《費孝通文集》第 14 卷，第 404 頁。

五、《費孝通文集》（群言出版社，1999—2004 年）中的文獻

[152] 費孝通：《新世紀·新問題·新挑戰》，《費孝通文集》第 15 卷，第 285 頁；《經濟全球化和中國「三級兩跳」中對文化的思考》，《費孝通文集》第 15 卷，第 323 頁。

[153] 費孝通：《人文價值再思考》，《費孝通文集》第 14 卷，第 122 頁。

[154] 參見王銘銘：《超越「新戰國」：吳文藻、費孝通的中華民族理論》，生活·讀書·新知三聯書店，2012 年。

[155] 高丙中教授在第三屆「海外民族志暨美國社會民族志研究工作坊」的主題演講《中國人類學的世界社會及其民族實踐》中，詳述了「世界社會」的概念。

[156] 本文發表於《西南邊疆民族研究》2015 年第 1 期。

[157] 參見（德）哈貝馬斯：《現代性：未完成的方案》，載汪民安等主編：《現代性基本讀本》，河南大學出版社，2005 年。

[158]（英）李約瑟著，勞隴譯：《現代中國的古代傳統》，生活·讀書·新知三聯書店，1987 年，第 23 頁。

[159]（英）佩裡·安德森著，劉北成等譯：《絕對主義國家的譜系》，上海人民出版社，2001 年，第 14 頁。

[160] 費孝通：《社會學家派克教授論中國》，《費孝通文集》第 1 卷，第 122 頁。

[161] 費孝通：《鄉土重建》，《費孝通文集》第 4 卷，第 301 頁。

[162] 費孝通：《土地里長出來的文化》，《費孝通文集》第 4 卷，第 176 頁。

[163] 費孝通：《鄉土重建》，《費孝通文集》第 4 卷，第 302 頁。

[164] 費孝通：《社會學家派克教授論中國》，《費孝通文集》第 1 卷，第 121—122 頁。

[165] 費孝通：《皓首低徊有所思》，《費孝通文集》第 11 卷，第 38 頁。

[166] 費孝通：《復興絲業的先聲》，《費孝通文集》第 1 卷，第 241 頁。

[167] 費孝通：《復興絲業的先聲》，《費孝通文集》第 1 卷，第 242 頁。

[168] 費孝通：《復興絲業的先聲》，《費孝通文集》第 1 卷，第 247 頁。

[169] 費孝通：《鄉土中國》，《費孝通文集》第 5 卷，第 316—317 頁。

[170] 費孝通：《江村經濟》，《費孝通文集》第 2 卷，第 199 頁。

[171] 費孝通：《江村經濟》，《費孝通文集》第 2 卷，第 131、133、134 頁。

[172] 費孝通：《江村經濟》，《費孝通文集》第 2 卷，第 129 頁。

[173] 費孝通：《雲南三村》結論，《費孝通文集》第 2 卷，第 417 頁。

[174] 費孝通：《江村經濟》，《費孝通文集》第 2 卷，第 107 頁。

[175]（俄）馬林諾夫斯基：《江村經濟》序言，載費孝通：《費孝通文集》第 2 卷，第 215 頁。

重溫先聲：費孝通的政治經濟學與類型學

參考文獻

[176] 費孝通：《雲南三村》序言，《費孝通文集》第 2 卷，第 136 頁。

[177] 費孝通：《雲南三村》結論，《費孝通文集》第 2 卷，第 424 頁。

[178] 費先生在《祿村農田》裡區分了三種經濟形態，一是資本主義興起時期，以生產為中心的經濟；二是資本主義成熟時期，以消費為中心的經濟；三是中國傳統農村經濟，即所謂的「消遣經濟」。中國的消遣經濟與資本主義經濟不同，後者是離不開市場的支持的，而消遣經濟則只是部分地依靠市場。一方面，鄉土中國可以實現內在的自給。（參見費孝通：《祿村農田》，《費孝通文集》第 2 卷，第 317—323 頁。）另一方面，內在的人情關係網絡可以部分支撐「物」的流動。即在中國走向自由市場之前，中國的消遣經濟是緊緊「嵌入」於波蘭尼所謂的「社會」之中的。〔參見（匈牙利）卡爾波蘭尼著，馮鋼譯：《大轉型——我們時代的政治與經濟起源》，浙江人民出版社，2007 年。〕

[179] 費孝通：《人性和機器》，《費孝通文集》第 3 卷，第 393 頁。

[180] 費孝通：《雲南三村》結論，《費孝通文集》第 2 卷，第 431 頁。

[181] 費孝通：《中國鄉村工業》，《費孝通文集》第 3 卷，第 3 頁。

[182] 費孝通：《中國鄉村工業》，《費孝通文集》第 3 卷，第 5 頁。

[183] 費孝通：《中國鄉村工業》，《費孝通文集》第 3 卷，第 10 頁。

[184] 費孝通：《鄉土重建·損蝕沖洗下的鄉土》，《費孝通文集》第 4 卷，第 354 頁。

[185] 費孝通：《鄉土重建·損蝕沖洗下的鄉土》，《費孝通文集》第 4 卷，第 407 頁。

[186] 費孝通：《戰後經濟問題》，《費孝通文集》第 3 卷，第 87 頁。

[187] 費孝通：《鄉土重建·中國社會變遷中的文化結症》，《費孝通文集》第 4 卷，第 300—313 頁。

[188] 費孝通：《鄉土重建·中國社會變遷中的文化結症》，《費孝通文集》第 4 卷，第 313 頁。

[189] 費孝通：《鄉土重建基層行政的僵化》，《費孝通文集》第 4 卷，第 334—343 頁。

[190] 費孝通：《鄉土重建·對於各家批評的總答覆》後記，《費孝通文集》第 4 卷，第 435 頁。

[191] 費孝通：《社會學的使命》，《費孝通文集》第 11 卷，第 129 頁。

[192] 費孝通：《略談中國的現代化》，《費孝通文集》第 8 卷，第 20 頁。

[193] 費孝通：《略談中國的現代化》，《費孝通文集》第 8 卷，第 26 頁。

[194] 費孝通：《農村工業化的道路》，《費孝通文集》第 9 卷，第 86 頁。

[195] 費孝通：《做活人口這塊棋》，《費孝通文集》第 9 卷，第 35 頁。

五、《費孝通文集》（群言出版社，1999—2004年）中的文獻

[196] 費孝通：《小城鎮，再探索》，《費孝通文集》第9卷，第350頁。

[197] 費孝通：《小城鎮，大問題》，《費孝通文集》第9卷，第226頁。

[198] 費孝通：《小城鎮，大問題》，《費孝通文集》第9卷，第211頁。

[199] 費孝通：《小城鎮，再探索》，《費孝通文集》第9卷，第359頁。

[200] 費孝通：《小城鎮，再開拓》，《費孝通文集》第9卷，第426、440頁。

[201] 費孝通：《推動鄉鎮企業繼續前行》，《費孝通文集》第9卷，第482—486頁。

[202] 費孝通：《全國一盤棋》，《費孝通文集》第11卷，第328。

[203] 費孝通：《貧困與脫貧》，《費孝通文集》第10卷，第516頁。

[204]（日）鶴見和子著，胡天民譯：《內髮型發展的理論與實踐》，藤原書店，1999年，第32頁。

[205] 參見李友梅：《費孝通與20世紀中國社會變遷》，上海大學出版社，2005年；陸學藝：《內發的村莊》，社會科學文獻出版社，2001年。

[206] 費孝通：《對中國城鄉關係問題的新認識——四年思路回顧》，載費孝通、（日）鶴見和子等：《農村振興和小城鎮問題——中日學者共同研究》，江蘇人民出版社，1991年，第8頁。

[207] 費孝通：《新世紀·新問題·新挑戰》，《費孝通文集》第15卷，第277頁。

[208] 費孝通：《異軍突起的中國鄉鎮企業》，《費孝通文集》第11卷，第475頁。

[209] 參見（美）塞繆爾·亨廷頓著，周琪等譯：《文明的衝突與世界秩序的重建》，新華出版社，2002年。

[210] 參見（美）弗蘭西斯·福山著，黃勝強、許銘原譯：《國際學術前沿觀察：歷史的終結及最後之人》，社會科學文獻出版社，2003年。

[211] 費孝通：《從小培養二十一世紀的人》，《費孝通文集》第11卷，第521頁。

[212] 費孝通：《從小培養二十一世紀的人》，《費孝通文集》第11卷，第525頁。

[213] 費孝通：《從小培養二十一世紀的人》，《費孝通文集》第11卷，第526頁。

[214] 費孝通：《從小培養二十一世紀的人》，《費孝通文集》第11卷，第529—530頁。

[215] 費孝通：《從小書齋到新型圖書館》，《費孝通文集》第11卷，第111頁。

[216] 費孝通：《經濟全球化和中國「三級兩跳」中對文化的思考》，《費孝通文集》第11卷，第324—325頁。

[217] 費孝通：《重建社會學和人類學的回顧和體會》，《費孝通文集》第11卷，第77—78頁。

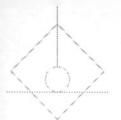

參考文獻

[218] 費孝通：《孔林片思》，《費孝通文集》第 12 卷，第 298 頁。

[219] 費孝通：《「美美與共」和人類文明》，載氏著：《費孝通在 2003：世紀人類學遺稿》，中國社會科學出版社，2005 年，第 169—170 頁。

[220] 費孝通：《對「美好社會」的思考》，《費孝通文集》第 12 卷，第 461 頁。

[221] 費孝通：《面對世紀之交　回顧傳統文化》，《費孝通文集》第 13 卷，第 56 頁。

[222] 費孝通：《對「美好社會」的思考》，《費孝通文集》第 12 卷，第 461 頁。

[223] 費孝通：《東方文明與二十一世紀和平》，《費孝通文集》第 14 卷，第 5 頁。

[224] 費孝通：《略談中國社會學》，《費孝通文集》第 13 卷，第 4—5 頁。

[225] 費孝通：《孔林片思》，《費孝通文集》第 12 卷，第 298 頁。

[226] 費孝通：《對「美好社會」的思考》，《費孝通文集》第 12 卷，第 462 頁。

[227] 費孝通：《對「美好社會」的思考》，《費孝通文集》第 12 卷，第 464 頁。

[228] 費孝通：《對「美好社會」的思考》，《費孝通文集》第 12 卷，第 465 頁。

[229] 費孝通：《創建一個和而不同的全球社會》，《費孝通文集》第 15 卷，第 290 頁。

[230]（日）橫山廣子：《離開「土」範疇——關於白族守護神總稱的研究》，載北京大學社會學人類學研究所編：《東亞社會研究》，北京大學出版社，1993 年，第 109—120 頁。

[231]（日）橫山廣子：《離開「土」範疇——關於白族守護神總稱的研究》，載北京大學社會學人類學研究所編：《東亞社會研究》，北京大學出版社，1993 年，第 116 頁。

[232] 費孝通：《江村通訊》，《費孝通文集》第 1 卷，第 370 頁。

[233] 參見（美）杜贊奇著，王福明譯：《文化、權力與國家：1900 年—1942 年的華北農村》，江蘇人民出版社，2008 年。

[234] 趙旭東：《從「問題中國」到「理解中國」——作為西方他者的中國鄉村研究及其創造性轉化》，《社會科學》2009 年第 2 期。

[235] 參見賀雪峰：《新鄉土中國——轉型期鄉村社會調查筆記》，廣西師範大學出版社，2003 年；徐杰舜：《新鄉土中國——新農村建設武義模式研究》，中國經濟出版社，2007 年；陸益龍：《後鄉土中國》，商務印書館，2017 年。

[236] 參見周大鳴：《告別鄉土社會——廣東改革開放三十年的思考》，《中南民族大學學報》2010 年第 4 期；陳心想：《走出鄉土：對話費孝通〈鄉土中國〉》，生活·讀書·新知三聯書店，2017 年。

五、《費孝通文集》（群言出版社，1999—2004 年）中的文獻

[237] 魯迅：《破惡聲論》，載氏著：《魯迅全集》第 8 卷，人民文學出版社，2005 年，第 26 頁。

[238] 費孝通：《現代化與社會問題》，《費孝通文集》第 7 卷，第 460 頁。

[239] 費孝通：《小城鎮研究的新發展》，《費孝通文集》第 10 卷，第 538 頁。

[240] 費孝通：《經歷·見解·反思——費孝通先生答客問》，《費孝通文集》第 11 卷，第 197 頁。

[241] （美）邁克爾·沃爾澤著，褚松燕譯：《正義諸領域》，譯林出版社，2002 年，第 6 頁。

[242] 張小軍：《復合產權：一個實質論和資本體系的視角——山西介休洪山泉的歷史水權個案研究》，《社會學研究》2007 年第 4 期。

[243] （美）邁克爾·沃爾澤著，褚松燕譯：《正義諸領域》，譯林出版社，2002 年，第 2 頁。

[244] 費孝通：《社會變遷研究中的都市和鄉村》，《費孝通文集》第 2 卷，第 115 頁。

[245] 費孝通：《反思·對話·文化自覺》，《費孝通文集》第 14 卷，第 166 頁。

[246] 費孝通：《人文價值再思考》，《費孝通文集》第 14 卷，第 201 頁。

[247] 費孝通：《東方文明與二十一世紀和平》，《費孝通文集》第 14 卷，第 5 頁。

[248] 費孝通：《對中國少數民族改革的一些體會》，《費孝通文集》第 7 卷，第 227 頁。

[249] 費孝通：《人文價值再思考》，《費孝通文集》第 14 卷，第 191—192 頁。

[250] 費孝通：《鄉土重建·損蝕沖洗下的鄉土》，《費孝通文集》第 4 卷，第 355 頁。

[251] 本文發表於《西南民族大學學報》2015 年第 5 期。感謝南京大學社會學院的人類學碩士張雨男同學！本文有關利奇與費先生的對話及相關文獻的整理，無不得益於他的研究工作，而他與筆者的討論也是本文得以形成的重要基礎。

[252] （美）伊曼紐爾·沃勒斯坦著，羅榮渠譯：《現代世界體系》第 1 卷，高等教育出版社，1998 年，第 1 頁。

[253] 參見（美）伊曼紐爾·沃勒斯坦著，劉峰譯：《開放社會科學》，生活·讀書·新知三聯書店，1997 年。

[254] 王銘銘：《三圈說：另一種世界觀，另一種社會科學》，《西北民族研究》2013 年第 1 期。

[255] （俄）史祿國著，杜實、田夏萌譯：《ethnos（民族）及其變遷過程》，《滿語研究》2015 年第 1 期。

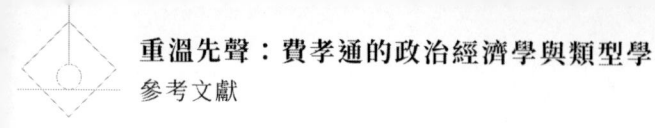

重溫先聲：費孝通的政治經濟學與類型學
參考文獻

[256] 參見（美）貢德弗蘭克著，劉北成譯：《白銀資本：重視經濟全球化中的東方》，中央編譯出版社，2008 年。

[257] 參見（日）竹內好著，孫歌編，李冬木等譯：《近代的超克》，生活·讀書·新知三聯書店，2005 年。

[258] 參見陳光興：《去帝國——亞洲作為方法》，行人出版社，2006 年。

[259] 參見（日）溝口雄三著，孫軍悅譯：《作為方法的中國》，生活讀書新知三聯書店，2011 年。

[260] 汪暉：《跨體系社會與區域作為方法——民族問題研究的區域視野》，第三屆東亞人文學論壇（暨兩岸清華大學人文社會科學研討會）論文，2012 年。

[261] 麻國慶：《作為方法的華南：中心和周邊的時空轉換》，《思想戰線》2006 年第 4 期。

[262] 麻國慶：《文化、族群與社會：環南中國海區域研究發凡》，《民族研究》2012 年第 2 期。

[263] Edmund Leach，Social Anthropology，Fortana Paperbacks，1983，p127.

[264] 費孝通：《人的研究在中國——缺席的對話》，《費孝通文集》第 12 卷，第 46 頁。

[265] 費孝通：《重讀〈江村經濟〉序言》，《費孝通文集》第 14 卷，第 26 頁。

[266] 王斯福：《社會自我主義與個體主義：一位西方的漢學人類學家閱讀費孝通「中西對立」觀念的驚訝與問題》，《開放時代》2009 年第 3 期。

[267] 盧暉臨、李雪：《如何走出個案——從個案研究到擴展個案研究》，《中國社會科學》2007 年第 1 期。

[268] 譚同學：《類型比較視野下的深度個案與中國經驗表述——以鄉村研究中的民族志書寫為例》，《開放時代》2009 年第 8 期。

[269] 麻國慶：《費孝通先生的第三篇文章：全球化與地方社會》，《開放時代》2005 年第 4 期。

[270] 王富偉：《個案研究的意義與限度》，《社會學研究》2012 年第 5 期。

[271] 費孝通：《花籃瑤社會組織》，《費孝通文集》第 1 卷，第 468—469 頁。

[272] 費孝通：《花籃瑤社會組織》，《費孝通文集》第 1 卷，第 476 頁。

[273] 費孝通：《包頭篇》，《費孝通文集》第 10 卷，第 137 頁。

[274] 費孝通：《包頭篇》，《費孝通文集》第 10 卷，第 138 頁。

五、《費孝通文集》（群言出版社，1999—2004 年）中的文獻

[275] 楊清媚：《最後的紳士——以費孝通為個案的人類學史研究》，世界圖書出版公司，2010 年，第 26 頁。

[276] 費孝通：《關於扶貧和發展商品生產的幾點意見》，《費孝通文集》第 11 卷，第 34 頁。

[277] 費孝通：《農村、小城鎮、區域發展——我的社區研究歷程的再回顧》，《費孝通文集》第 13 卷，第 219 頁。

[278] 費孝通：《農村、小城鎮、區域發展——我的社區研究歷程的再回顧》，《費孝通文集》第 13 卷，第 218 頁。

[279] 費孝通：《初訪美國》，《費孝通文集》第 3 卷，第 287 頁。

[280] 費孝通：《重訪英倫》，《費孝通文集》第 3 卷，第 501 頁。

[281] 費孝通：《紅場小記》，《費孝通文集》第 12 卷，第 85 頁。

[282] 費孝通：《孔林片思》，《費孝通文集》第 12 卷，第 296—298 頁。

[283] 費孝通：《人文價值再思考》，《費孝通文集》第 14 卷，第 198 頁。

[284] 費孝通：《親迎婚俗之研究》，《費孝通文集》第 1 卷，第 162 頁。

[285] 費孝通：《雲南三村》序言，《費孝通文集》第 11 卷，第 134 頁。

[286] 費孝通：《親迎婚俗之研究》，《費孝通文集》第 1 卷，第 172 頁。

[287] 費孝通：《親迎婚俗之研究》，《費孝通文集》第 1 卷，第 186 頁。

[288] 費孝通：《中華民族的多元一體格局》，《費孝通文集》第 11 卷，第 341—344 頁。

[289] （美）克利福德格爾茨著，納日碧力戈等譯：《文化的解釋》，上海人民出版社，1999 年，第 24—25 頁。

[290] 盧暉臨、李雪：《如何走出個案——從個案研究到擴展個案研究》，《中國社會科學》2007 年第 11 期。

[291] 夏希原：《馬克思·格拉克曼的社會人類學》，碩士學位論文，中央民族大學，2010 年。

[292] 聞翔：《以擴展個案法書寫「公共民族志」》，《中國社會科學報》2013 年 8 月 30 日。

[293] 參見費孝通、吳晗等：《皇權與紳權》，岳麓書社，2012 年。

[294] 本文發表於《社會建設》2017 年第 2 期。

[295] （德）馬克斯·韋伯著，康樂、簡惠美譯：《非正當性的支配——城市的類型學》，廣西師範大學出版社，2005 年，第 6、26、27、35 頁。

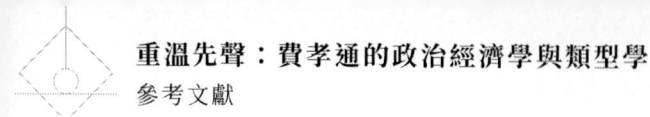

重溫先聲：費孝通的政治經濟學與類型學
參考文獻

[296] G T Trewartha，「Chinese Cities：Origins and Functions」，Annals of the Associa-tion of American Geographers，1952（42），p.1.

[297]（美）牟復禮：《元末明初時期南京的變遷》，載（美）施堅雅主編，葉光庭等譯：《中華帝國晚期的城市》，中華書局，2000 年，第 119 頁。

[298]（美）牟復禮：《元末明初時期南京的變遷》，載（美）施堅雅主編，葉光庭等譯：《中華帝國晚期的城市》，中華書局，2000 年，第 121 頁。

[299]（美）哈雷·拉姆利：《修築臺灣三城的發軔與動力》，載（美）施堅雅主編，葉光庭等譯：《中華帝國晚期的城市》，中華書局，2000 年，第 176 頁。

[300]（美）施堅雅：《十九世紀中國的地區城市化》，載（美）施堅雅主編，葉光庭等譯：《中華帝國晚期的城市》，中華書局，2000 年，第 142 頁。

[301]（美）施堅雅：《十九世紀中國的地區城市化》，載（美）施堅雅主編，葉光庭等譯：《中華帝國晚期的城市》，中華書局，2000 年，第 307 頁。

[302] 參見（美）施堅雅著，史建雲、徐秀麗譯：《中國農村的市場和社會結構》，中國社會科學出版社，1998 年。

[303] 盧暉臨、李雪：《如何走出個案——從個案研究到擴展個案研究》，《中國社會科學》2007 年第 1 期；王富偉：《個案研究的意義與限度》，《社會學研究》2012 年第 2 期；譚同學：《類型比較視野下的深度個案與中國經驗表述——以鄉村研究中的民族志書寫為例》，《開放時代》2009 年第 8 期。

[304] 麻國慶：《類別中的關係：家族化的公民社會的基礎》，《文史哲》2008 年第 4 期。

[305] 王小章：《「鄉土中國」及其終結：費孝通「鄉土中國」理論再認識——兼談整體社會形態視野下的新型城鎮化》，《山東社會科學》2015 年第 2 期。

[306] 王小章：《費孝通小城鎮之「辯證」——兼談當下中心鎮建設要注意的幾個問題》，《探索與爭鳴》2012 年第 9 期。

[307] 孫秋雲：《從鄉村到城鎮再到區域——談費孝通的微型社會學研究方法及其反思》，《中南民族大學學報》2010 年第 3 期。

[308]（日）鶴見和子著，胡天民譯：《「內髮型發展」的理論與實踐》，《江蘇社會科學》1989 年第 3 期。

[309]（日）鶴見和子：《內發的發展論の三つの事例》，藤原書店，1999 年，第 32 頁。

[310] 方芳：《費孝通的城鄉關係思想研究》，《淮海工學院學報》2016 年第 10 期。

[311] 吳志明、趙倫：《人口流遷與城市化：理解費孝通與霍華德》，《城市發展研究》2010 年第 12 期。

五、《費孝通文集》（群言出版社，1999—2004年）中的文獻

[312] 費孝通：《鄉土重建·論城·市·鎮》，《費孝通文集》第4卷，第320頁。

[313] 丁元竹：《費孝通城鎮化思想：特色與啟迪》，《江海學刊》2014年第1期。

[314] 汪丹：《負重任而走遠道——費孝通先生的治學精神與思想啟迪》，《江蘇社會科學》2017年第2期。

[315] 參見賀雪峰：《新鄉土中國——轉型期鄉村社會調查筆記》，北京大學出版社，2013年。

[316] 參見陸益龍：《後鄉土中國》，商務印書館，2017年；陳心想：《走出鄉土：對話費孝通〈鄉土中國〉》，生活·讀書·新知三聯書店，2017年。

[317] 費孝通：《社會變遷研究中的都市和鄉村》，《費孝通文集》第1卷，第111頁。

[318] 費孝通：《我們在農村建設事業中的經驗》，《費孝通文集》第1卷，第104—105頁。

[319] 費孝通：《我們在農村建設事業中的經驗》，《費孝通文集》第1卷，第104—105頁。

[320] 費孝通：《社會學家派克教授論中國》，《費孝通文集》第1卷，第122頁。

[321] 費孝通：《社會學家派克教授論中國》，《費孝通文集》第1卷，第122頁。

[322] 這兩段話是費先生從派克論述中國的相關文字中引來的。後來，費先生在《論社會組織》一文中，再次轉引了這兩段話，強調新的組織變革必須關照舊的組織形態。參見費孝通：《論社會組織》，《費孝通文集》第1卷，第219—220頁。

[323] 費孝通：《科舉與社會流動》，《費孝通文集》第5卷，第440—459頁。

[324] 費孝通：《社會變遷研究中的都市和鄉村》，《費孝通文集》第1卷，第114頁。

[325] 費孝通：《社會變遷研究中的都市和鄉村》，《費孝通文集》第1卷，第115—116頁。

[326] 費孝通：《社會變遷研究中的都市和鄉村》，《費孝通文集》第1卷，第119頁。

[327] 費孝通：《祿村農田》，《費孝通文集》第2卷，第388頁。

[328] 費孝通：《鄉土重建·鄉村·市鎮·都會》，《費孝通文集》第4卷，第313頁。

[329] 費孝通：《鄉土重建·鄉村·市鎮·都會》，《費孝通文集》第4卷，第316頁。

[330] 費孝通：《鄉土重建·鄉村·市鎮·都會》，《費孝通文集》第4卷，第314頁。

[331] 費孝通：《鄉土重建·鄉村·市鎮·都會》，《費孝通文集》第4卷，第316頁。

[332] 費孝通：《鄉土重建·鄉村·市鎮·都會》，《費孝通文集》第4卷，第318頁。

[333] 費孝通：《鄉土重建·鄉村·市鎮·都會》，《費孝通文集》第4卷，第318頁。

[334] 費孝通：《鄉土重建·論城·市·鎮》，《費孝通文集》第4卷，第319頁。

[335] 費孝通：《鄉土重建·論城·市·鎮》，《費孝通文集》第 4 卷，第 322—323 頁。

[336] 費孝通：《鄉土重建·論城·市·鎮》，《費孝通文集》第 4 卷，第 322—323 頁。

[337] 費孝通：《鄉土重建·論城·市·鎮》，《費孝通文集》第 4 卷，第 324 頁。

[338] 費孝通：《鄉土重建·論城·市·鎮》，《費孝通文集》第 4 卷，第 324 頁。

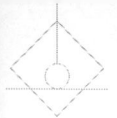

[339] 費孝通：《鄉土重建·論城·市·鎮》，《費孝通文集》第 4 卷，第 323 頁。

[340] 費孝通：《鄉土重建·論城·市·鎮》，《費孝通文集》第 4 卷，第 325 頁。

[341] 費孝通：《鄉土重建·論城·市·鎮》，《費孝通文集》第 4 卷，第 326 頁。

[342] 費孝通：《鄉土重建》後記，《費孝通文集》第 4 卷，第 428 頁。

[343] 費孝通：《鄉土重建》後記，《費孝通文集》第 4 卷，第 426 頁。

[344] (美) 牟復禮：《元末明初時期南京的變遷》，載 (美) 施堅雅主編，葉光庭等譯：《中華帝國晚期的城市》，中華書局，2000 年，第 113 頁。

[345] 麻國慶：《小城鎮是城鄉協調發展的關鍵點》，《南方日報》2010 年 2 月 2 日。

[346] 李培林：《小城鎮依然是大問題》，《甘肅社會科學》2013 年第 3 期。

[347] 費孝通：《小城鎮，大問題》，《費孝通文集》第 9 卷，第 199 頁。

[348] 費孝通：《小城鎮，大問題》，《費孝通文集》第 9 卷，第 205 頁。

[349] 費孝通：《小城鎮，大問題》，《費孝通文集》第 9 卷，第 226 頁。

[350] 費孝通：《小城鎮，新開拓》，《費孝通文集》第 9 卷，第 426 頁。

[351] 費孝通：《農村、小城鎮、區域發展——我的社區研究歷程的再回顧》，《費孝通文集》第 13 卷，第 200—222 頁。

[352] 費孝通：《繼續開展江蘇小城鎮研究》，《費孝通文集》第 9 卷，第 237 頁。

[353] 費孝通：《社會調查自白》，《費孝通文集》第 10 卷，第 36 頁。

[354] 費孝通：《重讀〈江村經濟〉序言》，《費孝通文集》第 14 卷，第 34 頁。

[355] 費孝通：《人的研究在中國——缺席的對話》，《費孝通文集》第 12 卷，第 46 頁。

[356] 費孝通：《從史祿國老師學體質人類學》，《費孝通文集》第 13 卷，第 95—117 頁；費孝通：《體質研究與社會選擇》，《費孝通文集》第 1 卷，第 295 頁。

[357] 費孝通：《桂行通訊》，《費孝通文集》第 1 卷，第 314、347 頁。

[358] 費孝通：《從史祿國老師學體質人類學》，《費孝通文集》第 13 卷，第 95—117 頁。

[359] 費孝通：《雲南三村英文版導言·社區分析的方法》，《費孝通文集》第 2 卷，第 409—411 頁。

五、《費孝通文集》（群言出版社，1999—2004 年）中的文獻

[360] 費孝通：《人的研究在中國——缺席的對話》，《費孝通文集》第 12 卷，第 46 頁。
[361] 費孝通：《周族社會制度及社會組織一考》，《費孝通文集》第 1 卷，第 286 頁。
[362] 費孝通：《雲南三村英文版導言·社區分析的方法》，《費孝通文集》第 2 卷，第 412 頁。
[363] 費孝通：《鄉土重建·基層行政的僵化》，《費孝通文集》第 4 卷，第 334 頁。
[364] 費孝通：《鄉土重建·基層行政的僵化》，《費孝通文集》第 4 卷，第 336 頁。
[365] 費孝通：《鄉土重建·基層行政的僵化》，《費孝通文集》第 4 卷，第 336 頁。
[366] 費孝通：《鄉土重建基層行政的僵化》，《費孝通文集》第 4 卷，第 336—337 頁。
[367] 費孝通：《鄉土重建基層行政的僵化》，《費孝通文集》第 4 卷，第 339—340 頁。
[368] 費孝通：《鄉土重建基層行政的僵化》，《費孝通文集》第 4 卷，第 350 頁。《提高行政效率重在地方》一文開篇的第一段話，像極了恩格斯在論述法德農民問題時，對小農的評價。
[369] 費孝通：《鄉土重建基層行政的僵化》，《費孝通文集》第 4 卷，第 348—349 頁。
[370] 費孝通：《鄉土重建·基層行政的僵化》，《費孝通文集》第 4 卷，第 350 頁。
[371] 費孝通：《鄉土重建》後記，《費孝通文集》第 4 卷，第 432 頁。
[372] 費孝通：《鄉土重建》後記，《費孝通文集》第 4 卷，第 430—431 頁。
[373] 費孝通：《鄉土重建》後記，《費孝通文集》第 4 卷，第 431 頁。
[374] 費孝通：《鄉土重建地主階層面臨的風險》，《費孝通文集》第 4 卷，第 376 頁。
[375] 費孝通：《鄉土重建地主階層面臨的風險》，《費孝通文集》第 4 卷，第 376 頁。
[376] 費孝通：《鄉土中國名實的分離》，《費孝通文集》第 5 卷，第 380 頁。費先生說：「在新舊交替之際，不免有一個惶惑、無所適從的時期。在這個時期，心理上充滿著緊張、猶豫和不安。這裡發生了『文化英雄』，他提得出辦法，有能力組織新的試驗，能獲得別人的信任。這種人可以支配跟從他的群眾，發生了一種權力。這種權力和橫暴權力並不相同，因為它並不是建立在剝削關係之上的；和同意權力又不同，因為它並不是由社會所授權的；和長老權力更不同，因為它並不是根據傳統的。它是時勢所造成的，無以名之，名之曰時勢權力。」
[377] 費孝通：《鄉土中國·長老統治》，《費孝通文集》第 5 卷，第 372 頁。
[378] 費孝通：《鄉土重建》後記，《費孝通文集》第 4 卷，第 434 頁。
[379] 費孝通：《祿村農田》，《費孝通文集》第 2 卷，第 317 頁。
[380] 費孝通：《祿村農田》，《費孝通文集》第 2 卷，第 317—318 頁。
[381] 費孝通：《祿村農田》，《費孝通文集》第 2 卷，第 318 頁。

[382] 費孝通：《祿村農田》，《費孝通文集》第 2 卷，第 321 頁。

[383] 費孝通：《祿村農田》，《費孝通文集》第 2 卷，第 319 頁。

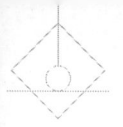

[384] 費孝通：《鄉土重建》，《費孝通文集》第 4 卷，第 303 頁。

[385] 費孝通：《鄉土重建》，《費孝通文集》第 4 卷，第 404 頁。

[386] 費孝通：《鄉土重建》，《費孝通文集》第 4 卷，第 302 頁。

[387] 費孝通：《鄉土重建》，《費孝通文集》第 4 卷，第 308 頁。

[388] 費孝通：《鄉土重建》，《費孝通文集》第 4 卷，第 321 頁。

[389] 費孝通：《鄉土重建》，《費孝通文集》第 4 卷，第 303 頁。

[390] 費孝通：《鄉土重建》，《費孝通文集》第 4 卷，第 397 頁。

[391] 費孝通：《雲南三村英文版導言·農村經濟中的工商業》，《費孝通文集》第 2 卷，第 420—421 頁。

[392] 費孝通：《人性和機器》，《費孝通文集》第 3 卷，第 391 頁。

[393] 費孝通：《雲南三村英文版導言·作為解決土地問題之途徑的農村合作化工業的發展》，《費孝通文集》第 2 卷，第 426—427 頁。

[394] 費孝通：《復興絲業的先聲》，《費孝通文集》第 1 卷，第 242 頁。

[395] 費孝通：《我們在農村建設事業中的經驗》，《費孝通文集》第 1 卷，第 108—109 頁。

[396] 費孝通：《我們在農村建設事業中的經驗》，《費孝通文集》第 1 卷，第 109 頁。

[397] 費孝通：《我們在農村建設事業中的經驗》，《費孝通文集》第 1 卷，第 107 頁。

[398] 費孝通：《鄉土中國·家族》，《費孝通文集》第 5 卷，第 345 頁。

[399] 費孝通：《論中國家庭結構的變動》，《費孝通文集》第 8 卷，第 257—258 頁。

[400] 費孝通：《家庭結構變動中的老年贍養問題——再論中國家庭結構的變動》，《費孝通文集》第 9 卷，第 40 頁。

[401] 費孝通：《三論中國家庭結構的變動》，《費孝通文集》第 10 卷，第 349 頁。

[402] 費孝通：《知我，罪我》，《費孝通文集》第 1 卷，第 250 頁。

[403] 費孝通：《論社會組織》，《費孝通文集》第 1 卷，第 213 頁。

[404] 費孝通：《書評·讀曼海姆的思想社會學》，《費孝通文集》第 1 卷，第 526—531 頁。

[405] 費孝通：《皇權與紳權·論知識階級》，《費孝通文集》第 5 卷，第 475 頁。

[406] 費孝通：《皇權與紳權·論知識階級》，《費孝通文集》第 5 卷，第 476 頁。

五、《費孝通文集》（群言出版社，1999—2004年）中的文獻

[407] 費孝通：《皇權與紳權·論知識階級》，《費孝通文集》第5卷，第481—482頁。

[408] 費孝通：《皇權與紳權·論知識階級》，《費孝通文集》第5卷，第484頁。

[409] 費孝通：《真知識和假知識——一個社會科學工作人員的自白》，《費孝通文集》第5卷，第521頁。

[410] 費孝通：《現代化與知識分子》，《費孝通文集》第8卷，第361頁。

[411] 費孝通：《關於當前知識分子狀況的調查》，《費孝通文集》第8卷，第381—388頁。

[412] 費孝通：《知識分子與社會主義建設》，《費孝通文集》第8卷，第389—398頁。

[413] 費孝通：《邁向人民的人類學》，《費孝通文集》第7卷，第428頁。

[414] 費孝通：《知識分子要做好二傳手》，《費孝通文集》第10卷，第3頁。

[415] 費孝通：《社會調查自白》，《費孝通文集》第10卷，第70頁。

[416] 費孝通：《人類學的幾大學派》，《費孝通文集》第1卷，第73—78頁。

[417] 費孝通：《從「社會進化」到「社會平衡」》，《費孝通文集》第1卷，第227頁。

[418] 費孝通：《從「社會進化」到「社會平衡」》，《費孝通文集》第1卷，第228頁。

[419] 費孝通：《花籃瑤社會組織》，《費孝通文集》第1卷，第468—469頁。

[420] 費孝通：《從社會變遷到人口分析》，《費孝通文集》第1卷，第519頁。

[421] 費孝通：《再論社會變遷》，《費孝通文集》第1卷，第504—505頁。

[422] 費孝通：《江村經濟》，《費孝通文集》第2卷，第142—144頁。

[423] 費孝通：《祿村農田》，《費孝通文集》第2卷，第389頁。

[424] 喬健：《試說費孝通的歷史功能論》，《中央民族大學學報》2007年第1期。

[425] 本文的形成，得益於筆者與中山大學人類學系李宓博士的討論，在此表示感謝。

[426] 在該定義中，工業民族志研究對象的空間屬性是「工場」，而非「工廠」。前者涵蓋了較為廣闊的、與「工」有關的勞動場域，而後者容易讓人關聯到具有車間流水線、宿舍、辦公室等一系列現代性的生產方式，從而排除其他形形色色的勞動場域。

[427] M Sidney，JT Thomas，「Interview: And the Rest Is History: A Conversation with Sidney Mintz」，American Anthropologist，2014（3）．

[428] 費孝通：《祿村農田》，《費孝通文集》第2卷，第240頁。

[429] 參見費孝通、張之毅：《雲南三村》，社會科學文獻出版社，2006年。

[430] 史國衡：《昆廠勞工》，商務印書館，1946年，第168頁。

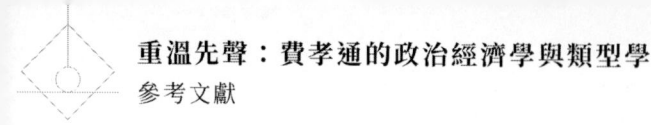

[431] 費孝通：《〈昆廠勞工〉書後》，《費孝通文集》第 3 卷，第 193 頁。

[432] 費孝通：《勞工的社會地位》，《費孝通文集》第 3 卷，第 469 頁。

[433] 費孝通：《勞工的社會地位》，《費孝通文集》第 3 卷，第 469 頁。

[434] 田汝康：《內地女工》，《中國勞動月刊》1942 年第 1 期。

[435] 費孝通：《〈昆廠勞工〉書後》，《費孝通文集》第 3 卷，第 178 頁。

[436] 費孝通：《〈昆廠勞工〉書後》，《費孝通文集》第 3 卷，第 174 頁。

[437] 費孝通：《初訪美國》，《費孝通文集》第 3 卷，第 258 頁。

[438] 費孝通：《〈昆廠勞工〉書後》，《費孝通文集》第 3 卷，第 163—195 頁。

[439] 費孝通：《人性和機器》，《費孝通文集》第 5 卷，第 387—400 頁。

[440] 費孝通：《新工業中的藝徒》，《費孝通文集》第 3 卷，第 44 頁。

[441] 費孝通：《對中國城鄉關係問題的新認識——四年思路回顧》，《費孝通文集》第 11 卷，第 135 頁。

[442] 費孝通：《「三級兩跳」中的文化思考》，《讀書》2001 年第 4 期。

[443] Burton Pasternak，「A Conversation With Fei Xiaotong」，Current Anthropology，1988（29），pp.637-662.

[444] 參見（英）E.P. 湯普森著，錢乘旦等譯：《英國工人階級的形成》上冊，譯林出版社，2001 年。

[445] 參見（美）西敏司著，王超、朱健剛譯：《甜與權力：糖在近代歷史上的地位》，商務印書館，2010 年。

[446] 參見（美）埃裡克·沃爾夫著，趙丙祥等譯：《歐洲與沒有歷史的人民》，上海人民出版社，2006 年。

[447]（美）喬治·E. 馬爾庫斯、（美）米開爾·M.J. 費徹爾著，王銘銘、藍達居譯：《作為文化批評的人類學》，生活·讀書·新知三聯書店，1998 年，第 117 頁。

[448] Eric R.Wolf，Sidney W.Mintz，「Haciendas and Plantations in Middle America and the Antilles」，Social and Economic Studies，1957（6），pp.380-412.

[449] Sidney W.Mintz，Worker in the Cane：A Puer to Rican Life History，W.W.Norton & Company，1974，pp.11-17.

[450] Sidney W.Mintz，Three Ancient Colonies：Caribbean Themes and Variations，Harvard University Press，2012.

五、《費孝通文集》（群言出版社，1999—2004 年）中的文獻

[451]June Nash，We Eat the Mines and the Mines Eat Us：Dependency and Exploitation in Bolivian Tin Mines，Columbia University Press，1993.

[452]Michael T.Taussig，The Devil and Commodity Fetishism in South America，The University of North Carolina Press，2010.

[453] 參見（美）邁克爾·布若威著，李榮榮譯：《製造同意：壟斷資本主義勞動過程的變遷》，商務印書館，2008 年。

[454] 參見（英）保羅·威利斯著，秘舒等譯：《學做工：工人階級子弟為何子承父業》，譯林出版社，2013 年。

[455] 參見（韓）具海根著，梁光嚴、張靜譯：《韓國工人》，社會科學文獻出版社，2004 年。

[456]Aihwa Ong，Spirits of Resistance and Capitalist Discipline：Factory Women in Maleysia，State University of New York Press，1987.

[457]Geertz Clifford，The Interpretation of Cultures，Basic Books，1973，p.17.

[458]（美）埃裡克·沃爾夫著，趙丙祥等譯：《歐洲與沒有歷史的人民》，上海世紀出版集團，2006 年，第 449 頁。

[459]Emily Honig，Sisters and Strangers：Women in the Shanghai Cotton Mills，1919-1949，StanfordUniversity Press，1986。

[460]Gail Hershatter，The Workers of Tianjin，1900-1949，Stanford University Press，1986。

[461] 參見（美）裴宜理著，劉平譯：《上海罷工：中國工人政治研究》，江蘇人民出版社，2012 年。

[462] 參見潘毅：《中國女工——新興打工階級的呼喚》，明報出版社，2007 年。

[463] 參見潘毅、盧暉臨、張慧鵬：《大工地：城市建築工人的生存圖景》，北京大學出版社，2010 年。

[464] 謝國雄：《隱形工廠：臺灣的外包點與家庭代工》，《臺灣社會研究季刊》1992 年第 13 期；謝國雄：《勞動力是什麼樣的商品？——計件制與臺灣勞動者主體性之形塑》，《臺灣社會研究季刊》1994 年第 17 期；謝國雄：《事頭、頭家與立業基之活化：臺灣小型製造單位創立及存活過程之研究》，《臺灣社會研究季刊》1993 年第 15 期。

[465] 戴伯芬：《誰做攤販？——臺灣攤販的歷史形構》，《臺灣社會研究季刊》1994 年第 17 期。

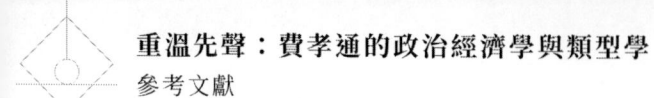

[466] 參見藍佩嘉：《跨國灰姑娘》，吉林出版集團，2011 年。

[467] Ching Kwan Lee，Gender and the South China Miracle：Two Worlds of Factory Women，University of California Press，1998。

[468] 參見項飆：《跨越邊界的社區：北京「浙江村」的生活史》，生活·讀書·新知三聯書店，2000 年。

[469] 項飆著，王迪譯：《全球「獵身」：世界訊息產業和印度的技術勞工》，北京大學出版社，2012 年，第 46 頁。

[470] 參見周大鳴等：《「自由的都市邊緣人」——東南沿海散工研究》，中山大學出版社，2007 年。

[471] 參見秦潔：《重慶棒棒》，生活·讀書·新知三聯書店，2015 年。

[472] Jacob Eyferth，「De-Industrialization in the Chinese Countryside：Handicrafts and Development in Jiajiang (Sichuan)，1935-1978」，The China Quarterly，2003（173），pp.53-73.

[473] 參見張鵬：《城市裡的陌生人》，江蘇人民出版社，2014 年。

[474] 參見（澳）杰華著，吳小英譯：《都市裡的農家女》，江蘇人民出版社，2006 年。

[475] 參見賈文娟：《選擇性放任：車間政治與國有企業勞動治理邏輯的形成》，中國社會科學出版社，2016 年。

[476] 劉東旭：《流動社會的秩序》，博士學位論文，中央民族大學，2013 年。

[477] 參見黃志輝：《無相支配：代耕農及其底層世界》，社會科學文獻出版社，2013 年。

[478] （美）西敏司著，王超、朱健剛譯：《甜與權力：糖在近代歷史上的地位》，商務印書館，2010 年，第 11 頁。

[479] （美）邁克爾·布若威著，李榮榮譯：《製造同意：壟斷資本主義勞動過程的變遷》，商務印書館，2008 年，第 18 頁。

[480] 項飆，王迪譯：《全球「獵身」：世界訊息產業和印度的技術勞工》，北京大學出版社，2012 年，第 46 頁。

[481] 項飆，王迪譯：《全球「獵身」：世界訊息產業和印度的技術勞工》，北京大學出版社，2012 年，第 49 頁。

[482] （英）保羅·威利斯著，秘舒等譯：《學做工：工人階級子弟為何子承父業》，譯林出版社，2013 年，第 2 頁。

[483] （英）保羅·威利斯著，秘舒等譯：《學做工：工人階級子弟為何子承父業》，譯林出版社，2013 年，第 1—2 頁。

五、《費孝通文集》（群言出版社，1999—2004 年）中的文獻

[484] 傅衣凌：《明清封建土地所有制論綱》，中華書局，2007 年，第 34 頁。

[485] 徐暢：《抗戰前長江中下游地區地主城居述析》，《文史哲》2002 年第 4 期。

[486] 黃宗智：《經驗與理論：中國社會、經濟與法律的實踐歷史研究》，中國人民大學出版社，2007 年，第 57 頁。

[487] 參見（美）珀金斯著：《中國農業的發展：1368—1398》，上海譯文出版社，1984 年。

[488] 參見金陵大學農學院農業經濟系編印：《豫鄂皖贛四省之租佃制度》，1936 年。

[489] 徐暢：《抗戰前長江中下游地區地主城居述析》，《文史哲》2002 年第 4 期。

[490] 陳翰笙著，馮峰譯：《解放前的地主和農民——華南農村危機研究》，中國社會科學出版社，1984 年，第 6、11、22 頁。

[491] 安寶：《地權流轉·不在地主與鄉村社會——以 20 世紀前期的華北地區為例》，《東北師大學報》2017 年第 1 期。

[492] (英) 理杰德H.托尼著，安佳譯：《中國的土地與勞動》，商務印書館，2014 年，第 99 頁。

[493] 參見黃志輝：《無相支配——代耕農及其底層世界》，社會科學文獻出版社，2013 年。

[494] 費孝通：《江村經濟》，《費孝通文集》第 2 卷，第 134 頁。

[495] 費孝通：《鄉土重建》，《費孝通文集》第 4 卷，第 318 頁。

[496] 陳翰笙著，馮峰譯：《解放前的地主和農民——華南農村危機研究》，中國社會科學出版社，1984 年，第 11—12 頁。

[497] 國家統計局：《2015 年農民工監測調查報告》，http：//www.stats.gov.cn/tjsj/zxfb/201604/t20160428_1349713.html，2016 年 4 月 28 日。

[498] 吳重慶：《從「熟人社會」到「無主體熟人社會」》，《讀書》2011 年第 1 期。

[499] 黃志輝：《「嵌入」的多重面向：發展主義的危機與回應》，《思想戰線》2016 年第 1 期。

[500] 溫鐵軍：《綜合性合作經濟是一種發展趨勢》，《中國合作經濟》2011 年第 1 期。

[501] 嚴海蓉、陳義媛：《中國農業資本化的特徵和方向：自下而上和自上而下的資本化動力》，《開放時代》2015 年第 5 期。

[502] 吳重慶：《農村「空心化」狀態下的公共產品供給》，《學習時報》2015 年 9 月 3 日。

[503] 黃宗智：《家庭農場是中國農業的發展出路嗎？》，《開放時代》2014 年第 2 期。

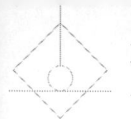

[504] 譚同學：《雙面人：轉型鄉村中的人生、慾望與社會心態》，社會科學文獻出版社，2016 年，第 346 頁。

[505] 費孝通：《繼續開展江蘇小城鎮研究》，《費孝通文集》第 9 卷，第 237 頁。

五、《費孝通文集》（群言出版社，1999—2004 年）中的文獻

國家圖書館出版品預行編目（CIP）資料

重溫先聲：費孝通的政治經濟學與類型學 / 黃志輝 著.
-- 第一版 . -- 臺北市：崧燁文化，2019.08
　　面；　公分
POD 版

ISBN 978-957-681-847-9(平裝)

1. 費孝通 2. 學術思想 3. 政治經濟學

552.2　　　　　　　　　　　　　　　　108009009

書　　名：重溫先聲：費孝通的政治經濟學與類型學
作　　者：黃志輝 著
發 行 人：黃振庭
出 版 者：崧燁文化事業有限公司
發 行 者：崧燁文化事業有限公司
E - m a i l：sonbookservice@gmail.com
粉 絲 頁：　　　　　網　址：
地　　址：台北市中正區重慶南路一段六十一號八樓 815 室
8F.-815, No.61, Sec. 1, Chongqing S. Rd., Zhongzheng
Dist., Taipei City 100, Taiwan (R.O.C.)
電　　話：(02)2370-3310　傳　真：(02) 2370-3210
總 經 銷：紅螞蟻圖書有限公司
地　　址：台北市內湖區舊宗路二段 121 巷 19 號
電　　話：02-2795-3656　傳真：02-2795-4100　　網址：
印　　刷：京峯彩色印刷有限公司（京峰數位）

　　本書版權為九州出版社所有授權崧博出版事業股份有限公司獨家發行電子書及
　　繁體書繁體字版。若有其他相關權利及授權需求請與本公司聯繫。

定　價：400 元
發行日期：2019 年 08 月第一版
◎ 本書以 POD 印製發行